汉译世界学术名著丛书

旧制度与大革命

〔法〕托克维尔 著

冯棠 译

桂裕芳 张芝联 校

Alexis de Tocqueville

L'ANCIEN RÉGIME ET LA RÉVOLUTION

Édité par J.-P. Mayer

Édition revue et corrigée

Éditions Gallimard,1967

根据法国伽利玛出版社 1967 年版译出

汉译世界学术名著丛书
出 版 说 明

我馆历来重视移译世界各国学术名著。从五十年代起，更致力于翻译出版马克思主义诞生以前的古典学术著作，同时适当介绍当代具有定评的各派代表作品。幸赖著译界鼎力襄助，三十年来印行不下三百余种。我们确信只有用人类创造的全部知识财富来丰富自己的头脑，才能够建成现代化的社会主义社会。这些书籍所蕴藏的思想财富和学术价值，为学人所熟知，毋需赘述。这些译本过去以单行本印行，难见系统，汇编为丛书，才能相得益彰，蔚为大观，既便于研读查考，又利于文化积累。为此，我们从1981年至1992年先后分六辑印行了名著二百六十种。现继续编印第七辑，到1997年出版至300种。今后在积累单本著作的基础上仍将陆续以名著版印行。由于采用原纸型，译文未能重新校订，体例也不完全统一，凡是原来译本可用的序跋，都一仍其旧，个别序跋予以订正或删除。读书界完全懂得要用正确的分析态度去研读这些著作，汲取其对我有用的精华，剔除其不合时宜的糟粕，这一点也无需我们多说。希望海内外读书界、著译界给我们批评、建议，帮助我们把这套丛书出好。

商务印书馆编辑部
1994年3月

序　　言

法国历史学家亚历克西·德·托克维尔(Alexis de Tocqueville，1805—1859)的名著《旧制度与大革命》，经冯棠翻译，桂裕芳教授校阅，最后由我审订，终于同读者见面了。原著出版于1856年，135年后才有汉译本，似乎委屈了这部"经典著作"。但是即使在欧美，托克维尔的名声和学术地位也是近几十年才最后确立的。

托克维尔的成名作是1835年问世的《论美国的民主》①第一卷，第二卷出版于1840年，次年他就荣膺法兰西学院院士，仅36岁。此后15年他没有发表什么重要著作，只在从政之余思索新著的主题。

托克维尔虽出身贵族，但在政治上倾向于自由主义，曾拒绝继承贵族头衔。他目睹七月革命推翻波旁王朝，二月革命又推翻七月王朝；1839年起任众议院议员，二月革命后参与第二共和国宪法的制订，并一度在秩序党内阁中任外交部长(1849年6—10月)。路易·波拿巴的1851年12月政变和第二帝国专制政府的建立令他悲观失望，迫使他成为"国内流亡者"。②《旧制度与大革

---

① 《论美国的民主》(上下卷)，董果良译，商务印书馆，1988年。
② 关于这段经历，参阅托克维尔：《回忆录》，《托克维尔全集》(以下简称《全集》)

命》就是在这段政治大变动时期酝酿成熟的,这部著作浸透着他对拿破仑第三专制制度的仇恨。

在托克维尔之前已有梯也尔、米涅、米什勒、路易·勃朗、拉马丁等文人政客撰写的法国革命史和帝国史。这些著作对这场大革命都有独到见解,但基本上都是多卷本的叙述史。托克维尔不仅在历史写作方法上与他们不同(他几乎从不援引这些历史家),而且视野更为广阔、更为深邃:他把1789年以后的60年历史看作一个整体,统称之为法国革命。他的初衷是以十年帝国时期(1804—1814)作为主题,不是重写一部梯也尔式的帝国史,而是试图说明帝国是如何产生的,它何以能在大革命创造的社会中建立起来,凭借的是哪些手段方法,创立帝国的那个人(拿破仑)的真正本质是什么,他的成就和挫折何在,帝国的短期和深远影响是什么,它对世界的命运,特别是法国的命运起了什么作用……总之,托克维尔企图解释那些构成时代连锁主要环节的重大事件的原因、性质、意义,而不是单纯地叙述史实。虽然托克维尔后来放弃了对第一帝国的研究,把注意力移向大革命的深刻根源——旧制度,但是他的分析方法并未改变。用托克维尔自己的话说,他要把"事实和思想、历史哲学和历史本身结合起来"。[①] 他要以孟德斯鸠为榜样,写一部像《罗马盛衰原因论》[②]那样的著作,"为后世留下自己的痕迹"。尽管他也参政议政,但他自信"立言"比"立功"更适合自己的性格。[③]

[①][③] 托克维尔致居斯塔夫·德·博蒙信(1850年12月26日),见《全集》VIII,2,343页。

[②] 《罗马盛衰原因论》,婉玲译,商务印书馆,1962年。

序　言

　　同孟德斯鸠一样，托克维尔出身于穿袍贵族家庭，当过法官，他的父母在大革命时被捕入狱，如果没有发生热月政变，恐难逃过断头这一关。家庭的阶级烙印深深地刻在他身上，这在他的著作中，特别在他的回忆录和书信中充分地流露出来。然而，作为一个经历过重大历史事变的观察家，一个混迹于政治舞台的反对派，一个博览群书、泛游异国（除欧美各国外，他还到过阿尔及利亚，发表过关于阿尔及利亚的著作）并直接接触到第一手史料的历史学家，托克维尔又具备与众不同的敏锐洞察力，一种力图超越本阶级狭隘利益的社会意识，一种植根于本国实际的历史感与时代感。

　　这种矛盾性或两重性首次表露在他的早期著作《论美国的民主》中：他一面盛赞美国独立后出现的一个平等、民主的新社会，并且预言民主是世界历史的大势所趋，任何力量都不能阻挡。与此同时，他又认为在民主社会下会出现"大多数人的专制"，这将使少数人丧失自由，迫使他们诉诸武力，结果社会将陷入无政府状态。① 在他看来，民主与自由是矛盾的，不可兼有的。

　　其次，在他为英国《伦敦与威斯敏斯特评论》撰写的"1789年前后法国社会政治状况"（1836）一文（见附录）中，托克维尔接触到了旧制度的一些实质问题，例如贵族阶级的没落和第三等级的兴起。他用大量篇幅描述贵族的失落、无权、脱离群众，但仍保持免税和荣誉等封建特权，因而使他们变为一个封闭的"种姓"。同时，他又对这种现象表示惋惜，并认为一个没有贵族的社会很难避免专制政府，贵族集团在同中央政权的抗衡中保障了个人自由。

---

① 参阅《论美国的民主》上卷第二部分第七章。

作为一个没落阶级的政治代表,托克维尔对于群众的革命情绪特别敏感。距二月革命爆发还不到一个月,他就预感革命风暴的威胁。1848年1月29日,他在议会发表演说,警告那些认为"丝毫没有危险"、"革命还离我们很远"的议员们说,工人阶级已倾向于社会主义理论,他们要推翻的不仅仅是法律、内阁或政府形式,而是资本主义社会本身。"此时此刻,我们正睡在一座火山口上。""欧洲的大地又震颤起来了。""暴风雨正在地平线上隐现。"① 当二月革命特别是六月起义爆发时,他表现出无比恐惧,他在《回忆录》中表白说:"在思想上我倾向民主制度,但由于本能,我却是一个贵族——这就是说,我蔑视和惧怕群众。自由、法制、尊重权利,对这些我极端热爱——但我并不热爱民主。……我无比崇尚的是自由,这便是真相。"②

　　那么,这部《旧制度与大革命》给我们带来了什么新东西,发了什么前人所未发的新意?托克维尔开宗明义就指出,他从事的是"关于法国革命的研究",而不是写另一部大革命史。③ 既是"研究",就要提出问题。从各章题目就可以知道作者要解决的是哪些问题。从方法论说,这也可以称为后来"年鉴学派"创导的问题史学。例如,托克维尔企图说明:何以全欧洲几乎都有同样的政体,它们如何到处都陷于崩溃?何以封建特权对法国人民比在其他地方变得更为可憎?何以中央集权行政体制是旧制度的体制,而不

---

① 托克维尔:《回忆录》,《全集》XII,37—38页。
② 托克维尔:《社会平等与政治自由》,巴黎,1977年,21页。
③ 凡未注明出处的引文均见《旧制度与大革命》。

是大革命或帝国的创造？何以18世纪的法国的人们比其他国家人民更彼此相似，同时又彼此分离，漠不关心？尽管文明不断进步，何以18世纪法国农民的处境有时甚至比13世纪的农民处境更恶劣？何以18世纪法国文人成为国家的主要政治人物？何以法国人宁愿先要改革，后要自由？何以行政革命先于政治革命？路易十六时期是旧王朝最繁荣时期，这种繁荣如何加速了革命？等等。每一个问题几乎都可写成专著。

与19世纪一些思想家、哲学家——从斯塔尔夫人到基内——不同，托克维尔不是凭空"思考"法国革命，而是扎扎实实地依靠对原始材料的分析研究得出结论。他阅读、利用了前人从未接触过的大量档案材料，包括古老的土地清册、赋税簿籍、地方与中央的奏章、指示和大臣间的通信、三级会议记录和1789年的陈情书。他是第一个查阅有关国有财产出售法令的历史学家；他还努力挖掘涉及农民状况和农民起义的资料。根据这些史料，他得以深入了解、具体描绘旧制度下的土地、财产、教会、三级会议、中央与地方行政、农民生活、贵族地位、第三等级状况等，并阐发自己的论点。

托克维尔关于法国大革命的主要论点，可以归纳为如下几点：

1.1789年法国革命是迄今为止最伟大、最激烈的革命，它代表法国的"青春、热情、自豪、慷慨、真诚的年代"。这是一场社会政治革命，符合全欧洲的需要，其效果是废除若干世纪以来统治欧洲和法国的封建制度。它不仅要改变旧政府，而且要废除旧的社会形式，因此就需要同时进攻所有现存的权力机构，毁灭所有公认的影响，祛除种种传统，更新风尚与习惯。

2.法国革命是一件长期工作的最后完成,即使它没有发生,古老的社会建筑同样也会倒塌,法国革命的业绩是以突然方式完成了需要长时期才能一点一滴完成的事情。在革命来临之前,政府已开始进行改革,而"对于一个坏政府来说,最危险的时刻通常就是它开始改革的时刻"。当封建制度的某些部分在法国已经废除时,人们对剩下的部分常常抱有百倍的仇恨,更加不能忍受,农民和领主、第三等级和特权阶级的矛盾越加尖锐。这就是为什么革命在法国比在欧洲其他国家更早爆发的主要原因。

3.法国革命既呈现出决裂性,又呈现出连续性和反复性。托克维尔不同意中央集权制的确立和加强是法国革命和帝国的创造这个观点,相反,他认为这是旧制度下王权和中央政府权力集中趋势的继续。同时,他注意到法国革命初期废除的一些法律和习惯,包括旧制度下的思想感情,在若干年后重新出现。法国1789年革命后冒出一个第一帝国,1848年革命后又冒出一个第二帝国,难道专制主义是法国政治生活中不可摆脱的传统吗?

4.这里涉及对于专制、自由、平等三者关系的理解问题。在托克维尔看来,旧制度后期王权和中央政权的加强侵犯了公民社会,剥夺了贵族的自由。而18世纪思想家几乎无不推崇专制王权的中华帝国,把它当作开明君主制的模范;他们只要求改革,要求地位平等,并不要求自由,至少是把改革放在自由之前。大革命建立了人人平等的新社会,也建立了自由的政治制度,恢复了地方自治,但是不久人们就忘记了自由,甘当"世界霸主"拿破仑的"平等的奴隶"。这对托克维尔来说是一个惨痛的经验——他写的是第一帝国,想的则是亲身经历的第二帝国。如果这是法国历史发展的规律，那么大革命岂不只是一个短短的插曲？

托克维尔对于法国革命的原因和后果的分析固然精辟，但并非定论，这些问题至今仍在史学家中引起争论。可以肯定地说，托克维尔开辟了研究旧制度的新途径，他揭露了旧制度与大革命的内在联系，而且接触到了法兰西民族命运的根本问题。

托克维尔的成就应归功于他的态度与方法。他十分注意在欧洲历史的一般规律中抓住法国历史的特殊规律加以分析，并努力寻找整体与部分之间的关系。他曾引用法国科学家居维叶的话说："有机体的所有各部分之间存在必然的联系，以致人们只要接触到从其中之一分解出来的一个部分，便能恢复整体。"他又说："我像医生一样，试图在每个坏死的器官内发现生命的规律。"

尽管他带有贵族阶级的偏见和激情，他仍试图用社会学和阶级分析的方法，对旧制度下各阶级的状况进行客观的研究和描绘，特别是农民和贵族的状况以及他们之间的矛盾。他曾说："人们会拿单个人的例子来反驳我；我谈的是阶级，唯有阶级才应占据历史。"当然，托克维尔的阶级分析法是片面的，例如，他不能区别旧制度下的中央集权、法国革命时期的中央集权与拿破仑帝国的中央集权的阶级性质。马克思在关于法国历史的三部著作中对此有精辟的论述。

比较研究也是托克维尔史学方法的一个特点。他曾说："为了帮助理解下文，有必要对法国以外情况作此概述；因为，我敢说，谁要是只研究和考察法国，谁就永远无法理解法国革命。"他经常把法国与美国、英国、德国历史进行对比，特别指出它们之间的区别：美国没有封建制度这个强大敌人；英国贵族并未因革命丧失权力，他们与资产阶级实行联合统治；德国（除莱茵地区外）的农奴制长期存在，农民不像法国那样早已拥有土地……他甚至还批评18世纪法国思想家对中国专制王权的美化。

最后，托克维尔特别重视民族特征和传统对法国革命的影响。他在全书的结尾描绘了法国民族性的各种表现之后指出，唯有法兰西民族"才能造就一场如此突然、如此彻底、如此迅猛，然而又如此充满反复、矛盾和对立的革命。没有我所陈述的那些原因，法国人绝不会进行大革命；但是必须承认，所有这些原因加在一起，也不足以解释法国以外类似的革命"。在这里我们看到了托克维尔是如何看待普遍性与特殊性、必然性与偶然性之间的辩证关系的。

《旧制度与大革命》在1856年出版时，托克维尔对此书的命运忧心忡忡，他写信给他的英国妻子说："我这本书的思想不会讨好任何人；正统保皇派会在这里看到一幅旧制度和王室的糟糕画像；虔诚的教徒……会看到一幅不利于教会的画像；革命家会看到一幅对革命的华丽外衣不感兴趣的画像；只有自由的朋友们爱读这本书，但其人数屈指可数。"①

出乎作者的意料，到托克维尔逝世那一年（1859），此书在法国已印行了4版，共9000册，到1934年已印16版，共计25000册；在英国、美国、德国都极畅销。尽管书中的某些论点——对旧制度下王权作用的评价、贵族的无权地位、农民的贫困化等——已被推

---

① A. 沙尔丹：《亚历克西·德·托克维尔，1805—1859》，巴黎，阿歇特出版社，1984年，477页。

翻或修正，若干疏漏之处——旧制度末年的财政状况、国际关系和对外战争等——也被指出，但就整体说来，这部仅200页左右的小书几经检验，自成一家，已成为研究法国18世纪，特别是大革命历史的必读著作，称之为一颗"史学珍珠"亦不为过。

托克维尔的著作1870年后被冷落了七八十年后，近几十年来在西方突然走运，这不是偶然的。随着保守的自由主义思想的抬头，托克维尔的政治观点重新受到了重视。人们越深入探讨法国革命的根源和特点，越感到有进一步研究旧制度的必要，特别是从政治文化角度去进行探索。[①] 托克维尔的《旧制度与大革命》以及其他著作已在这方面开辟了道路。当年鉴历史学派在法国盛行时，托克维尔注重分析政治结构的方法也自然受到了赞赏和推崇。《托克维尔全集》在1952年出版第一版后，至今已印行第三版。1979年在美国成立了托克维尔学会，出版《托克维尔评论》，至今已12年。这些恐怕都不是托克维尔本人所能奢望的。

中译文根据的是J.-P.迈耶主编的巴黎伽利玛出版社1967年出版的该书单行本，并参照《亚历克西·德·托克维尔全集》（迈耶主编，伽利玛出版社，1981年第三版）第二卷第一册第67—250页的原文。原注有一些过于专门，不得不割爱，只留下一些必要的注释。附录两篇都是比较重要的论文：一篇是"1789年前后法国社会政治状况"，一篇是"论三级会议各省，尤其朗格多克"，分别译自

[①] 参阅基思·M.贝克主编：《法国革命与近代政治文化的兴起》第一卷《旧制度的政治文化》，英国培格曼出版社，1987年。

《托克维尔全集》第二卷第一册第31—66页和第251—261页。译者对有关的史实、人物和典章制度作了一些简要的注释。欢迎读者对译文不妥之处批评指正。

本书的出版得到了法国文化部的支持,特此致谢。

张芝联

1991年8—9月 北京—北卡罗来纳

目 录

导言 《旧制度与大革命》影响史资料 ………… J.-P.迈耶 1

前言 …………………………………………………… 29

第 一 编

第一章 大革命爆发之际，人们对它的评论歧异 ……… 41
第二章 大革命的根本与最终目的并非像人们过去认为的那样，是要摧毁宗教权力和削弱政治权力 ……… 46
第三章 大革命如何是一场以宗教革命形式展开的政治革命，其原因何在 ……………………………… 51
第四章 何以几乎全欧洲都有完全相同的制度，它们如何到处陷于崩溃 ……………………………… 55
第五章 法国革命特有的功绩是什么 ………………… 60

第 二 编

第一章 为什么封建权利在法国比在其他任何国家更使人民憎恶 ……………………………………… 65

第二章	行政的中央集权是旧制度的一种体制而不是像人们所说是大革命或帝国的业绩 ············ 75
第三章	今天所谓的行政监管乃是旧制度的一种体制 ········ 84
第四章	行政法院与官员豁免权是旧制度的体制 ············ 94
第五章	中央集权制怎样进入旧政治权力并取而代之,而不予以摧毁 ·· 99
第六章	旧制度下的行政风尚 ································ 103
第七章	在欧洲各国中,法国如何成为这样的国家,其首都已取得压倒外省的重要地位,并吸取全帝国的精华 ··· 113
第八章	在法国这个国家,人们变得彼此最为相似 ········ 118
第九章	这些如此相似的人如何比以往更加分割成一个个陌生的小团体,彼此漠不关心 ···················· 123
第十章	政治自由的毁灭与各阶级的分离如何导致了几乎所有使旧制度灭亡的弊病 ······················· 138
第十一章	旧制度下自由的种类及其对大革命的影响 ········ 149
第十二章	尽管文明取得各方面进步,何以 18 世纪法国农民的处境有时竟比 13 世纪还糟 ···················· 160

第 三 编

第一章	到 18 世纪中叶,文人何以变为国家的首要政治家,其后果如何 ······································· 179
第二章	非宗教倾向在 18 世纪的法国人身上如何成为普遍占上风的激情,对大革命的特点有何影响 ········· 189
第三章	法国人何以先要改革,后要自由 ·················· 198

第四章	路易十六统治时期是旧君主制最繁荣的时期,何以繁荣反而加速了大革命的到来	209
第五章	何以减轻人民负担反而激怒了人民	219
第六章	政府完成人民的革命教育的几种做法	226
第七章	何以一次巨大的行政革命成为政治革命的先导,其结果如何	231
第八章	大革命如何从以往事物中自动产生	240

注释 ……………………………………………………… 248
附录一 论三级会议各省,尤其朗格多克 ………………… 270
附录二 1789年前后法国社会政治状况 …………………… 280

译名对照表 …………………………………………………… 318

导　　言

《旧制度与大革命》影响史资料

　　1850年12月26日,托克维尔从索伦托写信给他的朋友居斯塔夫·德·博蒙道:"如你所知,很久以来,我一直在酝酿写作一部新著。我思量再三,假如我要在这世界上留下一点印记,立言比立功更好。我还觉得,比起15年前来,我今天更能著书。因此,我一边穿越索伦托的群山,一边开始寻觅主题。它对我来说必须是当代的,并能为我提供一种手段,把事实与思想、历史哲学与历史本身结合起来。〔着重号是我们加的,下同。〕依我看,这就是问题的条件。我常常想到帝国,帝国是人们名为法国大革命的那出尚无结局的戏剧的特殊的一幕。但是看到种种无法逾越的障碍,尤其是想到我好像要重复去写前人已写过的名作,我常常望而却步。然而这次,主题以崭新的看来更可以接近的形式出现在我面前。我想,不必去写帝国的历史,而需设法说明和使人明白构成这个时代链条的主要环节的那些重大事件的原因、特点、意义。这样,事实的叙述不再是本书的目的。可以说事实只是我头脑中的全部思想所依据的牢固而连续的基础,这些思想不仅涉及这个时期,而且涉及此前和此后的时期,涉及它的特点,涉及完成帝国的那位卓越人物，涉及由他给法国大革命运动、国家命运以及整个欧洲命运昭示的方向。因此这书可能很短，也许一卷或两卷，但很有趣味，并且可能很重要。我在这新范围上绞尽脑汁，带几分兴奋地发现许多开始时没引起我注意的各种看法，这一切还只是在我脑际飘动的云影。你对这主题意见如何？"①

托克维尔写给路易·德·凯尔戈尔莱的另一封信同样发自索伦托，日期为1850年12月15日，它比前边引用的话更清晰地透露了作者的意图。我们在这封信中读到，"重新尝试一部大作的念头早就萦绕在脑际，简直可以说苦恼着我。我觉得我真正的价值尤其存在于这些思想著作中；我擅长思想胜于行动；假使我能在这世界上留下点什么，那就将是我的著作，而不是对我的功绩的回忆。过去的十年中，我在许多方面都一无所获，但这十年给了我对人事的真知灼见和洞察精微的辨别能力，并未使我丢掉我的才智素有的透过众多现象观察人事的习惯。因而我自认为比起写《论美国的民主》时更能处理好一个政治学专著的重大主题。但是选择哪个主题呢？成功机会一半以上就在选题，不仅因为需要找一个公众感兴趣的主题，尤其因为需要发现一个能使我自己也为之振奋并为之献身的主题。我是世上最不能违背自己的精神与趣味向上爬的人；当我从自己的所作所为中得不到欢乐时，我觉得我简直连个庸才都不如。因此几年来我经常在寻求（无论如何还有一点安宁，使我可以观察一下四周，观察一下其他事物，跳出使我身

---

① 现见：《托克维尔全集》(J.-P. 迈耶主编)，第8卷，第2册，343及随后几页，巴黎，1967年。

陷其中的这一小团混乱),就是说,在寻求我可以着手哪个主题,但是一无所获,没有能使我满心欢喜或着实使我动心的主题。然而,青春逝去,光阴荏苒,人届成年;人生苦短,活动范围日蹙。百般思绪,也可说所有这些心神不安,在我所处的孤独境地,自然而然地促使我更加严肃、更加深入地再度寻求一部书的主题思想。我想表露我的想法,征求一下你的意见。我只能考虑当代主题。实际上,公众感兴趣我也感兴趣的只有我们时代的事。当今世界呈现的景象伟大奇异,吸引了人们太多的注意力,使之无法付出许多代价来满足有闲而博学的社会对历史抱有的那些好奇心。但是选择哪一个当代主题呢?最为新颖、最适合我的智慧禀赋与习惯的主题,将是对当代进行思考与观察的总汇,是对我们现代社会的自由评断和对可能出现的未来的预见。但是当我去找同类主题的焦点,主题产生的所有思想彼此相遇相连结的一点时,我却没有找到。我看到这样一部著作的各个部分,却看不出它的整体;我抓住了经纱,但是没抓住纬纱,无法织成布。我必须找到某个部分,为我的思想提供牢固而连续的事实基础。我只有写历史才能碰到它;潜心研究一个时代,对它的叙述使我有机会刻画我们时代的人与物,使我能把所有这些零散的画构成一幅画面。只有法国大革命这出长剧能够提供这样一个时代。很久以来我便有此想法,这点我曾向你表露,我把自1789年至今这个大时段(grande étendue de temps)继续称为法国大革命,从中挑选出帝国的十年,论述这惊天动地的事业的诞生、发展、衰落和灭亡过程。我越思考越认为要描述的时代必须选择好。至于时代本身,则不仅要伟大,而且要独特,甚至独一无二;可是时至今日,至少依我所见,它的再现都带有虚假庸俗的色彩。此外,它要把强烈的光线投向前一个时代与后一个时代。这肯定是对全剧作了最好的评价,最能使人对整出戏仁者见仁智者见智的法国大革命的一幕。我的疑虑不在选择主题,而在论述方式。我最初想以我的方式将梯也尔先生的著作①重写,就写帝国的功业,只是避开军事部分不写;相反,梯也尔先生再现了帝国的战争,写得春风得意,充满才华。但是,我对用这样的方式处理主题仍然犹豫不定。著书立说是需要漫长努力的事业。历史学家的拿手戏是善于组织史实,我不知道自己能否掌握这种本领。迄今我最擅长的,是评价史实,而不是叙述史实;就这种严格意义上的历史而言,我所知道的这种能力除非越出体裁并使叙述变得累赘,只应偶或以附带方式运用。最后,这有步梯也尔先生后尘之嫌。公众很少会因这类试图而感谢你;两位作家写同一主题,人们当然认为后者是老调重弹。这些便是我的疑虑;向你和盘端出,听听你的意见。

"在上述考虑主题的方式外,我又想出一种方式,即:不再写长篇巨著,而写相当短的也许就一卷的著作。确切地说,我不想再去写帝国史,而是写对这段历史的全部思考与评价。无疑我要指出史实,要遵循史实的线索;但我主要的事不是讲述史实。特别是我要使人们明白那些大事,要使人们看到由此产生的种种原因;帝国是怎样产生的;它何以能够在大革命创造的社会中间建立起来;它所使用的手段有哪些;缔造帝国的那位人物的真实本质是什么;看

---

① 指梯也尔的著作《执政府与帝国史》(20卷本,1845—1863年出版)。该书对军事涉及较多。——译者

到导致他成功的因素,导致他败北的因素;他对世界命运尤其是法国的命运所起的暂时影响与长期影响。我觉得一部极其伟大的著作的题材就在这里。但是困难重重。最使我伤脑筋的难题是历史本身与历史哲学相结合。我还没看出怎样使二者结合(可是它们必须结合,因为人们会说前者是画布,后者是颜料,必须二者具备才能作画)。我担心一个损害另一个,担心自己缺乏那种要选择好支持思想的史实就必须具备的极大本领;叙述史实要充分,以便自然而然地通过对叙述的兴趣把读者从一种思考引导到另一种思考,又不能赘述过头,以便使著作的特点始终清晰可见。这一类著作中无与伦比的典范是孟德斯鸠论述罗马人盛衰的著作[1]。可以说透过罗马历史会不断看到其盛衰兴亡;然而罗马历史有相当多内容仍需作者加以解释才能理解。但是孟德斯鸠抛开那些一向奉为楷模的上乘之作,在自己的著作中显示了在我所谈论的著作中尚不具备的才能。孟德斯鸠研究一个极其广大极其遥远的时代,他只能相隔很远挑选最大事件,而对这些事件,他只说最普遍的东西。假如把他局限在十年这段时间内,通过大量细致精确的事件来探索路径,这著作的难度肯定要大得多。

"我是想通过前面这番话使你明了我的心境,刚才我对你吐露的所有想法苦恼着我;但是现在仍然是一片黑暗,至多是半明半暗,看到的仅仅是主题重大,但并不清楚这广阔空间的种种事物。我多想让你帮我看得更清楚些。我自豪地相信我比任何人更能把伟大的思想自由带进这样的主题,对人物和事件毫无保留地加以

---

[1] 即《罗马盛衰原因论》(1734年)。——译者

不偏不倚的评说。因为对于人物，尽管他们曾在我们这个时代生活，我可以保证既无爱也无恨；至于名为宪法、法律、王朝、阶级的那些事物的形式，我不谈论其价值，只论我亲眼见到的它们的存在，避而不谈它们产生的效果。我没有传统，没有党派，除了自由与人类尊严的事业，我并无事业；对此，我可以保证；就这种工作而言，这类倾向与天性是有用的，正如在事情涉及的不是评说而是介入人类事务时它们常常有害一样……"

没有谁能比作者本人再清楚不过地界定《旧制度与大革命》的写作目的与方法了。也许有必要指出，托克维尔在这两封信中提到了最使他头疼的难题："历史哲学与历史本身相结合"。实际上，赋予他的著作独一无二特征的就是这"结合"。托克维尔之前或之后写的所有大革命史，人们都可以推定其产生时代，都带有时代的烙印；但是托克维尔的著作永葆青春，因为这是一部比较历史社会学著作。不论是维科的《新科学》，孟德斯鸠的《论法的精神》，还是布克哈特的《普遍历史论见》，都没有陈旧过时，哪怕我们的历史学或社会学方法已变得更为专门化。毫无疑问，《旧制度与大革命》一书必须列入这一类经典著作。

1856年6月，经过5年深入研究，《旧制度与大革命》出版了。几乎与此同时，这部著作也在英国出版，译者是托克维尔的朋友、已经翻译过《论美国的民主》的亨利·里夫；他的堂姊妹达夫·戈登夫人帮助进行了这一工作。"她干这行尽善尽美"，里夫写信给托克维尔道。在1856年4月27日同一封信中，里夫对他的朋友说道："我越是钻研已收到的你的著作的各章，就越是为之感染和欣喜若狂。就像一件所有人都为之打动的艺术作品，在这里我重又见到希腊雕塑的痕迹与真面目。"里夫是托克维尔著作的第一位读者。他把托克维尔著作中的《旧制度与大革命》与孟德斯鸠著作中的《论法的精神》置于同等地位。(1856年5月20日里夫致托克维尔的信。)

从1856年到1859年——托克维尔早逝那年——这部著作在法国印刷了四版;1856年印了两版;1857年印了一版,1859年印了最后一版,该版本构成本版的基础,但它在1858年12月即已出版。是为第四版;另一个版本印行于1860年,也称为第四版。被误称为第七版的新版本于1866年由居斯塔夫·德·博蒙出版,作为他编订的《托克维尔全集》第四卷。我曾找到继1866年以后的各版本:1878年,1887年,1900年,1902年,1906年,1911年,1919年,1924年,1928年,1934年。本书在法国共印行了16版25000册。在英国,里夫的版本1873年发行第二版,增加了取自《托克维尔全集》(博蒙编订)第八卷的7章;里夫第三版1888年发行。牛津克拉伦登出版社出版《旧制度与大革命》法文版,附有G.W.黑德勒姆的导言与注释;这个版本于1916年、1921年、1923年、1933年及1949年曾经重印。此外,在M.W.帕特森的关心下,巴兹尔·布莱克韦尔1933年出版了一个《旧制度与大革命》新英译本,可惜不带托克维尔在其著作上所加的重要注释;这个版本在1947年和1949年曾经重印。可见迄今为止,《旧制度与大革命》在英国已有13个版本,它已成为英国文化的组成部分。这事并不难解释。20世纪开始以来,牛津大学校方即将《旧制度与大革命》指定为基础教程。在美国,托克维尔的著作同样在1856年以《旧制度与大革命》一名出版,由约翰·邦纳翻译,出版者为哈珀兄弟出版社。德文版本在阿诺德·博斯考维茨的关心下,于1856年出版,出版者是莱比锡赫尔曼·门德尔松出版社。

《旧制度与大革命》的思想渗透到同时代读者当中,对此情况很容易写成一本书。我们仅仅指出些来龙去脉。夏尔·德·雷米扎在前述关于他朋友著作的文章中这样写道:"必须回顾他第一部著作中的深刻思想。20多年前,他把这思想运用到欧洲,他用如下结论作为他论述美国的著作的结语:'这些人竟以为重新找到了亨利四世或路易十四的君主制度,我觉得他们简直是瞎子。至于我,当我考察好几个欧洲国家已经达到的状况和所有其他欧洲国家的趋向时,我确信,过不多久在欧洲国家中除了民主自由①或独裁者的专制,再没有其他的位置。'很久以来他就怀有上述思想,从那时起,他便能用这一思想研究事物中的强与弱,缩小笼统性,划定使用界限或验证精确性;但是民主不断地使他觉得是当代世界的主流,是在不久的将来现时社会的危险或希望,伟大或渺小。在新著的前言里,他以生动感人的形式概括了当民主原则开始主宰社会时这些社会的特点。这幅图画是坚定稳健的手勾画的,毫无夸张,毫无省略,画图的精确性与着色的真实性融为一体,可见这位画家充满才华,保持了自己的观点。他没有改变体系、方式或思想。无论是20年的沧桑经历,还是致力于著作而进行研究与思考的4年,都没有使他的信念改变。感谢他,他的信念始终不渝。"我们可以在上述一席话

---

① 雷米扎在注释中又说:"不必认为透过这一番话,作者就专门是指共和形式之下的自由。他在同一章明确说道,他相信在美国以外其他国家有君主制、民主和自由联合的可能。"

之外再引证托克维尔的另一位朋友让－雅克·昂佩尔："今天，德·托克维尔先生在议会和宦海浮沉之后，他的理论得到经验的证实，他的原则也具有了他特有的权威性，他得以利用目前形势给他的闲暇来思考比美国的民主更广阔的事件，思考法国大革命。他的目的是要通过历史来揭示法国大革命如何从旧制度产生。为达到这一目的，他试图重新发现与重建法国旧社会的真实状况，这在以前从未有人问津。这是一部真正博学的著作，取自原始资料，依据好几个省的手抄档案；置于卷末的注释旁征博引，足以为证。归功于他个人的这项工作固然非常重要非常有教益，但是在这位有魄力着手此项工作并把它继续下去的人的思想里，这只是达到对法国大革命作历史解释、理解这场大革命并使它被人们理解的手段而已……"

我们从昂佩尔殊为详尽的分析中，只记下这些话："从德·托克维尔先生的著作中我们非常惊奇地看到，几乎所有被视为大革命成果甚或大革命战利品的一切，在何等程度上在旧制度下便已存在：行政的中央集权制、管理监督、行政风尚、针对公民的官吏保障、职位繁多和酷爱职位、征兵本身、巴黎的优势地位、财产过分分割，所有这些在1789年之前都已存在。从那时起，真正的地方生活没有了；贵族只剩下头衔与特权，对周围事务不再起任何影响，御前会议、总督或总督代理主宰了一切；我们倒不如说参政院、省长和专区区长主宰一切。市镇要翻修本堂神甫住宅或修建钟楼，得花足足一年时间来获取中央政府的批准。这种情况为世所仅见。如果领主不再能有作为，除非在为数不多的三级会议省，市政府也无用武之地，在德·托克维尔先生的著作中，有一个精彩的附录①专门对此加以论述。自从路易十四把市政府纳入营业所，亦即标价出售官爵，真正的城市代议制到处均已绝迹：这是一场没有政治目的而仅仅为了赚钱而完成的伟大革命，德·托克维尔先生说得对，这事为历史所不齿。中世纪的英雄市镇移到美国，变为美国的'乡镇'（township），实行自理自治，而在法国却不理不治。官吏为所欲为，为使他们成为更得心应手的专制政府，国家精心保护他们，对付受他们损害者的力量。读到这些事实，人们就会思忖大革命改变了什么，大革命为什么发生。但是其他几章出色地解释了它为什么发生，它如何转变成这样……"

关于托克维尔著作的风格，杰出的比较文学历史家这样表示："我简直不敢在如此严肃的著作中评价纯文学的素质；可是我不能不说这位作家的风格高人一筹。这种风格更雄浑同时也更柔和。在他的作品中，严肃并不排斥精巧，在进行高深的思考的同时，读者会遇到描述性的奇闻轶事或化义愤为讥讽的辛辣笔触。内心的火焰在这些如此新颖、如此智慧的理性的篇章始终燃烧，慷慨灵魂的激情永远使这些篇章生气蓬勃；我们仿佛听到一个声音，真诚而无虚幻，恳切而无狂暴，它使人为作者感到荣耀，同时唤起同情与尊敬。"（J.-J.昂佩尔，前引书）

甚至那个时代的私人通信中，也可看到托克维尔著作的反响。因此，居维利埃—弗勒里致函奥马尔公爵道："你是否读了托克维尔的《旧制度与大革命》？我觉得，这部著作博大精深，一些部分具

---

① 即"论三级会议各省，尤其朗格多克"。——译者

有真正才华(孟德斯鸠式的才华);不过该书结论有点含混,尽管充满对专制暴政最意味深长的憎恶,但像在指责人们对法国大革命缺乏真正同情。无论如何,书中得出的结论——不管作者本人见解怎样——都是说法国革命是由最合情理的原因引发的,上层阶级的性情使它必然发生,不可抑制的人民的性情则使这场革命愤怒与理性并重。对我来说,这已足矣。从文学观点看,这部著作的过错在于作者竟以创始人的口气揭示众所周知并早就被人阐述过的真理,格拉尼埃·德·卡萨尼亚克所著《法国大革命原因史》[①]出色的第一卷尤其阐述了若干真理。……"奥马尔公爵回信写道:"……我想和你谈谈德·托克维尔先生的著作,我刚刚读完。我以最大兴趣读它,对它也最为重视,尽管我并不完全同意作者的见解,也没有把他提出的一切都视为新说。读后留下的印象可概括如下:

"德·托克维尔先生充分证明法国大革命势在必行,合情合理,尽管凶暴,唯有法国大革命才能扫除流弊,解放人民,正如作者所说,解放农民。他宽恕法国大革命曾创造的过分的中央集权制和许多专制工具;所有这些在大革命以前即已存在;他宽恕曾摧毁可阻止无政府状态或专制暴政的制衡力量:大革命以前它们便已消失。但是,他指责大革命直至此时为止,尚不能创设任何制衡力量,当时并非没有一点可能性,这种制衡力量的地位在旧君主制下早已标明。他指责大革命恢复了旧制度的全套政府机器,并建立

[①] 卡萨尼亚克(1806—1880),法国记者与政治家。他的这部著作发表于1850年。——译者

起这样一种局面,乃至过了60年,我们第二次——上帝知道要多长时间——被投到专制制度下,它比旧专制制度更合逻辑,更加平等,但肯定也更为全面。

"这部著作的不足是没有作出结论;这是有几分使人失望,没有把好的东西充分烘托出来,也没有指出诊治弊病的良方。向人民讲真理是好事,但不要用沮丧的口气,尤其不该摆出一种神态对一个伟大的民族说她不配享受自由:这使压迫者、奴隶和利己主义者感到痛快。

"总而言之,这是一部好书,我赞赏它,我认为其内容与形式也值得人们称赞。因为正如你所说,人们在这里切实感受到了专制暴政的可怖,而这正是敌人之所在。旧制度死亡了,万劫不复;但是人们不可以以为在旧制度的废墟上,不会再建起专制暴政或无政府状态:这是大革命的私生子;只有自由才是大革命的合法女儿,在上帝的帮助下,自由有朝一日终将驱逐僭越者。"(《奥马尔公爵与居维利埃—弗勒里通信集》,4卷本,巴黎,1910—1914年,第2卷,333及随后几页)

既然《旧制度与大革命》也是一部英文著作,我们就应提一提它在英国受到的欢迎。我们已经谈过了亨利·里夫;作为当时最重要的英国杂志《爱丁堡评论》的总编,加以《泰晤士报》主笔的身份,他对此书的热情见解便有举足轻重的分量。他的朋友 G.W. 格雷格在这家像今天一样给舆论定基调的大报上发表了两篇分析文章,让我们引证一下这文章的话:"因为形势变幻莫测,冒险作预言是难得谨慎。但在这种情况下,我们可以充满信心地说,德·托克维尔先生的光荣将与日俱增,后人还将扩大他同时代人的评价……"格雷格接着对这部著作作了长篇分析;这长篇分析终有一天要辑入亚历克西·德·托克维尔研究文集。在这篇深入的研究论文末尾,格雷格写道:"我们相信已向我们的读者指出,德·托克维尔先生写了一部极端重要的著作,一部几乎整个充满鲜为人知的史实的著作,从这些史实产生了堪称为发现而且是具有永恒价值的发现的各种史学观点。然而,这本书还只是他允诺我们的著作的一部分,他将倾注他的全部研究成果,因为目前这卷和以前论述美国的各卷只不过是,如果我们理解得对,同一作品——他一生的文学作品——分散的一部分,旨在从社会发展的现阶段对社会的前途进行评价。"

托克维尔的朋友、英国财政大臣和杰出学者乔治·康沃尔·刘易斯勋爵感谢他寄来《旧制度与大革命》,并在1856年7月30日的信中给他写道:"这是我平生读过的使我精神得到满足的唯一著作,因为它对法国大革命的原因与特点提出了既真实又合理的观点。……"我们还能举出托克维尔著作在英国受欢迎的例子,但就此打住。

现在来看《旧制度与大革命》对后来几代人发挥影响的例证。(在其出色的小书《法国大革命150周年史学史概述》,巴黎,1939年,24页,达尼埃尔·阿莱维写道:"然而必须提到一部重要著作,托克维尔的著作……1856年,托克维尔发表了《旧制度与大革命》;这部著作将起非常深远的影响,我们以后再谈论它。"现在,我想谈的正是这种影响。)

在给《论美国的民主》所加的参考书目(第一卷,第二册,389页)中我们已经指出,制定1875年宪法的那一代人深为托克维尔、布罗伊①和普雷沃-帕拉多尔②的著作所浸透。布罗伊公爵的著作《法国政府之我见》(巴黎,1870年)恢复了《旧制度与大革命》的气氛,就像许多参考注释所表明的那样。

托克维尔对泰纳影响很大。若读《当代法国的起源》,就可找到很多引自托克维尔著作的文字。(例如,泰纳,《旧制度》,第三版,巴黎,1876年,99页。)泰纳在书中写道:"因为在法国建立起中央集权制的并非大革命,而是君主制。"泰纳在这里给他的原文加了如下注释:"德·托克维尔,第二编。这个重要真理由德·托克维尔先生以过人的洞察力所确立。"此外可见《当代法国的起源》一书附录的预备笔记摘要:《H.泰纳,生平与通信》(第3卷,巴黎,1905年),书中含有引自托克维尔著作的附注(参见300、319页)。深入研究托克维尔著作对泰纳的影响问题肯定是有意义的。维克托·吉罗的透彻研究《论泰纳。他的著作与影响》(巴黎,1932年)只给我们一个问题的梗概。吉罗写道:"……无疑需要很长篇幅才能颇为严格准确地搞清〔泰纳〕在托克维尔著作中汲取的所有材料、丰富的指示、全貌与细节。托克维尔……原来恰恰打算论述泰纳要涉及的整个主题。但是,在《旧制度与大革命》中,他只能完成这部巨著的第一部分;对于续篇,本有可能如此出色,我们却只有'笔记'、评断、刚刚拟就提纲的章节,灵敏有力的草案被死亡猛然

---

① 布罗伊(1821—1901),法国政治家和历史学家,著有《4世纪教会与罗马帝国》(1856—1866年)、《弗里德里希二世与玛丽亚-特雷萨》(1882年)以及《塔列朗回忆录》(1891年)等。——译者

② 普雷沃-帕拉多尔(1829—1870),法国记者、政治家和外交家,著有《政治与文学论文集》(1859—1863)等。——译者

打断了。泰纳得以运用这些散乱的材料,从头在更广阔的基础上重建这座未完成的大厦;他以其风格的丰富壮丽取代了朴实无华的线条,取代了原始建筑物有点裸露的庄严;但他保留了其中好多重要部分,直到整体规划。《当代法国的起源》的主要思想就是大革命最深的根源存在于我们以前整个历史中,这思想也是托克维尔著作的主要思想;我差不多可以肯定,泰纳的'地方分权'倾向大部分来自他的这位眼光敏锐而有气魄的前辈。"正如我刚才所言,对托克维尔与泰纳的研究尚待进行。这两位思想家的彼此差异也许可由各自的知识构成加以解释。托克维尔接触社会学问题首先靠实践经验,靠对行政史与法律方面的深入研究,而泰纳尤其受文学、哲学与艺术的教育。这里我可以摘录一段泰纳书信中的话揭示他的政治哲学(前引书,第二卷,巴黎,1904年,263页及随后几页)。1862年10月泰纳写道:"我的确在政治与宗教上有一理想,但我知道在法国不可能实现;这就是我为何只能有一种思辨家而非实践家生涯的原因所在。德国施莱艾尔马赫尔①时期或稍后的英国今天的自由新教;今天比利时、荷兰、英国的地方或城市的自由,均达到了中央代议制。但是新教与法国人的天性相违,地方政治生活也违背法国的财产与社会结构。除了减轻过分的中央集权,说服政府出于自身利益让人讲话,减少天主教与反天主教的暴力,调和维持,别无他策。必须将它的力量引向其他方面:引向理论科学,引向优美文风,引向艺术某些部门,引向讲究的技艺,引向

---

① 施莱艾尔马赫尔(1768—1834),德国新教神学家,著有《论宗教》(1799年)等。——译者

舒适漂亮的社交生活,引向无私而普遍的伟大思想,引向全体福利的增长。"(参见《泰纳。其思想的构成》,安德烈·谢弗里荣著,巴黎,1932年;F.C.罗:《泰纳与英国》,巴黎,1923年;亦见 A.奥拉尔:《泰纳,法国大革命历史家》,巴黎,1907年;奥古斯坦·科尚:"大革命史学的危机",载《思想与民主的社会》,巴黎,1921年。亦见亨利希·冯·西贝尔:"旧国家与法国大革命",载《小历史论文》,斯图加特,1880年,229页及随后几页。)西贝尔本人就是一个法国大革命重要著作的作者,在这篇论文中他分析了《当代法国的起源》第一卷,也同样要读者参阅托克维尔的"名作"。(参见 H.冯·西贝尔:《大革命史,1789—1800》,10卷本,斯图加特,1897年。)西贝尔于1853年开始发表他的著作。

众所周知,泰纳《当代法国的起源》是受1871年法国战败和巴黎公社的经历所启发而作;与《当代法国的起源》相比,《旧制度与大革命》更偏重比较政治社会学研究。托克维尔对西方世界的普遍发展趋势进行预测,而泰纳则从法国社会的革命这一观点涉及主题。

1864年,菲斯泰尔·德·库朗日的《古代城市》问世。这部著作带有《旧制度与大革命》的深深烙印。C.朱利昂在其宝贵的教材《19世纪法国历史学家文选》(第一版,巴黎,1896年;我们根据1913年巴黎第七版重校本引用)中写道:"人们推测,菲斯泰尔·德·库朗日所受到的历史影响首先是孟德斯鸠的(政体的研究),可能还有米什勒的,而更多的是托克维尔的影响(社会生活中宗教情感的作用)。《旧制度与大革命》对菲斯泰尔的才华有决定性影响不足为奇:在《古代城市》中,我们将会找到同样的叙述方式,同样的归纳步骤,和同样的把书归并成两三个指导思想的愿望"(91和随后几页)。在更后边的好几页,朱利昂重又回到这个主题上:"在《古代城市》中,托克维尔的影响比米什勒明显得多。《导言》的标题本身:'论研究古代人最古老的信仰对于了解其典章制度的必要性',简直就是《论美国的民主》一书开头的翻版。《旧制度与大革命》一书的一大功绩是证明了1789年以后有多少过去的政治制度、习惯思想,在新法国依然存在,新法国不知不觉成了君主制法国的概括遗赠财产承受人。菲斯泰尔·德·库朗日在其著作中证明传统与宗教习俗具有长期持久性;这个延续法则在《古代城市》下述话里阐述得再精彩不过了:'对人来说,过去绝对不会彻底死亡。人能把它忘掉,但却总是把它保留在身上。因为,就像它在各个时代的样子,它是所有以前各个时代的产物和概括。即使它深入人的灵魂,根据各个不同时代留在人身上的模样,也能恢复与区别这些不同的时代。'"关于菲斯泰尔·德·库朗日,可参阅瑞士历史家 E.菲特的重要著作《新编史学史》,慕尼黑与柏林,1911年,560 及随后几页;E.尚皮翁:《菲斯泰尔·德·库朗日的政治宗教思想》,巴黎,1903年;J.-M.图尔纳尔—奥蒙:《菲斯泰尔·德·库朗日》,巴黎,1931年,59 及随后几页。

此外,在前引朱利昂的著作中,还可找到对托克维尔著作重要地位所作的一个简洁而又非常出色的评价,读了将有所裨益:"托克维尔的著作与《古代城市》一起,是19世纪所产生的最新颖与写得最出色的历史著作……"(参见前引书84及随后几页。)朱利昂将托克维尔列为哲学历史家;我们今天也许要说他是社会学历史家。马克·布洛赫的《封建社会》可能是当代社会学历史的典型范例。

阿尔贝·索雷尔的名著《欧洲与法国大革命》(8卷本，巴黎，1885—1904年)同样带有托克维尔始终不息的影响烙印。欧仁·德希塔尔在其著作《亚历克西·德·托克维尔与自由民主》(巴黎，1897年)一书中,用整整一章的篇幅论述《旧制度与大革命》,指出这部著作对阿尔贝·索雷尔的影响。我们引用一段:"是否需要提到阿尔贝·索雷尔在其权威著作《欧洲与法国大革命》中，出色地把托克维尔的方法与思想扩大到革命的对外政策上,证明在对内对外政策上,'革命并没有带来什么不是来自历史、不是由旧制度的先前政策可以解释的结果，哪怕是最特殊的结果。'他比任何人都更出色地证明了托克维尔这段话中的真理:'谁要是只研究和考察法国,谁就永远无法理解法国革命。'①"

勒普莱肯定通过阅读托克维尔著作得到了充实。在《由对欧洲各民族的考察推断出的法国社会改革》(巴黎,1874年,第三卷)中,有一段对《旧制度与大革命》非常有特色的评语;勒普莱写道:"路易十五野蛮的不宽容政策保留了某些人道形式,仅仅以摧毁新教基督徒为目的。1793年雅各宾派的不宽容政策则旨在完全摧毁所有宗教。"这段话以下列注释为依据:"亚历克西·德·托克维尔在一部著作(《旧制度与大革命》)中揭示了这一真理,这部著作若是有真正的书名并提出结论,就将成为杰作。"我们认为勒普莱对亚历克西·德·托克维尔的评价是不正确的;他的决疑论和道德家精神绝不可能理解托克维尔的历史社会学。(参见 J.-B.迪罗塞尔:《法国社会天主教的开端,1822—1870》,巴黎,1951年,

---

① 这是《旧制度与大革命》第一编第四章的结语。见中译本第59页。——译者

672及随后几页。)——在《旧制度与大革命》的有名读者当中我们要提到乔治·索雷尔[①]和让·饶勒斯;《进步的幻想》(第一版,巴黎,1908年)非常频繁地引证托克维尔著作,《法国大革命的社会主义史》(A.马迪厄审订版,8卷本,巴黎,1922—1924年)同样有《旧制度与大革命》的印记出现。

人们还可以引证杰出的法国法律史家A.埃斯曼的看法,他在《法国比较宪法学要素》(第四版,巴黎,1906年)一书中显露出对托克维尔思想的敏锐理解力。

此外,不应忘记那些伟大的法国文学史家。我们只提几位。圣伯夫在《星期一丛谈》(第三版,15卷本,巴黎,未注明年份,96及随后几页)中,清楚表明他从未理解托克维尔著作的社会学意义。假如回想到他曾以何等热情在《星期一丛谈初集》中欢呼《论美国的民主》出版,人们就只能推断他的法兰西学院伟大同事一定会对他嗤之以鼻……(见J.-P.迈耶:《亚历克西·德·托克维尔》,巴黎,1948年,156及随后几页。)但是即使是在恶言恶语中,圣伯夫也永远辉煌。与圣伯夫形成对比,伯蒂·德·朱尔维尔在其《法国文学史》(巴黎,未注明年份,540页)中写道:"托克维尔在基佐的学校受到教育,于1835年发表了自《论法的精神》问世以来人们所写的社会哲学方面最扎实的著作《论美国的民主》;20年以后(1856年)《旧制度与大革命》这部完全独创、影响极大的新著,在拉马丁的《吉伦特党人史》[②]取得轰动成功后不久,开始在法国,至

[①] 乔治·索雷尔(1847—1922),法国新闻记者,持有激进的社会主义思想,著有《暴力思考》(1908年)等。——译者

[②] 拉马丁这部著作出版于1847年。——译者

少在引起反响的思想界,改变可称为大革命神话的一切。人们不再把大革命视为一场出乎意料的(英雄的或魔鬼的)飓风,而承认大革命乃是众多遥远深刻的原因的结果。泰纳完成了这种对舆论的矫正;但托克维尔开其先河。"——费迪南·布伦蒂埃在《法国文学史教程》(巴黎,1898年)这部很有价值的著作中,以笔记形式提出对托克维尔著作的评价:"……这部著作〔《旧制度与大革命》〕甚至在构想大革命的起源的方式上标志了一个时代;——在描述大革命的方式上亦然。——托克维尔看得何等清晰:1.大革命通过所有废墟与我们历史最遥远的过去连接在一起;2.大革命的'宗教'特征归因于其原因的深刻性;3.由于这一原故,要取消种种影响,不能靠任何政治力量。——通过这两部著作〔布伦蒂埃前边已谈到《论美国的民主》〕,托克维尔足以使历史摆脱历史家的武断评价;准备好我们从当代形成的思想;并赋予历史以科学所应当具备的一切特征。"(前引书,441页。)在其经典著作《法国文学史》(巴黎,1912年)中,居斯塔夫·朗松也给了我们一个对托克维尔著作的精彩评价:"……《旧制度与大革命》以历史家的思想为基础。托克维尔像奥尔良派历史家一样,在大革命中看到了结果,看到了根源就在祖国开始的一场社会政治运动的终结,而对于正统派和民主派来说,大革命几乎总是与过去的猛然决裂,是奇迹般的突然爆发,一些人诅咒,另一些人祝福,大家都以为1789年和1793年的法国与路易十四或圣路易①的法国截然不同。但奥尔良派用他们的历史观为党派利益服务;托克维尔则始终是严格的历史家,同时

---

① 圣路易即路易九世,1226至1270年在位,是路易八世之子。——译者

更有哲学家色彩,只求证实我们的制度与我们的风尚的发展连续性;大革命爆发于 1789 年,因为它已经进行了一半,几个世纪以来,一切都向平等和中央集权发展;封建权利与专制王权的最后障碍显得更加碍手碍脚,因为它们已是最后一道障碍。他阐述了文学与不信教对大革命的影响,平等感情压倒自由激情。托克维尔在阐述封建君主制度的毁灭后,接着打算证明新法国如何从旧法国的废墟中重建:这几乎就是泰纳在《当代法国的起源》中实现了的庞大计划。但是托克维尔没来得及完成自己的著作。"(前引书,1019 及随后几页。)法国文学史史家们就这样把托克维尔著作的成果传给年青一代,希望年青一代从中获益。

在结束《旧制度与大革命》在法国的影响概观时,我们还想给我们的读者指出保尔·雅内的一本重要的小书《法国大革命的哲学》(巴黎,1875 年)。雅内很有眼光地看到 1852 年在法国大革命历史观上是一条有决定意义的分界线。我们在他的书中读到:"1852 年引起了法国革命哲学的真正危机。一种深深的失望,一种对这个国家直到此时一直珍视的各项原则的闻所未闻的背离(人们至少这样认为),一种为了革命的物质成果而牺牲革命的精神成果的可悲倾向,一种在本应从世界上永远扫除专制暴政的思想的影响下产生的新形式的专制主义,与此同时一种稍加扩展的科学,我们的状况与毗邻民族状况的比较,那令人悲伤的信念——过多地为经验证实——世界上有许多民族没有经历如此多的危机与灾难,随世事的演变逐步达到了我们曾经梦想、曾经缺乏、甚至从社会自由的一些观点来看我们已抢先达到并超过的这种政治自由;大西洋彼岸的伟大民族在其整个疆域同时实现了这个自由平等的伟大纲领，我们却早就开始牺牲掉一半，只待再晚些扔掉另一半；所有这些观点，所有这些思考，经验与比较，都使得大家在某种程度上抛弃了一向怀有的这种对革命的信仰……法国革命新理论由此而得到全新的方向。人们开始感到震惊，革命很少尊重个人自由，革命崇拜武力，盲目信奉中央政权至高无上的权力；人们想，革命在现代社会确立了社会地位平等，谁能说革命不会像昔日的罗马帝国一样为新形式的专制暴政铺平道路。没有哪一位政论家比著名的思想敏锐的亚历克西·德·托克维尔更为这种思想所打动，他比大家都先有这种思想。他是第一人，在如此有独到见解的《论美国的民主》一书中，身居和平、温和、立宪的时代，便向现代各民族预示了'恺撒专制的'危险，这奇怪的预见当时没有任何条件任何事件任何明显征兆可资依据。以后，上述思想在某种程度为事件所证实，他在其卓越的著作《旧制度与大革命》中，以最罕见的洞察力，重新加以论述和发展。……"我们无法完整地引证雅内的透彻分析，兹摘要如下："因此，托克维尔在某种意义上为革命辩护，在另一种意义上批判革命，但是他不同于革命的批评者或革命的拥护者通常对革命采取的行径。他替革命申辩，证明革命并不像守旧派所说的那样标新立异，因而也不是那样荒诞不经。革命极力设法在纯理性上，在权利与人道的抽象思想上，建立一种社会秩序；但即使在这一点上，革命也只实现了先前所有各个时代已经准备好的东西。革命因此在历史上是正确的同时在哲学上也是正确的。反过来，托克维尔力图唤醒我们对革命的一种可能后果的忧虑，即新专制主义的确立，民主的或军事独裁的专制制度，抹杀个人，无视权利，由中央吞并所有地方生活，并因此消灭各部门的一切生命力;托克维尔也许(但愿如此)夸大了这种弊病的意义,但这弊端在我们的整个历史中早已萌芽,通过革命毫无疑问繁衍和恶化到了极点。这就是德·托克维尔先生的著作给我们提出的教训。……"(参见前引书,119及随后几页。)

恰恰是革命的这些潜在倾向——在民主进程中抹煞个人并实行平等,以及公民投票制度的危险——深深地影响了瑞士伟大历史学家雅各布·布克哈特(1818—1897)的著作。不管他的沉思的唯美主义(esthéticisme contemplatif)如何,在所有我们提到的思想家中,他却可能是最接近于托克维尔的。他在致友人的信中写道:"但是事情正像你所说的那样,有人想训练人们参加集会;假如连至少百人的集会都没有,大家开始哭泣的日子就要来到。"自从沃纳·凯吉为《普遍历史论见》发表预备研究(《历史残稿》,斯图加特,1942年)以来,我们了解了布克哈特曾在多大程度上吸取托克维尔的思想。法国大革命作为19世纪和20世纪革命的阶段,处在两位思想家相会的焦点上。我们早已提到菲特在前引著作中用贴切的几页篇幅论述在历史科学发展中《旧制度与大革命》所占据的位置(参见前引书,557及随后几页)。在洛桑执教的社会学家维尔弗雷多·佩尔托的百科全书式的脑子无所不读,同样也没忘记研究托克维尔的著作。

在意大利,贝内代托·克罗齐的著作也证实了《旧制度与大革命》的影响。

我们在《论美国的民主》(见《托克维尔全集》,迈耶编订,第一卷,第二册,393页)附录的参考书目中已经指出,德国思想家威廉·狄尔泰发现了托克维尔对于当代的重要性(《人文科学中历史世界的构造》，载《狄尔泰全集》，第 8 卷，柏林，1927 年，104 及随后几页）。关于《旧制度与大革命》，他这样写道："在另一部著作中，托克维尔第一次深入到 18 世纪法国与大革命的整个政治秩序中。这种政治科学也允许政治应用。他沿用亚里士多德学说的论点，表现得尤其丰富，特别是认为各国良好的宪法应该建立在权利与义务的正当比例上。否定这种平衡便会把权利变成特权，其结果国家就会瓦解。上述分析对实践的重要应用是意识到过分中央集权的危险与个人自由和地方政府的好处。这样，他从历史本身得出内容丰富的概括，得出对过去现实的新分析，对过去现实的新分析可以产生对目前现实的更深刻的理解。"在对大革命前法国历史的重要研究中，德国历史学家阿德尔贝特·瓦尔总是自觉地以他誉为"我们时代最伟大的历史学家"的托克维尔为榜样。（见瓦尔：《法国大革命以前史。一个尝试》，两卷本，蒂宾根，1905 年，以及同作者所著：《法国大革命以前史研究》，蒂宾根，1901 年。）

在英国，里夫、格雷格、康沃尔·刘易斯和约翰·斯图尔特·米尔等人吸收了《旧制度与大革命》的思想，正是通过他们，这部著作的独创性才得以向下一代人显示出来。戴西在其著作《宪法研究导论》（第一版，1885 年；我们引证根据第八版，伦敦，1915 年）的一个重要段落中，为了阐明他关于行政法的重要论点，把《论美国的民主》与《旧制度与大革命》结合在一起。他引用《论美国的民主》："在法兰西共和八年，出现一部宪法，其中第 75 条如下：'政府官员，部长除外，因职责有关的行为，只有根据行政法院的决定才能被起诉；在这种情况下，起诉在普通法庭前举行。'共和八年宪法通过了，但这一条没通过，留在宪法后边，根据公民的合法要求，每天都有人反对它。我常常试图使美国人或英国人懂得这第75条的含义，事情总是非常难办到。他们首先看到的是在法国，行政法院乃是一置于王国中央的大法庭；这里实行一种专制制度，预先把所有申诉人都移交到这个大法庭面前。

"但是当我力图使他们明白行政法院并非通常意义上的司法机构而是行政机构，其成员隶属于国王，乃至国王在命令他的称为省长的仆人干一桩恶事之后，能够命令他的另一个称为国务顾问的仆人阻止人们惩治前者；当我向他们说明受君主的命令所损害的公民被迫向君主本人请求准许得到公正的处理时，他们根本不相信这样的荒谬行为，还指责我说谎无知。旧君主制常有这样的事，高等法院向犯罪的政府官员发出逮捕令。有时王权强行干预，撤销诉讼。专制这时已明目张胆，人们只得屈从暴力，表示服从。因为我们在公正的幌子下，以法律的名义放任和认可唯有暴力强加给他们的一切。"（见《托克维尔全集》，迈耶编订，第一卷，第一册，105及随后几页；亦见我们附录的参考书目，第一卷，第二册，392及随后几页。）这段引文之后，戴西继续写道："托克维尔《论美国的民主》的这一经典段落发表于1835年；作者30岁，却已获得他的朋友譬之于孟德斯鸠的荣誉。当他在生命末年发表《旧制度与大革命》这部最有力量最为成熟的著作时，他对行政法的评价当然没变。"戴西重新引用托克维尔："确实，我们已将司法权逐出行政领域，旧制度将它留在这个领域是非常不妥当的；但是与此同时，正如人们所见，政府不断介入司法的天然领域，而我们听之任之：其实权力的混乱在这两个方面同样危险，甚至后者更危险；因为法庭干预政府只对案件有害，而政府干预法庭则使人们堕落，使他们变得兼有革命性和奴性。"(《旧制度与大革命》,本版本。)①戴西又加了如下评论:这些"话出自一位具有非凡天才的人,他精通法国历史,而且对当代法国也无所不知。他多年担任议员,至少任过一次部长职务。他了解本国的公共生活,就像麦考莱②了解英国的公共生活一样。也许托克维尔的语言有些夸张,部分地可由他的气质和思想倾向加以解释;这导致他夸大促使他刻苦钻研现代民主薄弱与旧君主制罪恶之间的亲缘关系。"(戴西:前引书,351及随后几页。)

戴西在牛津大学的杰出同事、专攻英国行政司法史的伟大历史学家保罗·维诺格拉多夫勋爵把《旧制度与大革命》的方法与成果传给了他的所有学生。经济史研究在英国刚刚起步。托克维尔的著作对这门学科的发展产生了间接但重要的影响。研究英国法律史的历史家F.W.梅特兰的经典著作带有托克维尔研究成果的深刻印记,对此我们不会感到吃惊。(参见P.维诺格拉多夫:《历史法理学纲要》,牛津,1920年,第一卷,152及随后几页;R.H.托尼:《宗教与资本主义的兴起》,伦敦,1926年,法译本,1951年;F.W.梅特兰:《直到爱德华一世时代的英国法律史》〔与F.波洛克合著〕,牛津,1895年,同作者所著:《英国宪法史》,剑桥,1908年。)我们已经提到同样受到托克维尔影响的阿克顿勋爵。(见我们附录的参考书目,第一卷,第二册,391页。)阿克顿在其《法国大革命讲稿》(伦敦,1910年)中的大革命专题著作附录里写道:"将近19世

---

① 中译本第二编第四章,第96—97页。——译者
② 麦考莱(1800—1859),英国政治家、记者和历史学家,著有《詹姆士二世登基后的英国史》(1849—1861年)等。——译者

纪中叶,当西贝尔著作的头几卷开始问世时,更加深入的研究由于托克维尔而在法国开始展开。他第一个证实,即使不是发现,法国革命不仅仅是决裂、颠覆、突如其来,而且部分上是折磨旧君主制的各种倾向的发展……在所有作家中,他是最令人满意也最严重地感到不足的。"(前引书,356及随后几页。)

在美国,《旧制度与大革命》只受最新一代人欣赏。年轻民族相当晚才发现历史科学。政治社会学中应用历史研究方法,像托克维尔著作中所显示的,乃是文明成熟的结果。正如黑格尔所说,密涅瓦①的猫头鹰在暮色中开始飞翔。美国杰出历史家罗伯特·厄尔甘在其著作《从文艺复兴到滑铁卢的欧洲》(纽约,1939年)上附加了一个参考书目,让我们用从中取出的一段话来结束这个《旧制度与大革命》的影响概观:"《旧制度与大革命》提出了革命原因的最深刻的分析。"

J.-P.迈耶

---

① 密涅瓦是罗马神话中的智慧女神,即希腊神话中的雅典娜。——译者

前　　言

我现在发表的这部书绝非一部法国大革命史；这样的历史已有人绘声绘色地写过，我不想再写。本书是一部关于这场大革命的研究。

1789年，法国人以任何人民所从未尝试的最大努力，将自己的命运断为两截，把过去与将来用一道鸿沟隔开。为此，他们百般警惕，唯恐把过去的东西带进他们的新天地；他们为自己制订了种种限制，要把自己塑造得与父辈迥异；他们不遗余力地要使自己面目一新。

我始终认为，在这项独特的事业中，他们的成就远较外人所想象的和他们自己最初所想象的要小。我深信，他们在不知不觉中从旧制度继承了大部分感情、习惯、思想，他们甚至是依靠这一切领导了这场摧毁旧制度的大革命；他们利用了旧制度的瓦砾来建造新社会的大厦，尽管他们并不情愿这样做；因此，若要充分理解大革命及其功绩，必须暂时忘记我们今天看到的法国，而去考察那逝去的、坟墓中的法国。我在这里试图做的便是如此；但为达到此目的，我所付出的努力比我想象的要艰苦得多。

有关君主制最初几个世纪、中世纪、文艺复兴的历史，大量的著作已作了深入的研究；我们不仅了解当时发生的各种事件，而且了解这些不同时期的法律、习惯、政府精神与民族精神。但至今尚未有人下功夫同样地、仔细地研究18世纪。我们自以为十分了解18世纪的法国,因为我们清楚地看到它表面上那耀眼的光彩,因为我们掌握着当时最卓越人物的历史细节,因为机智或雄辩的批评家们已使我们熟悉了18世纪显赫的大作家们的著作。但是,对于处理事务的方式、各种制度的真实实施、各阶级相互的确切地位、被人漠视的阶级的境况与感情,直至舆论风尚,我们只有一些模糊的,而且常常是错误的认识。

我试图深入到旧制度的心脏。在年代上它离我们十分接近,只是大革命把它同我们分隔开了。

为达此目的,我不仅重读了18世纪的名著,而且研究了许多不大知名而且不值得知名的著作,这些著作并非精雕之作,却更好地反映真实的时代精神。我仔细阅读所有的公共文告;大革命前夕,法国人在这些公共文告中表达了自己的见解与好恶。省三级会议以及后来的省议会的会议记录在这方面为我提供了大量启示。我特别研究了1789年三个等级起草的陈情书。这些陈情书卷帙浩繁,它们是法国旧社会的遗嘱,是它的愿望的最高体现,是它的最终意志的真实反映。这是历史上独一无二的文献。而我觉得它还不够。

在行政机构强大的国家里,思想、愿望、痛苦、利益与激情,通常迟早会暴露在政府的面前。遍览政府档案不仅使人对其运转情况有一精确概念,而且能一眼看到整个国家的状况。今天,如果把充斥内政部和各省案卷中的密件全部给一个外国人看,他很快就会了解我们,甚于我们自己。读者将会看到,在18世纪,政府权力已经十分集中,极其强大,惊人地活跃,它不停地赞助、阻止或批准某项事业。它许诺很多,给予也很多。它以各种方式施加影响,不仅主持大政方针,而且干涉家家户户,以及每一个人的私生活。此外,它从不张扬,因而人们不怕在它眼前披露自己最隐秘的缺陷。我花了很长时间在巴黎和几个省研究政府留下的档案[①]。

果真如我所料,我在那里发现了活生生的旧制度,它的思想,它的激情,它的偏见,它的实践。每个人都自由地用自己的语言讲话,暴露他们最隐秘的想法。我因此获得了当代人所没有的关于旧社会的许多概念;因为我看到了他们从未见到的资料。

随着这项研究的进展,我惊异地在昔日的法国处处看到许多今日法国突出的特点。从中我发现许多原以为源于大革命的感情,许多我一直认为只可能来自大革命的思想,和只产生于大革命的习惯;我时时碰到深植于这片古老土壤中的当今社会的根系。越接近1789年,我越清晰地看见产生大革命的那种精神是如何形成、诞生和壮大的。这场革命的整个面貌逐渐展现在我眼前。它已经预示出它的性格,它的特点;这就是它本身。在这里,我不仅发现了革命在其最初努力中所作所为的原因,而且也许更有甚者,发现了它将长期建树的目标的先兆;因为大革命有两个截然不同的阶段,在第一阶段,法国人似乎要摧毁过去的一切;在第二阶段,他们要恢复一部分已被遗弃的东西。旧制度

[①] 我特别查阅了几个大总督辖区的档案,尤其是图尔的档案。图尔的档案非常完整,反映出这个位于法国中心、拥有100万人口的广阔的财政区的情况。在此我当感谢年轻能干的图尔档案库保管员格朗梅松先生。其他一些财政区——其中有法兰西岛——使我看到,在王国的绝大部分地区情况也是如此。

有大量法律和政治习惯在1789年突然消失,在几年后重又出现,恰如某些河流沉没地下,又在不太远的地方重新冒头,使人们在新的河岸看到同一水流。

我献给公众的这本著作的宗旨是要阐明,这场在几乎整个欧洲同时酝酿的伟大革命为什么爆发于法国而不在他处,为什么它好像自发产生于它即将摧毁的社会,最后,旧君主制怎么会如此彻底、如此突然地垮台。

从思想上说,我已着手的这部著作不应到此告终。倘若有足够的时间与精力,我的意图是透过这场漫长革命的起伏兴衰,追踪这些法国人——不久前在旧制度下我还和这些由旧制度造就的人们亲密相处——注视着他们随着种种历史事件而变化、改造,却丝毫不改变本质,他们不停地在我们面前重现,虽然面貌略有不同,但始终可以辨认出来。

首先,我要和他们一起经历1789年的最初时期,那时对平等与自由的热爱共同占据着他们的心灵;他们不仅想建立民主的制度,而且要建立自由的制度;不仅要摧毁各种特权,而且要确认各种权利,使之神圣化;这是青春、热情、自豪、慷慨、真诚的时代,尽管它有各种错误,人们将千秋万代纪念它,而且在长时期内,它还将使所有想腐蚀或奴役别人的那类人不得安眠。

在简要追溯这场大革命的进程时,我将试图说明:同样是这些法国人,由于哪些事件,哪些错误,哪些失策,终于抛弃了他们的最初目的,忘却了自由,只想成为世界霸主①的平等的仆役;一个比

---

① 指拿破仑。——译者

大革命所推翻的政府更加强大、更加专制的政府,如何重新夺得并集中全部权力,取消了以如此高昂代价换来的一切自由,只留下空洞无物的自由表象;这个政府如何把选举人的普选权标榜为人民主权,而选举人既不明真相,不能共同商议,又不能进行选择;它又如何把议会的屈从和默认吹嘘为表决捐税权;与此同时,它还取消了国民的自治权,取消了权利的种种主要保障,取消了思想、言论、写作自由——这些正是1789年取得的最珍贵、最崇高的成果——,而它居然还以这个伟大的名义自诩。

我一直写到大革命似乎差不多完成了它的业绩、新社会已诞生时,然后,我将考察这个社会本身,我要力图辨别它在哪些地方与以前的社会相像,在哪些方面不同,我们在这场天翻地覆中失去了什么,得到了什么,最后我试图推测我们的未来。

第二部著作有一部分已写出了草稿,但尚不成熟,不能公之于世。我能否有精力完成它?谁能说得准呢?个人的命运较之民族的命运更为晦暗叵测。

我希望写这本书时不带有偏见,但是我不敢说我写作时未怀激情。一个法国人在谈起他的祖国,想到他的时代时,竟然无动于衷,这简直是不能容许的。我承认在研究旧社会的每个部分时,我从未将新社会完全置之不顾。我不仅要搞清病人死于何病,而且要看看他当初如何可以免于一死。我像医生一样,试图在每个坏死的器官内发现生命的规律。我的目的是要绘制一幅极其精确、同时又能起教育作用的图画。因此,每当我在先辈身上看到某些我们几乎已经丧失然而又极为必要的刚强品德——真正的独立精神、对伟大事物的爱好、对我们自身和事业的信仰——时,我便把它们突出出来；同样，当我在那个时代的法律、思想、风尚中碰到吞噬过旧社会，如今仍在折磨我们的某些弊病的痕迹时，我也特别将它们揭露出来，以便人们看清楚这些东西在我们身上产生的恶果，从而深深懂得它们还可能在我们身上作恶。

我声言，为了达到上述目的，我不怕得罪任何人，不管是个人、阶级，还是舆论、回忆，也不管他们多么令人敬畏。我这样做时往往带有歉意，但从不感到内疚。但愿那些由于我而感觉不快的人，考虑到我的正直无私的目的而饶恕我。

不少人可能会指责我在本书中表达了一种对自由的完全不合时宜的酷爱，他们要我相信，在法国再没有人在关心什么自由。

我只是恳求那些对我提出这种指责的人不妨想想，我对自由的热爱久已有之，并非自今日始。20多年以前，当论及另一个社会时，我就几乎逐字逐句地写下了人们现在即将读到的内容。①

在未来的黑暗中，人们已经能够洞察三条非常明显的真理。第一条是，今天，举世的人都被一种无名的力量所驱使，人们可能控制或减缓它，但不能战胜它，它时而轻轻地，时而猛烈地推动人们去摧毁贵族制度；第二条是，世界上所有社会中，长期以来一直最难摆脱专制政府的社会，恰恰正是那些贵族制已不存在和不能再存在下去的社会；最后，第三条真理是，没有哪个地方，专制制度产生的后果比在上述社会中害处更大；因为专制制度比任何其他政体更助长这种社会所特有的种种弊端，这样就促使它们随着它

---

① 指1835年托克维尔发表的《论美国的民主》（第一卷）。书中核心问题即民主与自由。——译者

们原来的自然趋向朝着那个方向发展下去。

在这种社会中,人们相互之间再没有种姓、阶级、行会、家庭的任何联系,他们一心关注的只是自己的个人利益,他们只考虑自己,蜷缩于狭隘的个人主义之中,公益品德完全被窒息。专制制度非但不与这种倾向作斗争,反而使之畅行无阻;因为专制制度夺走了公民身上一切共同的感情,一切相互的需求,一切和睦相处的必要,一切共同行动的机会;专制制度用一堵墙把人们禁闭在私人生活中。人们原先就倾向于自顾自:专制制度现在使他们彼此孤立;人们原先就彼此凛若秋霜:专制制度现在将他们冻结成冰。

在这类社会中,没有什么东西是固定不变的,每个人都苦心焦虑,生怕地位下降,并拼命向上爬;金钱已成为区分贵贱尊卑的主要标志,还具有一种独特的流动性,它不断地易手,改变着个人的处境,使家庭地位升高或降低,因此几乎无人不拼命地攒钱或赚钱。不惜一切代价发财致富的欲望、对商业的嗜好、对物质利益和享受的追求,便成为最普遍的感情。这种感情轻而易举地散布在所有阶级之中,甚至深入到一向与此无缘的阶级中,如果不加以阻止,它很快便会使整个民族萎靡堕落。然而,专制制度从本质上却支持和助长这种感情。这些使人消沉的感情对专制制度大有裨益;它使人们的思想从公共事务上转移开,使他们一想到革命,就浑身战栗,只有专制制度能给它们提供秘诀和庇护,使贪婪之心横行无忌,听任人们以不义之行攫取不义之财。若无专制制度,这类感情或许也会变得强烈;有了专制制度,它们便占据了统治地位。

反之,只有自由才能在这类社会中与社会固有的种种弊病进行斗争,使社会不至于沿着斜坡滑下去。事实上,唯有自由才能使公民摆脱孤立，促使他们彼此接近，因为公民地位的独立性使他们生活在孤立状态中。只有自由才能使他们感到温暖，并一天天联合起来，因为在公共事务中，必须相互理解，说服对方，与人为善。只有自由才能使他们摆脱金钱崇拜，摆脱日常私人琐事的烦恼，使他们每时每刻都意识到、感觉到祖国高于一切，祖国近在咫尺；只有自由能够随时以更强烈、更高尚的激情取代对幸福的沉溺，使人们具有比发财致富更伟大的事业心，并且创造知识，使人们能够识别和判断人类的善恶。

没有自由的民主社会可能变得富裕、文雅、华丽，甚至辉煌，因其平头百姓举足轻重而显得强大；在那里可以看到私人品德、家庭良父、诚实商人和可尊敬的产业主；甚至还会见到优秀的基督徒，因为他们的祖国不在尘世，而他们宗教的荣耀就是在最腐败的时尚中，在最恶劣的政府下，造就优秀基督徒；罗马帝国最腐朽的时代就曾充斥着优秀的基督徒；但是我敢说，在此类社会中是绝对见不到伟大的公民，尤其是伟大的人民的，而且我敢肯定，只要平等与专制结合在一起，心灵与精神的普遍水准便将永远不断地下降。

20年前我所想所说的就是这些。我以为，从那时以来，世界上并没有发生什么事情能使我改变想法和说法。当自由受欢迎时，我表示了我对自由的赞赏；当自由遭抛弃时，我仍坚持不渝，对此人们不会不以为然。

此外，请大家好好想一想，即便在这个问题上，我与我的大多数反对者的分歧，也许比他们自己认为的要小。一个人，假如他所属的民族有善于享用自由所必需的品性，却生来就奴颜婢膝地仰赖某个同类人的好恶，而不去遵循他亲身参与制定的法律，试问这样的人算是一种什么人？这种人我认为并不存在。专制者本人也不否认自由是美好的，只不过唯独他才配享有自由；对此大家并无歧异，分歧在于对人的尊重程度；因此严格来说，人们对专制政府的爱好同他们对国家的轻蔑是完全一致的。要想让我顺此潮流，恐怕尚须时日。

我可以毫不夸张地说，此刻我发表的这本书是一项浩繁工作的成果。有的章节虽短，却花费了我一年多的研究时间。我本来可以把大量的注释放在每页下面；不过我还是把它印在卷末，并且为数很少，而且一一注出页码。读者从中可以找到史例和证据。如果本书对某些读者有所启发，他们想要更多的例证，我愿另外提供。

第一编

第 一 章

大革命爆发之际,人们对它的评论歧异

没有任何事情比法国大革命史更能提醒哲学家、政治家们要谦虚谨慎;因为从来没有比它更伟大、更源远流长、更酝酿成熟但更无法预料的历史事件了。

就连伟大的弗里德里希①这样的天才,也没能预感到这场革命。他尽管接触到了,却视而不见。不仅如此,他预先就是依照大革命精神行事的;他是大革命的先行者,并且可以说他已经成为大革命的代理人;但在大革命迫近时,他并没有辨认出来;而当革命终于爆发时,它同历史上众多的革命迥然不同,具有独特的新面貌,因而最初未被人们察觉。

在国外,大革命成为举世瞩目的事件;它无处不在各国人民心中产生一种隐隐约约的新时代即将来临的概念,一种变革与改良的朦胧希望;但谁也猜不出大革命究竟应该是什么样子。各国君主和大臣竟然缺乏这种模糊的预感,这种预感使人民一见到大革命就骚动起来。最初,君主和大臣认为革命只不过是一场周期性

---

① 即腓特烈大帝,普鲁士国王(1740—1786年在位)。——译者

疾病，各个民族的体质都难以避免，它只是为邻国的政治开辟新的领域，别无其他后果。如果他们偶然道出了大革命的真谛，那也是无意的。1791年，德意志各国君主聚集在匹尔尼茨，确实宣称法国君主制所面临的威胁乃是欧洲一切旧政权的共同威胁，它们与法国同处危难之中；但是实际上，他们丝毫不相信这番话，当时的秘密文件透露，这在他们只不过是巧立借口，以遮掩他们的意图，或者在众目睽睽下粉饰这些意图而已。

对于他们来说，他们认为法国大革命是一次转瞬即逝的地方性事件，只消从中渔利就行了。基于这种思想，他们密谋策划，多方准备，结成秘密联盟。猎物既然近在眼前，他们便争夺起来，既相互分裂，又相互接近。他们的准备可谓面面俱到，唯独没有料到即将发生的事情。

英国人对自己的历史记忆犹新，他们长期实行政治自由，因而富有见识和经验，透过厚厚的帷幕，他们的确看见了迅速临近的伟大革命的面目；然而他们未能认清它的形式，不知道法国革命即将对世界的命运，对英国的命运产生什么影响。大革命即将爆发之际，阿瑟·扬①正在法国游历，他认为这场革命已迫在眉睫，但对于这场革命的意义却一无所知，甚至以为大革命的后果会使特权增加。他说道："如果这场革命给予贵族更多的优越地位，那么我想，它就弊大于利。"

自法国革命爆发起，伯克②心中便燃起仇恨，可是竟连伯克在

---

① 阿瑟·扬(1741—1820)，英国著名经济学家和农学家。他的名著《法国游记》(1791)包含研究大革命前和大革命初期乡社会状况的宝贵资料。——译者

② 埃德蒙·伯克(1729—1797)，英国政治家和作家，辉格党领袖之一，坚决反对法国革命，曾发表《法国革命思考》(1790)。——译者

第一章 大革命爆发之际，人们对它的评论歧异

某些时刻，对大革命亦无定见。起初他认为，大革命将使法国削弱，乃至灭亡。他说道："可以确信，法兰西的好战能耐将长久消失，甚至会永远消失，继往开来的一代将像那位古人一样说：我们曾听说，高卢人自己古时曾以武力著称。"

近距离不如远距离更能准确地判断历史事件。在法国，大革命行将爆发的前夕，人们对革命将成就的事业并没有明确认识。在大量陈情书中，我只找到两份陈情书表达了人民的某种惧怕心理。人们害怕的是王权——或者当时所称的宫廷——继续保持压倒一切的优势。三级会议表现懦弱，而且为期很短，令人担忧。人们害怕会对他们使用暴力。贵族对此尤其惴惴不安。许多陈情书说道："御前卫队应宣誓绝不把枪口对准公民，哪怕发生骚乱或暴动。"只要三级会议开得自由，一切弊端会一扫而光；要实行的改革工程巨大，可是并不困难。

然而，法国革命按自己的进程发展：随着魔鬼的头部逐渐出现，它那奇特可怖的面孔暴露出来；大革命在摧毁了政治机构以后，又废除了民事机构，在变革法律以后，又改变风尚、习俗，直至语言；摧毁了政府结构之后，又动摇了社会基础，似乎最终要清算上帝本身；这场大革命很快便跨越了国界，带着前所未闻的各种手段、新的战术、致命的准则，即皮特[①]所谓的武装的舆论，这个出奇强国冲决诸帝国的阻碍，打碎一顶顶王冠，蹂躏一个个民族，而且竟有这样怪事：把这些民族争取到自己这边来！随着这一切的爆

[①] 威廉·皮特(1759—1806)，英国政治家，任首相期间曾组织反法联盟，并与拿破仑作战。——译者

发,人们的观点发生了变化。欧洲各国君主和政治家最初视为各民族生活中的常事,一变而为新事,它甚至与世上历来发生的一切截然对立,可是它又如此普遍,如此可怖,如此费解,以致面对这种现象,人类的精神茫然若失。一些人想,这个闻所未闻的威力仿佛自生而且永存,人们无法阻止它,它也绝不会自动停止,它将把人类社会推向最终的彻底崩溃。许多人将大革命视为魔鬼在世间显灵。自1797年起,德·梅斯特尔先生①便说道:"法国革命具有恶魔的特点。"反之,另一些人则在大革命身上发现了上帝的福音,它不仅要更新法兰西的面貌,而且要使世界焕然一新,可以说要创造一种新人类。在当时的若干作家身上,都有这种带宗教色彩的惊恐心理,好比萨尔维②当初见到蛮族一样。伯克继续阐述他的思想,惊呼道:"法兰西岂止丧失了旧政府,简直丧失了一切政府,与其说法兰西必当成为人类的灾难与恐怖,不如说它几乎成了屈辱与怜悯的对象。但是,从这座被谋杀的君主制的坟墓中,却走出来一个丑陋、庞大、超出人类全部想象力的可怕的怪物。这个丑陋的怪物径直向目的地奔去,不为危险所惧,不因悔恨却步;它无视一切固有的准则,无视一切常规的手段,谁要是对它的存在不理解,便被它击倒。"

法国革命确实像当时的人所感到的那样异乎寻常吗?确实像他们所说的那样离奇、那样颠倒乾坤和锐意革新吗?这场奇怪而

---

① 德·梅斯特尔(1753—1821),法国政治家、作家和哲学家,著有《法兰西论述》(1796)和《论教皇》(1819)等书,鼓吹君主制和教皇权,坚决反对大革命。——译者
② 萨尔维(约390—484),历史家和基督教护教论者,著有《论上帝政府》(439—451)。——译者

第一章 大革命爆发之际,人们对它的评论歧异

可怕的革命的真正意义是什么?它的真正特点是什么?它的深远效果是什么?它具体摧毁了什么?它又创造了什么?

研究和论述这些问题的时机看来已经到来,今天我们所处的确切地位正好使我们能更好地观察和判断这个伟大事物。我们离大革命已相当远,使我们只轻微地感受那种令革命参与者目眩的激情;同时我们离大革命仍相当近,使我们能够深入到指引大革命的精神中去加以理解。过不多久,人们就很难做到这点了;因为伟大的革命一旦成功,便使产生革命的原因消失,革命由于本身的成功,反而变得不可理解了。

第 二 章

大革命的根本与最终目的并非像人们过去认为的那样,是要摧毁宗教权力和削弱政治权力

法国革命的最初措施之一是攻击教会,在大革命所产生的激情中,首先燃起而最后熄灭的是反宗教的激情。即使在人们被迫忍受奴役以换取安宁、对自由的热情烟消云散之时,他们仍在反抗宗教的权威。拿破仑有能力制服法国革命的自由天赋,但他竭尽全力也不能制服它的反基督教天性,甚至到了今天,我们仍看到有些人,他们以为不敬上帝便是弥补了当初对政府区区小吏唯命是从的过失,他们抛弃了大革命信条中最自由、最高贵、最自豪的一切,却以忠于大革命的精神自矜,因为他们仍旧不信上帝。

可是,人们今天不难明白,反宗教之战只是这场伟大革命中的一个事件,是大革命面貌的一个突出的却转瞬即逝的特征,是酝酿大革命并为其先奏的那些思想、激情、个别事件的暂时产物,而不是大革命的本身特性。

人们有理由将18世纪哲学视为大革命的一个主要原因,的确,18世纪哲学带有深刻的非宗教性。但是仔细观察定会看到,它有两个部分,彼此分开,截然不同。

一部分包含关于社会地位和民事、政治法律准则的所有新的或革新的观点，例如人类生来平等，因此应废除种姓、阶级、职业的一切特权，人民享有主权，社会权力至高无上，统一规章制度……所有这些信条不仅是法国革命的原因，而且简直可以说就是大革命的内容；它们是大革命最基本的业绩，论时间，则是大革命最经久最实在的功绩。

18世纪哲学家的另一部分信条是与教会为敌；他们攻击教士、教会等级、教会机构、教义，而且为了更彻底地推翻教会，他们还想将教会的基础连根拔掉。但是，18世纪哲学的这一部分既然产生于这场革命正在摧毁的各种事实中，它必然与这些事实一起逐渐消失，最终仿佛被埋葬在大革命的胜利之下。为了使我的意思更明白，我只需补充一句，因为我还要在别的章节论述这一重大问题：基督教之所以激起这样强烈的仇恨，并非因为它是一种宗教教义，而是因为它是一种政治制度；并非因为教士们自命要治理来世的事务，而是因为他们是尘世的地主、领主、什一税征收者、行政官吏；并非因为教会不能在行将建立的新社会占有位置，而是因为在正被粉碎的旧社会中，它占据了最享有特权、最有势力的地位。

不妨想一想，时间的推移已经证实了，而且每日每时都在证实下面这一真理：随着大革命政治业绩的巩固，它的反宗教事业即告覆灭；随着大革命所攻击的一切旧政治制度更彻底被摧毁，大革命所憎恶的各种权力、影响、阶级被彻底制服，一去不复返，它们所激起的仇恨，作为失败的最后标志，也日渐减退；最后，当教士从一切和他们同时垮台的东西中日益分离出来时，人们便看到，教会的力量在人们的精神中逐步恢复，并且更加巩固。

不要以为这种现象是法国所独有的;自法国革命以来,欧洲的基督教会无一不重新振兴。

若以为民主社会必然与宗教为敌,那就大错特错了:基督教乃至天主教中,并没有什么东西是与民主社会的精神绝对对立的,有好多东西甚至对民主社会大为有利。此外,历朝历代的历史表明,最富有生命力的宗教本能始终扎根在人民心中。所有已经消亡的宗教都在人民心中有自己的归宿,而倾向于顺应人民的思想感情的各种制度,到头来总是把人类精神推向不信宗教,岂非咄咄怪事。

刚才我对宗教的议论,更适用于社会权力。

大革命一举推翻迄今维持社会等级制度和束缚人的一切机构和习俗,人们看到这些便可能以为,大革命的结果不仅要摧毁个别社会秩序,而且要摧毁一切社会秩序;不仅要摧毁某一政府,而且要摧毁社会权力本身;从而断定,法国革命的特性在本质上是无政府主义。可是我敢说,这又只看到了表面现象。

大革命开始后不到一年,米拉波①私下致函国王道:"请把新形势与旧制度加以比较,从中会得到慰藉和希望。国民议会有一部分法令,而且是最重要的一部分法令,显然对君主政府有利。取消高等法院,取消三级会议省份,取消教士、特权阶级和贵族集团,难道这是区区小事吗?只组成一个单一的公民阶级,这个想法会使黎世留②欣悦,因为这种平等的表面便于权力的执行。多少届

---

① 米拉波(1749—1791),大革命初期著名政治家、演说家,曾当选三级会议第三等级代表和制宪议会议员,参与起草《人权宣言》,主张君主立宪。——译者

② 黎世留(1585—1642),路易十三的首相,枢机主教。任中加强专制主义中央集权,鼓励航海殖民,通过三十年战争提高法国国际地位。——译者

专制政府都致力加强国王权威,但他们所做的还不如革命在这短短一年中所做的多。"有能力领导大革命的人是这样理解大革命的。

法国革命的目的不仅是要变革旧政府,而且要废除旧社会结构,因此,它必须同时攻击一切现存权力,摧毁一切公认的势力,除去各种传统,更新风俗习惯,并且可以说,从人们的头脑中荡涤所有一贯培育尊敬服从的思想。这就产生了法国革命如此独特的无政府主义特点。

但是搬开这些残渣碎片,你就会发现一个庞大的中央政权,它将从前分散在大量从属权力机构、等级、阶级、职业、家庭、个人,亦即散布于整个社会中的一切零散权力和影响,全部吸引过来,吞没在它的统一体中。自罗马帝国崩溃以来,世界上还没有过一个与此相似的政权。大革命创造了这一新权力,或者不如说,这一新权力是从大革命造成的废墟中自动产生的。的确,大革命建立的政府更为脆弱,但是比起它所推翻的任何政府却强大百倍。由于同一原因,它既脆弱又强大,下面将另加阐述。

米拉波透过行将垮台的旧制度的尘埃,已洞察到这个简单、正规、巨大的形式。尽管这是一个庞然大物,当时却还未被民众察觉。但是逐渐地,时间的推移使之大白于天下。今天,各国君主尤其对此瞩目。他们赞赏并羡慕这个庞然大物,不仅大革命所孕育的人们,连那些与大革命格格不入甚至完全敌对的人们也表赞同,他们都在各自领域努力摧毁豁免权,废除特权。他们融合不同等级,使不同社会地位趋于平等,用官吏取代贵族,用统一的规章制度取代地方特权,用统一的政府代替五花八门的权力机构。对于这番革命事业,他们兢兢业业。一旦遇到什么障碍,他们往往借用法国革命的各种手段及准则。在必要时,他们甚至动员穷人反对富人,平民反对贵族,农民反对领主。法国革命既是他们的灾难,又是他们的教师。

第 三 章

大革命如何是一场以宗教革命形式展开的政治革命，其原因何在

一切国内革命及政治革命都有一个祖国，并局限于这个范围内。法国革命却没有自己的疆域；不仅如此，它的影响可以说已从地图上抹掉了所有的旧国界。不管人们的法律、传统、性格、语言如何，它都使人们彼此接近或者分裂，它常使同胞成为仇敌，使兄弟成为路人；不如说，它超越一切国籍，组成了一个理念上的共同祖国，各国的人都能成为它的公民。

翻遍全部史册，也找不到任何一次与法国革命特点相同的政治革命：只有在某些宗教革命中才能找到这种革命。因此，如果想用类比法来解释问题，就必须将法国革命与宗教革命作一比较。

席勒[①]在其《三十年战争史》中正确地指出，16世纪伟大的宗教改革使得互不了解的各国人民突然接近起来，并且通过新的共同信仰，紧密联合在一起。的确，法国人与法国人彼此交战之际，

---

① 席勒(1759—1805)，与歌德同时代的德国伟大诗人、戏剧家。上述著作发表于1791年至1793年。——译者

英国人前来助战；生于波罗的海纵深处的人竟深入到德意志的腹地，来保护那些他们从未听说过的德国人。所有对外战争都带有内战色彩；所有内战都有外国人介入。各个民族的旧利益被忘在脑后，代之以新利益；取代领土问题的是各种原则问题。所有外交规章都互相掺杂，混乱不堪，使当时的政治家们目瞪口呆，大伤脑筋。这正是1789年后在欧洲发生的形势。

因此，法国革命是以宗教革命的方式、带着宗教革命的外表进行的一场政治革命。试看它有哪些具体特点与宗教革命相似：它不仅像宗教革命一样传播甚远，而且像宗教革命一样也是通过预言和布道深入人心。这是一场激发布道热忱的政治革命。人们满怀激情地在国内实现革命，又以同样的热忱向国外传布。试想这是何等新的景象！在法国革命向世界展示的闻所未闻的事物中，这件事确实是最新鲜的。但我们且莫就此而止，应该更进一步深入探讨，考察这种类似的效果，是否来源于隐而不露的类似原因。

宗教的惯常特征是把人本身作为考虑对象，而不去注意国家的法律、习俗和传统在人们的共同本性上加入了什么特殊成分。宗教的主要目的是要调整人与上帝的总体关系，调整人与人之间的一般权利和义务，而不顾社会的形式。宗教所指明的行为规范并不限于某国某时的人，而主要涉及父子、主仆、邻里。宗教既然植根于人性本身，便能为所有的人同样接受，放之四海而皆准。宗教革命因此常拥有如此广阔的舞台，极少像政治革命那样局限于一国人民、一个种族的疆域之中。如果对这个问题作进一步考察，我们就会发现，宗教愈是具备我所指出的这一抽象而普遍的特征，便愈能广泛传播，不管法律、气候、民族有何不同。

第三章 如何以宗教革命形式展开

古代希腊罗马的异教或多或少均与各国人民的政体或社会状况有关,在它的教义中保留着某个民族的而且常常是某个城市的面貌,异教因此通常局限于一国的领土,很少越出范围。异教有时导致不宽容和宗教迫害,但是布道热忱在异教中却几乎完全看不到。因此,在基督教到来以前的西方,也就没有大规模的宗教革命。基督教轻而易举地越过那些曾经阻挡异教的各种障碍,在很短时间内就征服了大部分人类。基督教的胜利部分是由于它比其他宗教更能摆脱某国民族、某种政府形式、某种社会状态、某个时代及某个种族所特有的一切,我认为这样讲并不是对这圣教失敬。

法国革命正是依照宗教革命的方式展开的;但是法国革命涉及现世,宗教革命则为来世。宗教把人看作一般的、不以国家和时代为转移的人,法国革命与此相同,也抽象地看待公民,超脱一切具体的社会。它不仅仅研究什么是法国公民的特殊权利,而且研究什么是人类在政治上的一般义务与权利。

法国革命在社会与政府问题上始终追溯到更具普遍性的,也可以说更自然的东西,正因如此,法国革命既能为一切人所理解,又能到处为人仿效。

法国革命仿佛致力于人类的新生,而不仅仅是法国的改革,所以它燃起一股热情,在这以前,即使最激烈的政治革命也不能产生这样的热情。大革命激发了传播信仰的热望,掀起一场宣传运动。由此,它终于带上了宗教革命的色彩,使时人为之震恐;或者不如说,大革命本身已成为一种新宗教,虽然是不完善的宗教,因为既无上帝,又无礼拜,更无来世生活,但它却像伊斯兰教一样,将它的士兵、使徒、受难者充斥整个世界。

尽管如此,不能认为法国革命所采取的手段是史无前例的,它所宣传的一切思想都是完全新颖的。在各个世纪,甚至在中世纪兴盛时期,都有这样的鼓动宣传者,他们为了改变具体的习俗而援用人类社会的普遍法则,并以人类的天赋权利反对本国的政体。但是,所有这些尝试都失败了,18世纪燎原于欧洲的这同一火炬,在15世纪就轻易地被扑灭了。要想使这种学说产生革命,人们的地位、习俗、风尚必须已经发生某些变化,为学说的深入人心作好精神准备。

在某些时代,人和人之间如此迥异,以致普遍适用的法则对于他们竟成了无法理解的思想。在另一些时代里,只要将某一法则的朦胧轮廓远远地向人们展示,他们便能立即辨认并趋之若鹜。

最了不起的,并不在于法国革命使用了各种手段,创立了各种思想:伟大的新事物在于,那样众多的民族竟达到这样的水平,使他们能有效地使用这些手段,并轻而易举地接受这些准则。

第 四 章

何以几乎全欧洲都有完全相同的制度，它们如何到处陷于崩溃

曾经推翻罗马帝国并最终建立了近代国家的那些民族，在种族、国家、语言诸方面都各不相同；他们只是在不开化这点上彼此相似。自从定居于罗马帝国的土地之日起，长时期内，他们互相厮杀，一片混乱，而当终于稳定下来时，他们发现被自己造成的一片片废墟分隔开来。文明毁灭殆尽，公共秩序荡然无存，人际关系变得艰难险恶，庞大的欧洲社会分裂为千百个彼此迥异、互相敌对、老死不相往来的小社会。可是，在这片支离破碎的混沌之中，突然间涌现出统一的法律。

这些法律并非模仿罗马法制，而是与罗马法相对立，人们利用罗马法才能改造它们、废除它们。它们的面貌独特，与人类以前建立的法律截然不同。它们彼此匀称对应，共同构成了由一个个连接紧密的部分组合的整体，其严密程度不下于我们现代的法典条文；这是用于半野蛮社会的高深的法律。

这种立法怎么会形成、推广并最终遍行欧洲呢？这个问题我并不想探讨。可以肯定的是，早在中世纪，这种立法就或多或少在

欧洲各地出现,而且在很多国家,它排除其他一切立法,确立了自己的统治地位。

我有机会研究了英、法、德诸国中世纪政治制度。随着研究的深入,我十分惊异地看到,所有这些法律之间存在着惊人的相似之处,尽管各个民族彼此不同,很少融合,却有如此相似的法律,这不能不使我为之赞叹。由于地点不同,这些法律在细节上出现不断的、无止境的变化,但是它们的基础却到处都一样。当我在古老的德意志立法中发现某种政治制度、规章、权力时,我事先就已知道,如果仔细研究下去,也会在英国和法国找到本质上完全相同的东西,而我也确实找到了它。英、法、德三民族,只要研究其中一个,其他两个就更好理解了。

在这三个国家里,政府都是依据同一准则行事,议会都是由同样成分组成,并被赋予同样权力。社会以同样方式被划分,同样的等级制度出现在不同阶级之间;贵族占据同样的地位,拥有同样的特权、同样的面貌、同样的禀赋:彼此毫无区别,到处都一模一样。

城市结构彼此相似,农村依同样方法治理。农民的处境没有什么不同,土地按同样的方式为人们所拥有,所占据,所耕种,耕者承担同样的义务。从波兰边界到爱尔兰海,领主庄园、领主法庭、采邑、征收年贡土地、服徭役、封建义务、行会等,一切都彼此相似,有时连名称都一样。而更引人注意的是,所有这些彼此相似的制度,都源于同一种精神。可以说,14世纪欧洲的社会、政治、行政、司法、经济和文学制度所具有的相似性,比当今制度具有的相似性更大,尽管现代文明致力于开辟条条道路,冲破重重关卡。

我的目的不是要讲述欧洲的旧政体如何逐渐削弱颓败;我只

第四章 全欧洲相同的制度如何陷于崩溃

想指出,在18世纪欧洲政体到处濒临崩溃。一般说来,这种衰落在大陆东部不太突出,在大陆西部较为突出;但是在一切地方都能见到旧政体的老化,甚至衰败。

中世纪各种制度的逐渐衰落过程,从当时的档案中可以找到证明。我们知道,当时的领地都有名为"土地赋税清册"的登记簿,在上面一个世纪一个世纪地标出采邑和征收年贡土地界限,欠付地租、服劳役以及当地惯例。我看过14世纪的土地赋税清册,它们记载清晰、井井有条、十分确切,堪称杰作。尽管知识已普遍进步,可是离我们年代越近,土地赋税清册反倒变得模糊、杂乱无章、记载不全而且混乱不堪。看来市民社会转为文明之日,即政治社会堕入野蛮之时。

欧洲的古老政体在德意志比在法兰西更多地保留着原始特征,然而即使是在德意志,它所创立的一部分制度,也已经到处遭到摧毁。考察残存物的现状比发现失去的东西,更能使人判断时间的摧残作用。

自治市制度早在13和14世纪就已经使德意志的主要城市成为一个个富庶开明的小共和国,到18世纪依然存在;但是城市今天徒有其表。它们的一套方法似乎仍在执行;它们设置的行政官员仍保留原先的名称,而且仿佛在管理同样的事务;但是积极性、活力、市镇的爱国主义,以及城市制度所激起的刚毅而取之不竭的品德,已经消失不见了。这些旧制度仿佛原封不动地倒塌在自己身上。

今天依然存在的一切中世纪权力都患有同一毛病,它们全都同样的衰落和毫无生气。不仅如此,有些本身不属于中世纪政体的东西，由于被卷入其中而带上强烈的印迹，也都立刻丧失了生命力。处在这样的形势下，贵族阶级沾染上老年虚弱症；在中世纪，政治自由的成就到处可见，然而只要它今天保留着中世纪的种种特征，它便得了不育之症。省议会虽原封不动地保留其古老政治形式，但它们阻碍着文明的进步，而未能对它有所帮助；看来它们同新的时代精神格格不入。同时民心也背离了省议会，而倒向了君主。这些制度的悠久历史并未使它们变得令人尊重；相反，它们在老化，一天天地声名扫地；令人奇怪的是，由于它们更加衰落，它们的危害力越小，而它们激起的仇恨反而更大。一位支持旧制度并和旧制度同时代的德意志作家曾说道："现存事物已经普遍刺伤人心，有时还变得可鄙。古怪的是，现在人们对一切旧的东西均持不屑一顾的态度。这些新看法竟然也出现在家庭内部，并扰乱了家庭秩序。就连主妇们也不愿再忍受她们那些古老的家具了。"然而，这同一时期的德国同法国一样，社会活跃繁荣，蒸蒸日上。但是有一点必须认真注意；这是点睛之笔：所有活着、动着、生产着的东西都来自新的根源；这一根源岂止是新的，而且是对立的。

这个根源便是王权，但与中世纪王权毫无共同之处，它拥有另一些特权，占有另一个地位，带有另一种精神，激发另一些感情；这便是国家行政机构，它建立在地方权力废墟之上，向四面延伸；这便是日益取代贵族统治的官吏等级制度。所有这些新的权力都遵循着中世纪闻所未闻或拒绝接受的准则和方法行事，它们确实关系到中世纪人连想都想不到的某种社会状态。

在英国，情况与刚才谈到的一样，虽然人们一开始会以为欧洲旧政体仍在那里实行，如果忘掉那些旧名称，抛开那些旧形式，人

第四章 全欧洲相同的制度如何陷于崩溃

们便会发现,自17世纪以来,封建制度已基本废除,各个阶级互相渗透,贵族阶级已经消失,贵族政治已经开放,[①]财富成为一种势力,法律面前人人平等,赋税人人平等,出版自由,辩论公开。所有这些新原则在中世纪社会中都不存在。然而正是这些新事物一点一滴巧妙地渗入这古老的躯体,使之复苏和免于瓦解,并在保持古老形式的同时,灌输新鲜活力。17世纪的英国已经完全是一个现代国家,在它内部仅仅保留着中世纪的某些遗迹,犹如供奉品。

为了帮助理解下文,有必要对法国以外情况作此概述;因为,我敢说,谁要是只研究和考察法国,谁就永远无法理解法国革命。

---

① 托克维尔在本书中赋予 noblesse 和 aristocratie(均为"贵族"意)不同的含义。前者近乎种姓(caste),因出身而享有特权,在政治上已经名存实亡。后者则参与政权,并不断吸取新的力量。英国的贵族政治是他所憧憬的典范。——译者

第 五 章

法国革命特有的功绩是什么

　　前面所有的论述只是为了阐明主题，以帮助解决我一开始就提出的问题：大革命的真正目的是什么？它的本身特点究竟是什么？为什么它恰恰要这样发生？它完成了什么？

　　大革命的发生并不像人们所认为的那样，是为了摧毁宗教信仰的权威；不管外表如何，它在实质上是一场社会政治革命；在政治制度范围内，它并不想延续混乱，并不像它的一位主要反对者所说的那样要坚持混乱，使无政府状态条理化，而是要增加公共权威的力量和权利。它并不像另一些人所想的那样，要改变我们的文明迄今具有的特点，阻止文明的进步，也没有从实质上改变我们西方人类社会赖以依存的根本法律。如果撇开不同时期不同国家发生的曾经暂时改变大革命面貌的所有偶然事件，而只考察大革命本身，人们就会清楚地看到，这场革命的效果就是摧毁若干世纪以来绝对统治欧洲大部分人民的、通常被称为封建制的那些政治制度，代之以更一致、更简单、以人人地位平等为基础的社会政治秩序。

　　这些就足以产生一场规模巨大的革命；因为古老的制度与欧

第五章 法国革命特有的功绩是什么

洲的几乎一切宗教法律和政治法律混合交织在一起,除此之外,这些制度还产生了一整套思想、感情、习惯、道德作为它们的附属物。要想一举摧毁并从社会躯体中摘除与各器官相连的某一部分,需要一场可怕的动乱。这就使这次大革命显得更加伟大;它似乎摧毁一切,因为它所摧毁的东西触及一切,可以说与一切相连。

不管大革命怎样激进,它的创新程度比人们普遍认为的却少得多;这个问题我将在后边加以阐明。确切地说,大革命彻底摧毁了或正在摧毁(因为它仍在继续)旧社会中贵族制和封建制所产生的一切,以任何方式与之有联系的一切,以及即使带有贵族制和封建制最微小的印迹的一切。大革命从旧世界保存下来的只是同这些制度始终格格不入或者独立于这些制度之外的东西。它绝不是一次偶然事件。的确,它使世界措手不及,然而它仅仅是一件长期工作的完成,是十代人劳作的突然和猛烈的终结。即使它没有发生,古老的社会建筑同样也会坍塌,这里早些,那里晚些;只是它将一块一块地塌落,不会在一瞬间崩溃。大革命通过一番痉挛式的痛苦努力,直截了当、大刀阔斧、毫无顾忌地突然间便完成了需要自身一点一滴地、长时间才能成就的事业。这就是大革命的业绩。

但是使人惊异的是,今天看来如此明了的事情,当初在那些上智者眼里却始终显得模糊不清,混乱一团。

就是那位伯克对法国人说道:"你们想要匡正你们政府的弊端,但何必创新呢?你们何不因循你们古老的传统?你们何不恢复你们古老的特权?倘若你们无法恢复你们祖先体制的隐失的面貌,那么你们何不将目光移向我们英国?在英国,你们将会找到欧洲共同的古老法律。"伯克对近在眼前的事竟全然不察;革命恰恰是要废除欧洲共同的旧法律；他没有看到，问题的要害正在于此，而非其他。

但是这场到处都在酝酿、到处产生威胁的革命，为什么在法国而不在其他国家爆发？为什么它在法国具备的某些特点，在任何地方也找不到，或只出现一部分？这第二个问题确实值得一提；考察这个问题将是下面各编的宗旨。

第二编

第 一 章

为什么封建权利在法国比在其他任何国家更使人民憎恶

有件事乍看起来使人惊讶:大革命的特殊目的是要到处消灭中世纪残余的制度,但是革命并不是在那些中世纪制度保留得最多、人民受其苛政折磨最深的地方爆发,恰恰相反,革命是在那些人民对此感受最轻的地方爆发的;因此在这些制度的桎梏实际上不太重的地方,它反而显得最无法忍受。

18世纪末,德意志境内几乎没有一处彻底废除了农奴制度,同中世纪一样,大部分地方的人民仍牢牢地被束缚在封建领地上。弗里德里希二世和玛丽亚—特雷萨①的军队几乎全是由名副其实的农奴组成的。

1788年,在德意志大多数邦国,农民不得离开领主庄园,如若离开,得到处追捕,并以武力押回。在领地上,农民受主日法庭②约制,私生活受其监督,倘若纵酒偷懒,便受处罚。农民的地位无

---

① 奥地利女皇(1740—1780),实行开明专制,推行一系列重要改革。——译者
② 主日(dies dominicus)即星期日。主日法庭(justice dominicale)即星期日法庭。——译者

法上升，职业不得改变，主人若不高兴，他便不得结婚。他的大部分时间得为主人尽劳役。年轻时，他得在庄园中做多年仆役。为领主服劳役仍为定制，在某些邦国，役期竟达每周三天。领主房产的翻盖维修、领地产品运往市场及其经营，以及捎带信件，都由农民承担。农民可以成为土地所有者，但是他的所有权始终是不完全的。他必须根据领主的眼色来决定在自己地里种些什么；他不能任意转让和抵押土地。在某些情况下，领主强迫他出卖产品；在另一些情况下，领主又阻止他出售；对农民来说，耕种土地永远是强制性的。就连他的产业也不全部由他的子嗣继承，其中一部分通常归领主。

我不需在陈旧法律中去查阅有关条文，在伟大的弗里德里希拟定、由其继位者在大革命刚刚爆发之际颁布的法典中，就有这些规定。

类似的情况在法国早已不存在：农民可任意往来、买卖、处置、耕作。农奴制最后遗迹只有在东部一两个被征服省份中才可见到；在所有其他地方，农奴制已经绝迹，废除农奴制的日期已如此遥远，人们已不记得。当今考据证明，从13世纪起，诺曼底便废除了农奴制。

但是在法国还发生了另一场涉及人民社会地位的革命：农民不仅仅不再是农奴，而且已成为土地所有者。这一事实今天尚未得到充足的说明，但其后果如此深远，使我不得不在此稍停片刻，加以论述。

人们长期以来一直认为，地产的划分开始于大革命，它只能是大革命的产物。事实恰恰相反，各种证据均可证实这一点。

第一章 为什么封建权利在法国更使人民憎恶

至少在大革命以前 20 年,便有一些农业协会对土地的过分分割感到不满。蒂尔戈①当时说道:"瓜分遗产使得原来够维持一家人的土地被分给五六个孩子。这些孩子及其家庭此后是无法完全靠土地为生的。"若干年后,内克尔②也说,法国存在大量的农村小地产主。

在一份大革命前若干年写给总督的秘密报告中,我发现了如下的话:"人们正以平等和令人担忧的方式再次瓜分遗产,每个人都想处处都弄到一点,因而一块块土地被无止境地划分下去,不断地一再划分。"难道这话不像是出自今人之口吗?

我下了极大的功夫在某种程度复原旧制度的土地册,有时也达到了目的。根据 1790 年确定土地税的法律,各教区均当呈报该区现存的地产清单。这些清单大部分已失散;但在有些村庄,我却发现了清单,并拿来与我们今天的名册作一比较,我看到在这些村子里,地产主的数量高达当今数目的二分之一,并往往达到三分之二;若考虑到从那个时期以来,法国总人口增长四分之一强,那么地产主的骤增显得相当惊人。

农民对地产的热爱今昔一致,都达到了顶点,土地的占有欲在农民身上点燃了全部激情。当时一位出色的观察者说道:"土地总是以超出其价值的价格售出;原因在于所有居民都热衷于成为地产主。在法国,下层阶级的所有积蓄,不论是放给个人或投入公积

---

① 蒂尔戈(1727—1781),又译"杜尔哥",法国政治家、经济学家,曾任路易十六的财政总监,推行改革。——译者
② 内克尔(1732—1804),日内瓦银行家,曾任路易十六的财政总监,倡导改革。——译者

金,都是为了购置土地。"

阿瑟·扬首次旅法时,发现许多新鲜事物,其中最使他惊异的就是大量土地已在农民中被划分;他估计法国有一半土地已属农民所有。他常说:"这种形势是我万万没有想到的。"的确,只有在法国或其近邻才出现这样的形势。

在英国也曾有过拥有地产的农民,但数目已大大减少。在德国,各个时代各个地方,都有一些拥有完全土地所有权的自由农民。日耳曼人最古老的习俗中,就有关于农民地产的特殊的、往往是古怪的法律;但是这种地产始终是例外,小地产主的数量微乎其微。

18世纪末,在德意志某些地区,农民成为土地所有者,差不多跟法国农民一样自由,这些地区大多位于莱茵河流域;正是在这些地方法国的革命热潮传播最早,并且始终最有生气。相反,德意志那些长时期不为革命热潮渗透的部分,就是没有发生类似变化的地方。这点很值得注意。

因此,认为法国地产的划分始自大革命,这是附和一种普遍的错误观点;土地的划分远远早于大革命。的确,大革命出售了教士的全部土地,以及贵族的大部分土地;但是查阅一下当时拍卖土地的记录,就像我有时耐心查阅的那样,人们便会看到,这些土地大部分是由已经拥有其他土地的人买走的;因此,地产虽然易手,地产所有者数目的增加比人们想象的还是少得多。根据内克尔的通常浮夸但这次准确的用语:法国当时就已经存在大量土地所有者。

大革命的结果不是划分土地,而是暂时解放土地。所有这些小地产主在经营土地时确实深感痛苦,他们承受着许多劳役,无法

第一章 为什么封建权利在法国更使人民憎恶

摆脱。

这类负担无疑是沉重的；但是他们之所以觉得无法忍受，正是由于存在某种本应减轻负担的情况：因为这些农民，与欧洲其他地方不同，已经摆脱了领主的管辖；这是另一场革命，它与使农民变为土地所有者的那场革命一样伟大。

尽管旧制度离我们还很近，因为我们每天都遇到在旧制度法律下出生的人们，但是旧制度仿佛已经消失在远古的黑暗中。这场彻底的革命将我们与旧制度隔离开，似乎已经历若干世纪：它使未被摧毁的一切变得模糊不清。因此，今天很少有人能精确地回答这样一个简单问题：1789 年以前，农村是怎样治理的？当然，如果不是在书本之外再去研究那个时代的政府档案，就无法精确详尽地论述这个问题。

我常常听人说：贵族长期以来已不再参与国家治理，但是他们仍一直保持农村的全部行政权力；领主统治着农民。这种观点显然是错误的。

在 18 世纪，教区的一切事务都是由一些官吏主持的，他们不再是领地的代理人，也不再由领主选定；他们当中有些人是由该省总督任命，另一些人则由农民自己选举。分派捐税，修缮教堂，建造学校，召集并主持堂区大会的，正是这些权力机构。它们监管公社财产，规定其用项，以公共团体名义提出并维持公诉。领主不仅不再负责管理地方上的所有这些细小事务，而且也不进行监督。正如我们在下一章将阐明的那样，所有教区官吏均隶属政府，或归中央政府统辖。领主几乎不再是国王在教区的代表，不再是国王与居民之间的中介人。在教区内执行国家普遍法律、召集民兵、征收捐税、颁布国王敕令、分配赈济之类事务再也不由领主负责。所有这些义务和权利均属他人所有。领主事实上只不过是一个居民而已，与其他居民不同的只是享有免税权和特权；他拥有不同的地位，而非不同的权力。总督们在写给他们的下属的信中特意说道，领主只不过是第一居民。

如果走出堂区，到区考察，你将再次见到同一景象。作为整体，贵族不再从事管理，除非作为个人；这种现象在当时为法国所仅有。在其他一切地方，古老封建社会的特征还部分地保留着：拥有土地和统治居民仍合为一体。

英国是由那些主要的土地所有者进行管理和统治的。在德意志，在国王已摆脱贵族对国家一般事务的控制的各个部分，例如普鲁士和奥地利，他们还是给贵族保留了大部分农村管理权，即使在某些地方，国王已强大到能控制领主，他们也还未取代领主的位置。

真正说来，法国贵族很久以来就不再接触国家行政，只有一处是例外，那就是司法权。贵族中的首要人物还保持权利，让法官以他们的名义裁决某些诉讼，还在领地范围内不时地制订治安规章；但是王权已逐渐剪除、限制领地司法权，使之归属王权，这样一来，那些仍然行使司法权的领主便不再把它视为一种权力，而视为一项收入。

贵族享有的所有特殊权利都是如此。政治部分已经消失，只有金钱部分保留下来，而且有时还激增。

在此，我只想论述那一部分尚未失效的特权，即名副其实的封建权利，因为它们与人民关系最为密切。

第一章 为什么封建权利在法国更使人民憎恶

今天,很难说明这些权利在1789年究竟有哪些;因为它们数量庞大,品类繁多,况且其中有一些已经消失,或已经转化;正因为此,这些对当时人来说已经含混的词义,对于我们来说就更模糊不清。然而,当我们查阅18世纪研究封建法的专家著作并耐心研究地方习俗时,就会发现所有现存的权利都可简化为数目很小的主要几种;其他的一切权利确实还存在,但只不过是孤立的个别现象。

为领主服徭役的迹象在各地几近消失。道路通行费大部分变得低廉或已被取消;不过在少数省份,仍可见到好几种道路通行费。在所有省份,领主征收集市税和市场税。人人皆知,在整个法国,领主享受专有狩猎权。一般说来,只有领主拥有鸽舍和鸽子;领主几乎处处强迫当地居民在其磨坊磨面,用其压榨机压榨葡萄。一项普遍的极为苛刻的捐税是土地转移和变卖税;在领地范围内,人们出售或购买土地,每一次都得向领主纳税。最后,在整个领土上,土地都担负年贡、地租以及现金或实物税,这些捐税由地产主向领主交纳,不得赎买。透过所有这些花样,可以看到一个共同特点:这些权利或多或少都与土地或其产品有关;全都损害土地耕种者的利益。

大家知道,教会领主享受同样的好处;因为教会虽然与封建制度起源不同,目的不同,性质亦不同,可是它最终却与封建制度紧密结合在一起;尽管它从未完全融合于这个不相干的实体,却深深地渗进其中,仿佛被镶嵌在里面一样。

因此,主教、议事司铎、修道院长根据其不同教职都拥有采邑或征收年贡的土地。修道院在它所在的地区通常也有一个村庄作为领地。在法国唯一还有农奴的地区,修道院拥有农奴;它使用徭役,征收集市和市场税,备有烤炉、磨坊、压榨机以及公牛,村民付税后方可使用。在法国,如同在整个基督教世界一样,教士还有权征收什一税。

但是在这里对我来说重要的是指出,当时整个欧洲,到处可见到这同样的封建权利,完完全全同样的封建权利,而且它们在欧洲的大部分地方,比法国沉重得多。我只引证一下领地徭役。在法国,徭役罕见并且温和,在德国则仍旧普遍而残酷。

此外还有关于起源于封建制度的权利,它们曾激起我们先辈最强烈的反抗,被认为不仅违背正义,而且违反文明:什一税、不得转让的地租、终身租税、土地转移和变卖税,它们按18世纪略为夸张的说法被称作土地奴役,所有这些在当时的英国都部分存在,有好几种直至今天尚可见到。它们并未妨碍英国农业成为世界上最完善、最富庶的农业,而且英国人民几乎也未感到它们的存在。

那么为什么同样的封建权利在法国人民的心中激起如此强烈的仇恨,以至仇恨对象消失以后这种激情依然如故,简直无法熄灭呢?产生这种现象的原因,一方面是法国农民已变为土地所有者,另一方面是法国农民已完全摆脱了领主的统治。无疑还存在其他原因,但是我认为这些乃是主要原因。

假如农民没有土地,那么他们对封建制度强加在地产上的多种负担便会无动于衷。如果他不是承租人,什一税与他有何相干?他从租金所得中交纳什一税。如果他不是土地所有者,地租与他有何相干?如果他替别人经营,那么经营中的种种盘剥又与他有何相干?

第一章 为什么封建权利在法国更使人民憎恶

另一方面,如果法国农民仍归领主统治,他们便会觉得封建权利并非不能忍受,因为这不过是国家体制的自然结果。

当贵族不仅拥有特权,而且拥有政权时,当他们进行统治管理时,他们的个人权利更大,却不引人注意。在封建时代,人们看待贵族近似于我们今天看待政府:为了取得贵族给与的保障,就得接受贵族强加的负担。贵族享有令人痛苦的特权,拥有令人难以忍受的权利;但是贵族确保公共秩序,主持公正,执行法律,赈济贫弱,处理公务。当贵族不再负责这些事情,贵族特权的分量便显得沉重,甚至贵族本身的存在也成为疑问。

请你们想象一下18世纪的法国农民,或者想象一下你们熟悉的农民,因为法国农民始终如一:他的地位变了,但性格并未变。看一看我引用的文件所刻画的农民吧,他酷爱土地,用全部积蓄购买土地,而且不惜任何代价。为了得到土地,首先他得付税,不过不是付给政府,而是付给邻近的地产主,这些人和他一样与政府毫不相干,差不多和他一样无权无势。他终于有了一块土地;他把他的心和种子一起埋进地里。在这广阔的天地里,这一小块地是属于他本人的,对此他心中充满自豪与独立感。可是那同一帮邻人跳了出来,把他从他的地里拉走,强迫他无偿为他们在别处干活。他想保卫他的种子不受他们的猎物的糟蹋,可是那帮人阻止他这样做。他们守候在河流渡口,向他勒索通行税。在市场上,他又碰上他们,必须向他们交钱以后才能出卖自己生产的粮食。回到家中,他打算把剩下的麦子自己食用,因为这是他亲手种植,亲眼看着长大的,可是他不得不到这帮人的磨坊里磨面,用这帮人的烤炉烘面包。他那小块土地上的部分收入成了交给这帮人的租金,而这些租金不能赎取,也不受时效约束。

不管他干什么,处处都有这些讨厌的邻人挡道,他们搅扰他的幸福,妨碍他的劳动,吞食他的产品;而当他摆脱了这帮人,另一帮身穿黑袍的人又出现了,而且夺走了他的收获的绝大部分。请设想一下这位农民的处境、需求、特征、感情,若你能够的话,请计算一下,农民心中郁积了多少仇恨与嫉妒。

封建制度已不再是一种政治制度,但它仍旧是所有民事制度中最庞大的一种。范围缩小了,它激起的仇恨反倒更大。人们说得有道理:摧毁一部分中世纪制度,就使剩下的那些令人厌恶百倍。

第 二 章

行政的中央集权是旧制度的一种体制而不是像人们所说是大革命或帝国的业绩

从前,当法国还有政治议会时,我听一位演说家把行政的中央集权称作是"法国革命的杰出成就,为欧洲所艳羡"。我承认那种中央集权是一大成就,我同意欧洲在羡慕我们,但是我坚持认为这并非大革命的成就。相反,这是旧制度的产物,并且我还要进一步说,这是旧制度在大革命后仍保存下来的政治体制的唯一部分,因为只有这个部分能够适应大革命所创建的新社会。细读本章的耐心读者也许会看出,我对我的论点作了过分充分的论证。

请允许我先将所谓的三级会议省①,亦即自治省或不如说表面上部分自治的省,放在一边,暂且不谈。

三级会议各省地处王国边远地区,人口几乎只占法国总人口的四分之一,而且在这些省份里,只有两个省才有真正生气蓬勃的省自由权。我打算以后再来论述三级会议省,我将阐明,中央政权

---

① 三级会议省(pays d'états),指直到旧制度末期还保留有三级会议的省份。其中4个大省份即:勃艮第、布列塔尼、朗格多克、普罗旺斯。——译者

强迫这些省服从共同规章,达到了什么程度。

在这里,我主要想论述被当时的行政语言称作的财政区省,尽管这些地方的选举比其他地方少。① 巴黎四周都是财政区,它们结为一体,构成整个法国的心脏和精华。

人们乍一观察王国的旧行政制度,便觉得那些规章和权威多种多样,各种权力错综复杂。行政机构或官吏遍布法国,这些官吏彼此孤立,互不依赖,他们参加政府是凭借他们买到的一种权利,谁也不得夺走这一权利。他们的权限常常混杂、接近,从而使他们在同类事务的圈子里互相挤压,互相碰撞。

法庭间接参与立法权;法庭有权在其管辖范围内制订带强制性的行政规章制度。有时法庭反对行政机构,大声指责政府的措施,并向政府官员发号施令。普通法官在他们所居住的城市和乡镇制订治安法令。

城市的体制多种多样。城市行政官员名目互异,他们的权力来源也各不相同:在这个城市是市长,在那个城市则是行政官,而在其他城市则是行会理事。有些人是国王选定的,另一些人是由旧领主或拥有采地的亲王选定的;有的人是由当地公民选举的,任期一年,另外有些人是花钱买永久统治权。

这些是旧政权的残余;但是在这些残余中间,却逐渐建立起一种相对新颖或经过改造的事物,这留待后面描述。

在王权的中央,靠近王位的地方,形成了一个拥有特殊权力的

---

① 财政区省(pays d'élection)不同于三级会议省而拥有隶属国王的财政管理权和财政机关。在法文里 élection(财政区)一词亦作"选举"解。——译者

第二章　行政的中央集权

行政机构，所有权力都以新的方式凝集在这里，这就是御前会议。

御前会议起源于古代，但是它的大部分职能却是近期才有的。它既是最高法院，因为它有权撤销所有普通法院的判决，又是高级行政法庭，一切特别管辖权归根结蒂皆出于此。作为政府的委员会，它根据国王意志还拥有立法权，讨论并提出大部分法律，制订和分派捐税。作为最高行政委员会，它确定对政府官员具有指导作用的总规章。它自己决定一切重大事务，监督下属政权。一切事务最终都由它处理，整个国家就从这里开始转动。然而御前会议并没有真正的管辖权。国王一人进行决断，御前会议像是发表决定。御前会议似乎有司法权，其实仅仅是由提供意见者组成的，高等法院在谏诤书中就曾这样说过。

组成御前会议的并不是大领主，而是平凡或出身低下的人物，有资历的前总督以及其他有实际经验的人，所有成员均可撤换。

御前会议的行动通常是无声无息、不引人注意的，它始终有权而不声张。这样它自身也就毫无光彩；或者不如说它消失在它身旁的王权的光辉中。御前会议如此强大，无所不达，但同时又如此默默无闻，几乎不为历史所注意。

国家的整个行政均由一个统一机构领导，同样，内部事务的几乎全部管理都委托给单独一位官员，即总监。

若打开旧制度年鉴，便会看到各省都有自己独特的大臣；但是研究一下卷宗所载的行政机构，便会立即发现，省里的大臣很少有机会起重要作用。日常国家事务是由总监主持的；他逐渐将所有与钱财有关的事务都纳入自己管辖范围，即差不多整个法国的公共管理。总监的角色不断变换：财政大臣、内政大臣、公共工程大臣、商务大臣。

中央政府在巴黎其实只有单独一位代理人,同样,在各省,它也只有单独一位代理人。18世纪还能看到一些大领主带有省长头衔。这是封建王权的旧代表,他们常常是世袭的。人们仍授与他们一些荣誉,但是他们不再拥有任何权力。总督拥有全部统治实权。

总督是普通人出身,同所在的外省丝毫无关,他年轻,要发迹高升。他并不是靠选举权、出身或买官职才获得手中权力;他是由政府从行政法院的下级成员中遴选的,并且随时可以撤换。他从行政法院里分离出来,但又代表行政法院,正因如此,按照当时的行政语言,他被称为派出专员。在他手中几乎握有行政法院所拥有的全部权力;从初审起,便行使所有权力。像行政法院一样,他既是行政官又是法官。总督同所有大臣通信,他是政府一切意志在外省的唯一代理人。

在他手下,并由他任命的,是设置在各地县里的、他可任意撤换的行政官员——总督代理①。总督通常是新封贵族;总督代理总是平民。但在指派给他的区域内,他就像总督在整个财政区一样,代表着整个政府。总督隶属于大臣,同样,他隶属于总督。

达尔让松伯爵在他的《回忆录》中讲到约翰·劳②有一天曾对

---

① 总督代理(subdélégué),17世纪末由总督设置,负责财政区内各项事务,是总督下属。——译者

② 约翰·劳(1671—1729),苏格兰金融家,致力金融银行研究,摄政时期创办私人银行,后开西方公司,终于控制法国海外贸易,由于投机和滥发货币导致破产逃亡。此前曾任财政总监。——译者

他说道:"我从不敢相信我任财政总监时所见的那些事。你要知道法兰西王国竟是由30个总督统治的。没有高等法院,没有等级会议,没有省长。各省的祸福贫富,全系于这30位在各省任职的行政法院审查官身上。"

这些官员虽然权力很大,但在封建旧贵族的残余面前却黯然失色,仿佛消失在旧贵族尚存的光辉中;正因如此,人们在那个时代很难看到总督,尽管他们的手早已伸向四面八方。比起他们来,贵族在社会上更优越,他们拥有地位、财富和敬重,这种敬重总是与旧事物相联系的。在政府里,贵族簇拥着国王,组成宫廷;贵族统率舰队,指挥陆军;总而言之,贵族不仅是那个时代最令人瞩目的人物,连子孙后代的眼光也常常停留在他们身上。若是有人提议任命大领主为总督,便是对大领主的侮辱;即使最贫穷的贵族也常常不屑于出任总督。总督在贵族看来,是一个僭权者的代表,是资产者以及农民派到政府中任职的一批新人,总之,是一群无名小辈。然而,正如约翰·劳所说的和我们将看到的那样,这些人却统治着法国。

让我们先从捐税权谈起,因为捐税权可以说包括了所有其他权利。

大家知道,捐税中有一部分属包税:对于这些税来说,这是由御前会议同金融公司洽谈,商定契约的各项条款,并规定征收的方式。所有其他捐税,如军役税、人头税以及二十分之一税,均直接由中央政府的官员确定和征收,或在他们无与伦比的监督下进行。

军役税和附带的许多捐税的总额,及其在各省的摊派额,都由御前会议每年通过一项秘密决议来确定。这样,直接税逐年增长,而人们却事先听不到任何风声。

军役税是古老的捐税,课税基数与征税从前都委托给地方官办理,他们或多或少独立于政府,因为他们行使权力是凭借出身或选举权,或依靠买来的官职。这些人是领主、教区收税人、法国的财务官、财政区内直接税间接税征收官。这些权威人士在18世纪依然存在;但有些人已完全不管军役税,另外一些人即使管也只是将它放在极其次要或完全从属的地位。甚至在这方面,整个权力也握在总督及其助理手中:事实上,只有他才能在教区间摊派军役税,指挥监督收税员,准予缓征或免征。

另一些捐税,如人头税,由于近期才有,所以政府不再为那些古老权力的残余伤脑筋;政府独行其是,不受被统治者的任何干扰。总监、总督和御前会议确定每项纳税额的总金额。

让我们从钱的问题转到人的问题。

在大革命及随后的时代,法国人是那样顺从地忍受征兵的桎梏,这常使人感到吃惊;但是必须牢牢记住,法国人完全屈从这种制度由来已久。征兵制的前身是自卫队,后者的负担更重,虽然所征兵员少一些。有时人们用抽签决定农村青年入伍,在他们当中挑选若干名士兵组成自卫军团,服役期六年。

由于自卫队是比较现代的制度,所以旧的封建政权无一能够管理;一切事宜只能委托给中央政府的代理人。御前会议确定总兵额及各省份额。总督规定各教区应征人数;总督代理主持抽签,裁决免征比例,指定哪些自卫军可以驻守家中,哪些应开拔,最后将这些应开赴者交与军事当局。要求免征只能求助于总督和御前会议。

第二章　行政的中央集权

同样可以说，在各三级会议省之外，所有公共工程，甚至那些任务最特殊的公共工程，也都是由中央政权的代理人决定和领导。

独立的地方当局依然存在，如领主、财政局，大路政官，他们可以对这部分公共管理有所帮助。然而这些古老权力在各处几乎很少有所作为或全无作为：这点只要稍微考察一下当时的政府文件即可证明。所有大路，甚至从一城市通往另一城市的道路，都是在普遍捐助的基础上开辟和维护的。制订规划和确定管辖权的是御前会议。总督指挥工程师工作，总督代理召集徭役进行施工。留给地方旧政权管理的只有村间小道，这些小道自那时以来一直无法通行。

中央政府在公共工程方面的重要代理人，同今天一样，是桥梁公路工程局。尽管时代不同，这里的一切却出奇地相同。桥梁公路管理当局有一个会议和一所学校：有督察员每年跑遍整个法国；有工程师，他们住在现场，依照监察官指令，负责领导整个工程。旧制度的机构被搬入新社会，其数量比人们想象的大得多，它们在转变过程中通常丧失自己的名称，尽管还保存着固有形式；但是桥梁公路工程局既保留了名称，也保留了形式：这是罕见的事情。

中央政府依靠其代理人单独负责维持各省治安。骑警队分成小队遍布整个王国，各地都置于总督指挥之下。正是依靠这些士兵，必要时还动用军队，总督才能应付意外的危局，逮捕流浪汉，镇压乞丐，平息因粮价上涨而不断爆发的骚乱。被统治者从未像过去那样被召唤来帮助政府完成上述使命，除非是在城市里，那里通常有保安警，由总督挑选士兵，任命军官。

司法机构有权制订治安条例，并常常行使这个权力；但是这些条例只在一部分地区实行,而且最经常的是在单独一个地点实行。御前会议任何时候都可以取消这些条例,当事关下级管辖权时,它不断这样做。它本身则天天制定应用于整个王国的普遍条例,或是涉及与法院制定的规章内容不同的问题,或是涉及那些内容相同但法院处理不同的问题。这些条例,或如当时人所说,这些御前会议判决,数量庞大,而且随着大革命的临近,不断增加。大革命前 40 年间,无论社会经济或政治组织方面,没有一部分不经御前会议裁决修改。

在旧的封建社会,如果说领主拥有极大权利,他也负有重大责任。他的领地内的穷人,须由他来赈济。在 1795 年的普鲁士法典中,我们找到欧洲这一古老立法的最后痕迹,其中规定:"领主应监督穷苦农民受教育。他应在可能范围内,使其附庸中无土地者获得生存手段。如果他们当中有人陷于贫困,领主有义务来救助。"

类似的法律在法国很久以来就不复存在了。领主的旧权力已被剥夺,因此也摆脱了旧义务。没有任何地方政权、议会、省或教区联合会取代他的位置。法律不再赋予任何人以照管乡村穷人的义务;中央政府果断地单独负起救济穷人的工作。

御前会议根据总的税收情况,每年拨给各省一定基金,总督再将它分配给各教区作为救济之用。穷困的种田人只有向总督求告。饥荒时期,只有总督负责向人民拨放小麦或稻米。御前会议每年作出判决,在它所专门指定的某些地点建立慈善工场,最穷苦的农民可以在那里工作,挣取微薄的工资。显而易见,从如此遥远的地方决定的救济事业往往是盲目的或出于心血来潮,永远无法满足需要。

第二章　行政的中央集权

中央政府并不仅限于赈济农民于贫困之中,它还要教给他们致富之术,帮助他们,在必要时还强制他们去致富。为此目的,中央政府通过总督和总督代理不时散发有关农艺的小册子,建立农业协会,发给奖金,花费巨款开办苗圃,并将所产苗种分给农民。中央政府如果减轻当时压在农业上的重担,缩小各种负担间的不平等,效果会好得多;但是,显然,中央政府从未想到这一点。

御前会议有时意欲强迫个人发家,无论个人有否这种愿望。强迫手工业者使用某些方法生产某些产品的法令不胜枚举;由于总督不足以监督所有这些规定的贯彻实行,便出现了工业总监察,他们来往于各省之间进行控制。

御前会议有时禁止在它宣布不太适宜的土地上种植某种作物。有的判决竟命令人们拔掉在它认为低劣的土壤上种植的葡萄,可见政府已由统治者转变为监护人了。

第 三 章

今天所谓的行政监管乃是旧制度的一种体制

在法国,城市自由在封建制度崩溃后依然存在。当领主已不再治理乡村时,城市仍保持自治权。直到17世纪末,还能遇到这种自治城市,它们继续组成一个个小型民主共和国,行政官由全体人民自由选举,对全体人民负责,公共生活活跃,城市为自己的权利感到自豪,对自己的独立无比珍惜。

直到1692年才首次普遍取消选举制度。城市的各种职务从此可以鬻买,就是说国王在各城市向某些居民出售永久统治他人的权利。

这就把人民福利和城市自由一起牺牲掉了;因为,当问题只涉及法官时,卖官鬻爵往往是有益的,因为好的司法的首要条件即是法官完全独立;但是当涉及行政制度本身时,卖官鬻爵却始终是十分有害的,在这里需要的是责任心、服从和热忱。旧君主制政府很了解这一点,因此它倍加小心,避免将强加于城市的制度用于自身,总督和总督代理的职务绝不出卖。

值得历史大加蔑视的是,这场伟大的革命在并无任何政治目的情况下完成了。路易十一之所以限制城市自由，是因为它的民主性使他感到恐惧；路易十四之所以摧毁城市自由并非出于恐惧，真实情况是他把城市自由出售给所有能赎买的城市。其实他并不想废除城市自由，而是想以此为交易，即使他实际上废除了城市自由，那也决非本意，而仅仅是基于财政目的的权宜之计。奇怪的是，这套把戏一成不变，竟然持续了80年。在这期间，曾向城市七次出售选举城市官员的权利，当城市重又尝到其中的甜头时，这种权利又被收回，以便重新出售。这种做法的动机始终如一，人们对此通常直言不讳。1722年敕令的前言说道："财政上的需要迫使我们去寻找减轻负担的最稳妥的办法。"手段是很稳妥，但是对于承受这奇怪捐税的人来说，却是毁灭性的。1764年，一位总督致函财政总监道："历来为赎买城市官职而付的钱，其数额之大使我震惊。这笔财政总数用于有益的事业本当为城市谋利，然而结果相反，城市只感受到政府的压迫和这些官职享有的种种特权。"在旧制度的整个面貌上，我看没有比这更无耻的特征了。

今天要准确说出18世纪城市管理情况是很困难的；正如刚才所说，不管城市政权的根源如何不断变化，每个城市仍旧保留着古老体制的某些残余，而且还有各自的运用方式。也许在法国不存在两座绝对相同的城市；但是这种差异性产生一种错觉，它掩盖了相似性。

1764年，政府着手制订一项治理城市的普遍法规。为此，各省总督须就各个城市当时行事方式写成奏文。我找到了这次调查的部分文献，读过之后，我确信几乎各个城市都是以同一种方式进行管理的。差异只是表面的，本质则处处相同。

最为常见的是,城市政府被委托给两个会议。所有大城市和大部分小城市都是如此。

第一个会议由城市官员组成,人数多少视城市规模而定:这是市镇的执行权力机构,时人称之为城市政府。其成员在国王确立选举制或城市能赎买官职时,经选举产生,行使临时权力。当国王收回官职并将其出售时,他们便依赖财政手段,永久履行职权,不过这种情况并不常见,因为这种商品随着城市政权逐渐从属中央政权而日益贬值。在任何情况下,城市官员不领薪金,但他们总是免税并享有特权。他们中间没有等级顺序;行政权是集体的。行政官不能独自领导和负责市政。市长是市政府的主席,但不是城市的行政官。

第二个会议名为全民大会,在还实行选举制的地方,它选举城市政府,在各城市继续参与主要事务。

15世纪,全民大会常由全民组成;一份调查奏文说,这种习俗符合我们先人的人民特性。那时选举城市官员的是全体人民;官员有时要咨询人民的意见并向人民汇报。17世纪末,这种办法有时还实行。

18世纪,人民已不再作为一个整体构成全体会议。全民大会差不多一直实行代议制。但是必须注意,全民大会不再经民众选举,不再听取民众意志。全民大会到处都由显贵组成,其中有些人因其特殊身份而出席会议,另一些人则是由行会或团体所派,每个人都在这里履行该特殊小社会赋予他的强制委托权。

随着时间的推移,特权显贵在全民大会中人数倍增;工业行会的代表为数日少,甚至不再出现。在全民大会中只能见到团体代表，就是说，会议只包括资产者，几乎不再接纳手工业者。人民并不像人们想象的那样轻信徒有其表的自由，当时各地人民都不再关心市镇事务，而像局外人一样生活在家墙之内。行政官员一次次试图在人民中唤起那种在中世纪曾建树种种奇迹的城市爱国主义精神，但毫无结果：人民不闻不问。至关重大的城市利益看来也不能打动他们。在那些还保留自由选举假象的地方，若是让人民去投票，他们坚持弃权。历史上这种事屡见不鲜。几乎所有那些曾经摧毁自由的君主最初都想保持形式上的自由：自奥古斯都①至今一向如此；他们自以为这样便可将只有专制力量才能给与的种种便利与公众认可的道德力量结合起来。这种尝试几乎全告失败，人们很快便发现，要长期维持这些没有真实内容的欺人假象是不可能的。

因此在18世纪，各城市的政府便到处蜕化为小寡头政治。某些家族以一己之见主宰城市全部事务，远避公众耳目，不对公众负责：在全法国，这种行政制度都染上这种弊病。所有总督都指出这个弊病；但是他们想出的唯一良方只是使地方权力越来越隶属于中央政府。

然而要想有所改观非常困难；尽管不断有一道道敕令改革所有城市的行政制度，各城市的本身法规却常常被御前会议的各项未行注册的规定所推翻，这些规定是根据各总督的建议制定的，事前既未进行调查，而且有时连城市居民自己也未想到。

某一城市遭到类似裁决的打击，它的居民说道："这项措施使

---

① 屋大维·奥古斯都，罗马帝国第一个皇帝（公元前27—公元14）。——译者

城市中所有等级震惊,他们绝未料到会有这样的措施。"

城市不能设立入市关卡,不能征收捐税,不能抵押、出售、诉讼,不能租赁城市财产,不能加以管理,不能使用城市收入中的盈余部分,除非得到依据总督报告而发出的御前会议裁决。城市一切工程都得依照御前会议裁决的方案和预算进行。工程招标是在总督或总督代理面前进行,而且通常由国家工程师或建筑师主持工程。这一点将使那些以为在法国所见皆新的人大为吃惊。

但是中央政府涉足城市管理之深远胜于这项规定所示范围;它的权力远远大于它的权利。

在18世纪中期财政总监致各省总督的一份通告里,我找到这样一段话:"你们须格外注意城市会议中发生的一切。你们须提交最精确的报告,汇报会议的各项决定,连同你们的意见一并迅速寄送我处。"

从总督和总督代理间的通信中,我们看到政府实际上控制着城市一切事务,无论巨细。所有事务都须征询总督的意见,他对每件事都有坚定意见;他一直管到节日庆祝问题。在某些情况下,公众的喜庆活动也由总督主持,由他下令点燃灯火,为房屋张灯结彩。有一位总督处罚资产者民团成员20里弗尔[①],因他们在唱《赞美诗》时缺席。

因此,城市官员自觉人微言轻。

他们当中的某些人致函总督道:"阁下,我们非常谦卑地恳求您给我们仁慈和保护。我们将遵从大人的一切旨令,以期不负恩

---

① 1里弗尔合20苏,等于1法郎。不过当时外省币值不统一。——译者

爱。"另一些人还堂而皇之地自称本城贵族,他们写道:"阁下,我们从来不曾反抗您的意志。"

资产阶级要掌握政府,人民要争取自由,他们就是这样作准备的。

城市既然这样紧密地依附中央,那么至少可以维持自己的财政了吧,但事情决非如此。有人提出,若没有中央集权制,城市很快会灭亡;对此我一无所知;但是有一点是确定无疑的:在18世纪,中央集权制并未阻止城市走向灭亡。当时的全部行政史充满了市政混乱。

倘若我们从城市走到村庄,我们便会遇到不同的权力,不同的形式,但同样是依附中央。

很多迹象表明,在中世纪,每座村庄的居民都曾组成有别于领主的集体。领主利用、监督和统治这种集体;但是它共同占有某些财产,其产权是属于它自己的;它选举自己的首领,通过民主方式自行管理。

这种古老的教区制度,在所有经历过封建制的国家和带有这类法律遗迹的国家的所有地区都可以找到。在英国,这种痕迹处处可见;在德国,60年前它还盛行,读一下伟大的弗里德里希法典,就会对此确信不疑。在18世纪的法国,也还有若干遗迹存在。

当我在一个总督辖区①档案中第一次查阅旧制度下教区的状况时,记得我曾惊异地发现,在这如此贫困、如此受奴役的社区中,

---

① 总督辖区(intendance)是旧法国最重要的行政区划。它与财政区(généralité)同义,但后者多指财政区划。1789年时共有34个总督辖区。——译者

竟具有许多美国农村村社的特点,我过去曾为之震惊并误认为这些是新世界独有的特点。二者都没有常设的代议制,没有严格意义的市政府;二者都是在整个社区领导下,由官员分别进行治理。二者都不时举行全体会议,会上由相聚一堂的全体居民选举城市官员,决定重大事务。总之,二者彼此相似,就像一个活人和一个死人相似一样。

二者命运迥异,事实上却有同一起源。

由于远离封建制度,完全自己管理自己,中世纪农村教区就变成了新英格兰的镇区(township)。由于脱离领主,但被控制在国家的强力之下,它在法国就变成了下面的样子。

18世纪,教区官员的名称与数量因省而异。从古老的文献中可以看到,当地方生活更加活跃时,这些官员数量就增多;随着地方生活趋向停滞,官员的人数也日渐缩小。在18世纪大部分教区里,官员可分为两类:一类名为征税员,另一类通常名为理事。这些市政官员通常仍由选举产生,或被认为是选举产生;但是他们处处已变为国家的工具,而不是社区的代表。收税员按照总督的直接命令征集人头税。理事在总督代理的日常领导下,代表后者处理有关公共秩序或政府的一切事务。当事关自卫队、国家工程,以及一切普通法的执行时,他是总督代理的首要代表。

正像我们前面看到的那样,领主被排除在政府的所有细务之外;他甚至不再进行监督,不加以协助;过去他过问这些事以维持自己的力量;随着他的力量进一步削弱,他已不屑于这样做。今天若邀请他参与这些事务,反倒会刺伤他的自尊心。他已不再统治;但是他在教区的存在和他的种种特权却起着妨害作用,以致无法

第三章　行政监管是旧制度的一种体制

建立一个有效的教区管理机构,以取代他的统治。一个如此与众不同、如此独来独往、如此得天独厚的特殊人物,在教区内破坏或削弱一切法规的权威。

几乎所有富裕而有知识的居民由于他的插手而陆续逃往城市,这点我在下文中还将详述,教区内除了领主以外只剩下一群无知粗鄙的农民,他们根本没有能力领导治理公共事务。蒂尔戈说得对:"教区就是一片茅屋和与茅屋一样被动的居民。"

18世纪行政公文里充满了人们对教区收税员和理事所抱的怨言,因为他们无能、迟钝、愚昧。大臣、总督、总督代理乃至贵族都对此抱怨不已,但是无人追溯其原因。

直至大革命前,法国农村教区在其管理制度中,还保留着它在中世纪曾经有过的民主特色的一部分。当选举市政官员或讨论某一公共事务时,村里的钟声便召唤农民聚集到教堂门廊前;穷人和富人在这里同样有权出席。当然,在召集的会议上,既无真正的磋商,亦无投票表决;但是每个人都能发表自己的意见,为此还特地请来一位公证人,他露天制成证书,收集不同的发言,记入会议纪要。

如果将这些空洞的自由外表和与其相联系的真正自由的匮乏加以对比,我们就已具体而微地看出,最专制的政府也能够与某些最民主的形式结合在一起,乃至压迫人还要摆出若无其事的可笑样子。教区的这种民主会议能够充分表达各种心愿,但是它和城市政府一样,无权按自己的意志行事。只有当别人打开它的嘴时,它才能讲话;因为只有在求得总督的明确批准后,并且像人们当时所说的那样,身体力行"悉从尊愿"时,才能召集会议。即使会议意见一致，它也不能自作主张，不能出售、购买、出租、申辩，除非得到御前会议许可。要想修补被风刮坏的教堂房顶，或重建本堂神甫住所坍塌的墙垣，必须获有御前会议的裁决。距巴黎最远的农村教区和最近的教区一样，都得服从这种规章。我曾看到一些教区要求御前会议批准它们有权开支25里弗尔。

的确，居民一般有权通过普选选出他们的官员；但实际上常常是总督替这小小的选举团指定候选人，而这位候选人从来都是以全票通过。另有几次，总督撤销了自发举行的选举，亲自任命收税员和理事，无限期中止一切新选举。这种例子数以千计。

不可能想象比这些社区官员的命运更严酷的了。中央政府最下层的代理人，即总督代理，逼迫他们百依百顺，并常常处以罚金，有时还将他们下狱；因为，其他地方仍然执行的保障公民不受专横侵害的制度，在这里已不存在了。1750年一位总督说道："我把私下抱怨的几个村社负责人关进了监狱，我强迫这些社区支付骑警队骑兵巡逻的费用。这样一来，他们就被轻易地制服了。"因此，教区的职务不被视为荣誉，而被看成负担，人们千方百计地想摆脱它。

不过教区旧政府的这些残迹对于农民来说还是珍贵的，甚至在今天，在所有的公共自由当中，唯一为农民所理解的，便是教区的自由。真正使农民感兴趣的唯一公共事务就是教区自由。有人将全国的政府置于一个主子之手而心安理得，却因不能在村政府中畅所欲言而大为不满：最空洞的形式竟然还有这么大的分量！

我刚才所述有关城市和教区的情况，差不多可以延伸到几乎所有独立自主、具有集体属性的团体。

在旧制度下，像今天一样，法国没有一个城市、乡镇、村庄、小村、济贫院、工场、修道院、学院能在各自的事务中拥有独立意志，能够照自己意愿处置自己的财产。当时，就像今天一样，政府把全体法国人置于管理监督之下；如果说这个蛮横字眼当时尚未造出，至少它在事实上已经存在了。

第 四 章

行政法院与官员豁免权是旧制度的体制

在欧洲，没有哪一国的普通法庭较之法国的普通法庭更独立于政府；但是也没有一个地方像法国那样经常使用特别法庭。这两方面结合之紧密，出于人们想象之外。由于国王无法左右法官的命运，既不能将其撤职、调离，也往往不能让他们擢升；一句话，国王不能用利禄和恐吓控制他们，因而他不久就感到这种独立性妨碍他的行动。这种法国所特有的局面促使国王避免将直接涉及王权的案件交法庭受理，并且在普通法庭之外，另创立一种为国王专用的更依附于他的法庭，它在臣民眼中颇具法院的外表，其真实作用又不至于使国王害怕。

在有些国家，如德国的某些部分，普通法庭从未像法国当时的法庭那样独立于政府之外，因此便没有同样的防范措施，也从不存在行政法院。国王在那里有足够的权威控制法官，故而无需委派专员。

如愿细读在君主制最后一个世纪里国王所颁布的宣言与敕令，以及同一时期御前会议的命令，就会看出，政府在采取一项措施之后，往往要指出：该措施所引起的争议和可能由此产生的诉讼，应一律提交总督和御前会议处理。常见的行文公式是这样的："除此之外，国王陛下命令将因执行此命令及附属条令所引起的所有争议提交总督或御前会议裁决。我们的法庭和法官不得受理此案。"

在依照法律或古老惯例处理的案件中，由于未采取这一防范措施，御前会议便依靠调案①不断进行干预，从普通法庭手中夺走涉及政府的案件，由御前会议自行处理。御前会议登记册中充斥这一类调案命令。逐渐地这种例外变成了普遍现象，事实演变成理论。虽然不是在法律上，但却在执行者心中形成为国家的座右铭：凡是涉及公共利益或因解释政府法令引起的争讼，均不属普通法庭所辖范围，普通法庭只能宣判涉及私人利益的案子。在这个问题上，我们所做的只是找到那个行文公式；它的思想属于旧制度。

从那以后，有关征税的大部分诉讼问题一律归总督和御前会议审理。有关车辆运输和公共车辆治安、有关大路路政、河流航运等所有事务亦归总督和御前会议处理；总之，只有行政法院才能理清涉及政府的所有讼案。

总督煞费苦心，使这种特别司法权限不断扩大；他们提醒财政总监，刺激御前会议。有一位官员曾提出调案的理由，在此值得一提，他说道："普通法官须服从既定法规，他们必须镇压违法行为；但是御前会议永远可以出于实用目的违反法规。"

---

① 调案（évocation）是将一法庭正常受理的诉讼移转另一法庭的法令。——译者

根据这一原则,总督或御前会议经常将与政府没有明显关联或明显与之无关的议案拿来亲自审理。有位贵族与邻舍发生争执,不满法官的判决,要求御前会议将此案宣布为调案;监察官被询及此案,答复道:"尽管这里涉及的只是归法庭受理的私人权利问题,但是当国王陛下愿意时,他永远有权受理一切案件,无需说明缘由。"

所有那些以某种暴力行为扰乱秩序的平民,通常便经由调案被解往总督或骑警队队长处。大多数因粮食昂贵而经常爆发的骚乱导致了这类调案。于是总督增置若干获大学学位的人,由他亲自选定,组成一个类似临时省法庭的机构审理刑事案件。我曾找到一些以此方式作出的判决,判处一些人苦役甚至死刑。17世纪末,总督审理的刑事诉讼仍很多。

近代法学家使我们确信,自大革命以来行政法已取得了巨大进步,他们说道:"从前司法权和行政权互相混淆;从那以后人们将它们区别开来,各就其位。"要想充分认识这里谈到的进步,就永远不能忘记,一方面,旧制度下的司法权不断超出其权力的自然范围,另一方面,司法权从未全面履行其职权。如果对这两方面只知其一不知其二,那么,对事情的看法就是不全面的、错误的。法庭时而获准制定政府规章,这显然超出法庭所辖范围;时而又被禁止审理真正的诉讼,这等于被排除于自身权限之外。确实,我们已将司法权逐出行政领域,旧制度将它留在这个领域是非常不妥当的;但是与此同时,正如人们所见,政府不断介入司法的天然领域,而我们听之任之:其实权力的混乱在这两个方面同样危险,甚至后者更危险;因为法庭干预政府只对案件有害,政府干预法庭则使人们堕落，使他们变得兼有革命性和奴性。

在60年来法国永久确立的九部或十部宪法中，有一部明文规定，任何政府官员，未经事先批准，不得由普通法庭起诉。该条款是个很妙的发明，因此，人们在摧毁这部宪法的同时，小心翼翼从废墟中把此条款挽救出来，而且此后又小心翼翼地使它免遭革命的摧残。行政官习惯于将这一条款所授予的特权称为1789年的伟大成果；但是在这个问题上，他们同样搞错了：因为，在君主制下，政府和今天一样，千方百计不使政府官员处境尴尬，像普通公民一样，在法庭上承认犯罪。两个时代之间，唯一实质性的区别在于：大革命以前，政府只有依靠不合法和专横的手段才能庇护政府官员，而大革命以来，它已能合法地让他们违犯法律。

当旧制度的法庭想对中央政权的任何一位代表起诉时，通常必须干预御前会议的一道判决：被告不受法官审理，应转交御前会议任命的专员审理；因为，正如当时一位行政法院成员所写的那样，被攻击的官员会在普通法官的脑中形成偏见，王权因而受到危害。这类调案绝不是相隔很久才发生，而是每天都有；不仅涉及要员，而且涉及芝麻小官。只要与政府有一丝一缕的关系便可以除政府之外天不怕地不怕。桥梁公路工程局有个负责指挥徭役的监工被一个受他虐待的农民控诉。御前会议宣布此案为调案，总工程师私下致函总督谈及此事："确实，该监工应受指摘，但不应因此而任事态自行发展；对于公路桥梁局来说，最重要的是使普通法庭既不听取也不受理役工对监工的诉状。此例一开，公众由于仇恨这些官员便会提出连续不断的诉讼，工程将受到影响。"

在另一种情况下，一个国家承包人拿了邻人地里的物资，总督亲自向财政总监报告:"我简直无法向您充分说明,将政府承包人听凭普通法庭审判,对政府的利益将带来多么大的危害,因为普通法庭的原则与政府的原则从来都是不相容的。"

这几行文字是整整一个世纪以前写的,写这些话的政府官员却多像我们同时代的人。

第五章

中央集权制怎样进入旧政治权力并取而代之,而不予以摧毁

现在,让我们重述一下前三章所讲的内容:由一个被置于王国中央的唯一实体管理全国政府;由一个大臣来领导几乎全部国内事务;在各省由一个官员来领导一切大小事务;没有一个附属行政机构,或者说,只有事先获准方可活动的部门;一些特别法庭审理与政府有关案件并庇护所有政府官员。这些岂不是我们所熟知的中央集权制吗?同今天相比,其形式不大明确,其步骤不大规范,其存在更不稳定;但这是同一事物。自那时以来,没有对这座建筑增添或减少什么重要部分;只要把它周围树立起来的一切拔除掉,它就会恢复原状。

我刚描述的制度大部分后来在成百个不同地方被仿效;但是这些制度在当时乃为法国所特有,我们很快即将看到它们对于法国革命及其后果产生了多么巨大的影响。

但是那些近期产生的制度怎么能在封建社会的废墟中在法国建立起来呢?

这是一件需要耐心、机智、为时久长的事业,不是光靠武力和

权术可告成的。当大革命爆发之际，法国这座古老政府大厦几乎完好无损；可以说，人们用它在原基础上建起了另一座大厦。

没有任何迹象表明，为了进行这项困难工程，旧制度政府曾参照一张事先已深思熟虑的蓝图；政府只是听从某种本能，而这种本能促使任何政府独揽大权，政府官员尽管多种多样，但这种本能却始终如一。政府保留了那些旧政权机构的古老名称和荣誉，但一点一滴地减去其权力。它并未将它们从原有的领域中逐出，只是把它们引开。它利用某一人的惰性，又利用另一人的自私，以占据其位置；它利用旧政权机构的一切流弊，从不试图予以纠正，只是竭力取而代之，最后，政府终于以总督这唯一的政府代理人实际上取代了旧政权的几乎全部人员，而总督这个名词，在旧政权问世时还闻所未闻。

在这番大业中，只有司法权令政府感到棘手；然而即使这里，它也最终抓住了权力的实质，留给其反对者的只是权力的影子而已。它并未将高等法院排除出行政领域：它逐渐扩大自己的势力，以至几乎全部占领了这个领域。在某些短暂的非常情况下，例如饥荒时期，由于鼎沸的民情助长了法官们的雄心，中央政府便让高等法院暂时理事，允许它们热闹一番，这在历史上常常产生回响；但是不久，中央政府就悄悄地重新占领了它的位置，暗中将所有的人和所有的案件重新控制起来。

倘若仔细注意高等法院反对王权的斗争，就会看到，斗争差不多总是集中于政策问题，而不是集中于政府问题。通常引起争论的是新税法，也就是说，敌对双方所争夺的不是行政权，而是立法权，因为双方对此都无权占有。

第五章 中央集权制怎样进入旧政治权力

大革命越临近,形势更加如此。随着民众激情的沸腾,高等法院日益卷入政治;与此同时,由于中央政府及其代理人变得更加老练、更加精明,高等法院越来越不过问真正的行政问题;它日益更像保民官,而不像行政官。

况且时代不断为中央政府开辟新的活动范围,法庭缺乏灵活性,跟不上政府;新的案件层出不穷,它们在法院中无先例可循,与法院的常规格格不入。社会飞跃发展,每时每刻都产生新的需求,而每一种新的需求,对中央政府来说都是一个新的权力源泉,因为只有中央政府才能满足这些需求。法院的行政范围始终是固定不变的,而中央政府的行政范围是活动的,而且随着文明本身不断扩大。

大革命临近,开始摇撼所有法国人的头脑,向他们传播无数新思想,而唯有中央政府才能实现;大革命在推翻中央政府之前,使它进一步发展。和其他一切事物一样,中央政府也完善起来。当我们研究中央政府档案时,这一点尤其令人吃惊。1780年的总监和总督与1740年的总监和总督完全不同;政府已被改造。政府官员未变,精神却已改观。随着政府变得更加包罗万象,更加扩大,它也变得更加规范,更加开明。它占领了所有领域,与此同时,却变得温和起来:压迫少,疏导多。

大革命最初的努力摧毁了君主制度这个庞大的体制;但它于1800年重新恢复。人们常说,这是在国家行政问题上的1789年那些原则在当时以及后来的胜利,其实恰恰相反,取胜的是旧制度的那些原则,它们当时全都恢复实施,而且固定下来。

如果有人问我,旧制度的这一部分是怎样整个搬入新社会并与之结为一体的,我将回答,倘若说中央集权制在大革命中没有灭亡,那是因为中央集权制本身是这场革命的开端和标志;我还将进一步说,当人民在其内部摧毁贵族政治时,他们自然而然地奔向中央集权制。此刻加速人民这一倾向比起抑制这一倾向,要容易得多。在人民内部,所有权力自然都趋向于统一,只有凭借大量手腕,才可能使之分裂。

民主革命扫荡了旧制度的众多体制,却巩固了中央集权制。中央集权制在这场革命所形成的社会中,自然而然地找到了它的位置,以致人们心安理得地将中央集权制列为大革命的功绩之一。

第 六 章

旧制度下的行政风尚

凡读过旧制度的总督与其上级和下属的通信的人，无不赞叹政治制度的相似竟使那个时代与我们时代的行政官如出一辙。他们仿佛跨过将他们分割的大革命的深渊，携起手来。我看被统治者也是这样。立法在人们精神上所显示的力量从来也没有这样明显。

大臣已经萌发出一种愿望，要洞察所有事务，亲自在巴黎处理一切。随着时代的前进和政府的完善，这种愿望日益强烈。到18世纪末，在任何边远省份建立一个慈善工场，都要由总监亲自监督其开支、制定规章、选定地址。创办乞丐收容所也必须告知总监所收乞丐的姓名以及进出的准确时间。早在18世纪中期（1733年）达尔让松先生就写道："委托给大臣们的细务漫无边际。没有他们，什么事也办不了，只有通过他们，事情才办成；如果他们的知识与他们庞大的权力有距离，他们便被迫将一切交给办事员办理，这些人便成了真正的掌权的人。"

总监要求接到不仅对有关事务的报告，而且对有关个人的详细情况的报告。总督则致函总督代理，将报告中所提供的情报逐字逐句地重复一遍,仿佛是他亲自了解的确切情况。

为了做到身在巴黎而能领导一切,洞悉一切,必须发明上千种审查手段。书面文件已经十分庞大,行政程序慢得惊人,我从未发现一个教区重建钟楼或修理本堂神甫住所的要求能在少于一年内获得批准,最通常需要两年或三年才能获准。

御前会议在一份判决(1773年3月29日)中承认:"行政手续无限期地拖延误事,只能不断激起最正当的怨言;然而手续又是绝对必需的。"

我原以为对统计的嗜好是我们今天的政府官员所特有的;但是我错了。旧制度末期,人们经常将印好的小型报表寄送总督,报表由总督代理和教区理事填写。总监要求呈递报告,详述土地特性、耕作、产品种类与产量、牲畜头数、工业和居民习俗。这样取得的情报和今天的专区区长与市长在同一情况下提供的情报相比,是同样地详尽而不确切。总督代理在那种场合对其属民的品质作出的评语一般都不太好。他们经常重复这样的评价:"农民生性懒惰,若不是迫于活命,就不会干活。"这种经济学说在行政官员中颇为盛行。

两个时代的行政语言,并没有彼此迥异之处。它们的风格同样没有文采,就像流水账,含糊而软弱;撰写人的独特面貌被湮没在普遍的平庸之中。省长的文字和总督的文字一模一样。

只有到18世纪末,当狄德罗和卢梭的特殊言语经过一段时间传播开来,并用通俗语言进行冗长陈述时,这些作家书中充斥的多愁善感才感染了行政官员,甚至深入到财政界。行政文风通常是枯燥不堪的套话,这时变得有点感人和温柔。一位总督代理向在巴黎的总督抱怨说,"他经常在履行职责时感到一种极其强烈的痛苦,刺痛着充满怜悯的心。"

政府像今天一样,向各教区分发慈善赈济,条件是居民也须作出一定的奉献。当他们奉献的份额充足时,总监便在分派清单边上写道:好,表示满意;但是,当份额巨大时,他写道:好,表示满意和感动。

行政官员几乎全是资产者,他们已经构成一个阶级,有其特有的精神、传统、道德、荣誉感和自尊心。这是新社会的贵族,它已经形成,生气勃勃;只待大革命为它腾出位置。

法国行政当局已经具有下述特点:资产阶级或贵族,所有想从它的外部左右公共事务的人,对于政府一律怀有强烈的仇恨。想不靠政府帮助便自行成立的最小的独立团体也使它畏惧;最小的自由结社,不论目标如何,均使政府不快;它只让那些由它一手组成并由它主持的社团存在。大工业公司也不大遂它的心愿;总之,它不愿让公民以任何方式干预对他们自身事务的考察;它宁愿贫乏,也不要竞争。但是,必须让法国人尝一点放纵的甜头,以慰藉他们所受的奴役,因此,政府允许极其自由地讨论有关宗教、哲学、道德乃至政治种种普遍的和抽象的理论。只要人们不恶意评论政府的芝麻小官,政府甘愿容忍他们攻击社会当时赖以存在的基本原则,或者甚至讨论上帝的问题。它以为那种事与它无关。

18世纪的报纸,或当时人们所称作的"加泽特"(gazettes),刊载四行诗句多于争议性文章,尽管如此,政府对这支小小的力量已垂涎三尺。对书籍它很宽容,对报纸却非常苛刻;由于无法专横地予以取缔,它便努力使报刊转而为政府所专用。我找到一份1761

年致王国各总督的通告，其中宣布国王（即路易十五）决定，从今以后，《法兰西报》①将由政府监督编排，通告说："鉴于国王陛下欲使该报饶有兴味，确保它凌驾其他报刊之上，因此，"大臣进一步说道，"你们要寄给我一份简讯，载明你们财政区内激发公众好奇心的一切，尤其是有关物理学、博物学的奇闻趣事。"通告还附有一份内容介绍，其中宣称，新报纸虽然较之它所取代的报纸出版更勤，内容更多，但订阅费则便宜得多。

总督有了这些文件后，便写信给总督代理，下令贯彻；但是总督代理开始回答说，他们一无所知。大臣因而发出第二封信，严斥外省无能。"国王陛下命令我告知你们，他要你们至为严肃地负责此事，向你们的属员下达最确切的命令。"总督代理行动起来了：其中一位报告有个走私盐犯（偷运盐）被处绞刑而且表现出很大勇气；另一位报告该区有个妇女一胎生三个女孩；第三位报告爆发了一场可怕的暴风雨，但确无任何损失。有一人宣称，他曾十分留心，但没有发现一件值得一提的事，不过他自己仍订了一份如此有用的报纸，并打算请所有有教养的人都订阅。然而这番努力看来收效甚微，因为大臣在另一封信中说："国王不辞劳苦，亲自详细了解各项措施，使报纸办得更好，并愿给这家报纸应得的殊荣和名气，但是国王看到他的旨意如此不受重视，表示了极大的不满。"

可见历史是一座画廊，在那里原作很少，复制品很多。

此外必须承认，在法国，中央政府从未模仿欧洲南部那些政

---

① 《法兰西报》(Gazette de France)，1631年创办，为法国第一家报纸。1762年成为政府官方报，每周两份。大革命时（1792年）更名《法兰西国民报》(Gazette nationale de France)，成为日报。19世纪转为保王派喉舌。1914年停刊。——译者

府,它们控制一切似乎只是为了使一切都陷于荒芜。法国政府对自己的任务常常是十分理解的,而且总是表现出惊人的积极性。但是它的积极性常常毫无结果,甚至反倒有害,因为它有时想做超出自己力量的事,或做无人能控制的事。

政府很少进行或很快便放弃最为必要的改革,这些改革需要不屈不挠的毅力才能成功;但是政府不断地更改某些规章或某些法律。没有什么东西能在它所处的范围内得到片刻安宁。新规则以如此奇特的速度一个接着一个更替着,使官员们由于身受上级控制,常常摸不清应该怎样顺从。市府官员向总监本人抱怨,附属的立法太不稳定,他们说道:"单单财政条例的变化就足以迫使一个市府官员——即使他是终身职——懈怠自身事务,光去研究各种新规章。"

即使法律没有变更,执行法律的方法每天都在变动。若未从旧制度政府遗留下来的秘密文件中看到政府的工作状态,就无法设想法律最后竟如此遭人蔑视,甚至遭执行法律者的蔑视,因为那时既无政治议会,又无报纸,大臣及其官署的任意胡为、专横跋扈和变化无常均不受限制。

在御前会议的判决中,有不少援引先前的法律,这些法律常常是新近制定的,已经颁布,但是未能实行。国王敕令、宣言、诏书都经过庄严的登记注册,可是在执行中无不受到重重变更。在总监和总督的信函中,我们可以看到,政府不断允许人们援引例外,而不按它自己的命令办事。它很少破坏法律,但它每天都根据特殊情况,为了办事方便起见,悄悄地将法律向任一方向扭曲。

总督致函大臣,谈到一个国家工程招标者要求免交入市税的问题:"确实,按照我刚刚引证的敕令和判决的严格规定,对于这些捐税,王国内人人都得交纳,无一例外;但是谙熟法律事务的人都知道,这些硬性摊派和随之而来的各种处罚一样,尽管有确立税制的种种敕令、宣言和判决,却从未妨碍例外措施。"

旧制度原形毕露:条规强硬严峻,实行起来软弱松怠;这是它的特点。

谁若想通过法律汇编来判断那个时代的政府,谁就会陷入最可笑的谬误之中。我找到国王于1757年颁布的一个宣言,宣称凡编写或印刷书刊违反宗教或现行制度者,将一律被判死刑。出售这类书籍的书店,贩卖这类书籍的商人,均应受此刑罚。那么我们岂不又回到了圣多米尼克[①]的时代了吗?不,这个时代恰恰是伏尔泰威临文坛的时代。

人们常常抱怨法国人蔑视法律;哎呀!什么时候他们才能学会尊重法律啊?可以说,在旧制度的人们身上,法律概念应在他们头脑里占有的位置一向是空的。每个恳请者都要求人们照顾他而撇开现行法规,其态度之坚决和威严就像要求人们遵行法规一样,的确,只有当他们想拒绝法规时才会以法规来反法规。人民对当局的服从还是全面的,但是他们遵从当局却是出于习惯而非出于意愿;因为,倘若人民偶然激动起来的话,最微小的波动立即就可将人民引向暴力,这时,镇压人民的,也总是暴力和专权,而不是法律。

---

① 圣多米尼克(1170—1221),多明我修会创始人,主张苦修,先以布道团与阿尔比派异端斗争,后由罗马教廷委派设宗教裁判所。——译者

第六章 旧制度下的行政风尚

在18世纪,法国中央政权尚未具有它后来才有的健全有力的政体;然而,由于中央政权已经摧毁了所有中间政权机构,因而在中央政权和个人之间,只存在广阔空旷的空间,因此在个人眼中,中央政权已成为社会机器的唯一动力,成为公共生活所必须的唯一代理人。

没有比诋毁政府者本人的文章更能证明这点了。当大革命前的长期的困惑开始发生作用时,形形色色有关社会与政府的新体系破门而出。这些改革家们提出的目标虽然不同,他们的手段却始终一致。他们想借中央政权之手来摧毁一切,并按照他们自己设计的新方案,再造一切;在他们看来,能够完成这种任务的,唯有中央政府。他们说道,国家力量应像国家权利一样,没有限制;问题只在于劝说它恰当地使用它的力量。老米拉波①是个极端迷恋贵族权利的贵族,他把总督直截了当地称为僭越者,并宣布,如果把挑选法官的权力全部交给政府,法庭不久就会成为特派员帮伙。米拉波本人只信赖中央政府,认为唯有靠中央政府的行动才能实现他的幻想。

这些思想绝不停留在书本中;它们渗透到一切人的精神中,与风尚融为一体,进入人们的习俗,深入到所有各部分,一直到日常生活的实际中。

大家都认为,若是国家不介入,什么重要事务也搞不好。种田的人平常对清规戒律反抗最厉害,连他们也竟然相信,如果农业得

---

① 老米拉波(1715—1789),重农学派代表人物,经济学著作有《人类之友或人口论》、《捐税理论》。他是著名的立宪派领袖米拉波伯爵之父。——译者

不到改进，应主要归咎于政府，因为政府既不提供足够的咨询，也不提供足够的帮助。一个种田人写信给总督，信的口气很气愤，已预示大革命的来临："为什么政府不任命巡视员，每年在各省巡视一遍农作物状况，教育种田人改进耕作方法，告诉他们必须怎样管牲畜、怎样把它们养肥、怎样饲养、怎样出售以及必须赶到哪里上市呢？这些巡视员应当得到丰厚的报酬。作出最出色成绩的耕种者将得到荣誉奖。"

巡视员和十字勋章！这套方法是萨福克郡的农夫从来也想不到的！

在大多数人看来，如今唯有政府才能确保公共秩序：人民只怕骑警队；而有产者只信任骑警队。对双方来说，骑警队骑兵不光是秩序的主要捍卫者，而且就是秩序本身。吉耶纳省议会说道："那些天不怕地不怕的人，只要一看到骑警队骑兵就乖乖地收敛起来，这是有目共睹的事。"因此每个人都希望在他门口有班骑兵。这一类性质的请求在总督辖区的档案中比比皆是；似乎无人想到藏在保护人后面的很可能就是主人。

逃亡贵族到英国后，最感惊异的是英国没有这种自卫队。他们惊异不止，有时对英国人也十分蔑视，其中有个人，虽然德才优异，可是他所受的教育并没使他对即将看到的事物有所准备，他写道："这是千真万确的事：英国佬被偷盗以后反倒庆幸，说至少他们国家没有骑警队。这些人对扰乱治安的一切感到恼火，可是看到煽动分子回到社会当中却感到自慰，认为法律的条文胜过一切考虑。"他进一步说道："这些错误思想并非存在所有人的头脑中；有些智者想法就与之相反；久而久之，智慧必占上风。"

英国人的这些怪现象可能与他们的自由有某种关系,但这位流亡贵族没有想到这一点。他爱用更科学的原因来解释这一现象。他说道:"气候潮湿,周围空气缺乏活力,这两者给人的性情留下阴暗色彩。在这样的国家,人民自然特别喜爱严肃的事物。英国人民的天性爱关注治国之道;而法国人民则距此甚远。"

政府既然取代了上帝,每个人出于个人需要,自然就要祈求政府。诉状数量浩繁,虽然总是以公共利益为名,其实涉及的仅仅是琐碎私利。装有诉状的文件箱也许是聚集旧制度社会的所有阶级的唯一地方。这些诉状读起来令人忧郁:农民要求赔偿他们的牲畜或房屋的损失;富裕的所有者要求帮助他们开发土地;工业家恳求总督给予特权,避免于己不利的竞争。最常见的是,制造商对总督诉说买卖不景气,并请他向总监申请救助或贷款。为此目的大概设立了一笔基金。

有时连贵族也成了大恳求者;他们的身份使他们乞求时也态度高傲。对他们当中很多人来说,二十分之一税是造成他们依赖性的主要症结。御前会议根据总督报告每年制定贵族税额,因此贵族经常给总督写信,申请延期或免除税务。我读过许多这类请求书,书写人都是贵族,几乎都有封号,而且常常是大领主,他们说道,写请求书是因收入不足或景况不佳。一般来说,贵族称呼总督为"先生",不过我注意到,在请求书中,他们像资产者一样,总称呼他为"阁下"。

在请求书中,穷困和傲慢有时以一种可笑的方式结合在一起。一个贵族致函总督道:"您那敏感的心绝不会同意一个贵族的父亲像一个平民的父亲一样,被课以二十分之一税,分文不差。"

18世纪屡屡发生饥荒,在饥荒时期,各财政区的居民全都求助于总督,似乎只有从他那里才能得到粮食。的确,每个人都因贫困而指责政府。连那些最无法避免的灾祸都归咎于政府;连季节气候异常,也责怪政府。

看到中央集权制在本世纪初如此轻而易举地在法国重建起来,我们丝毫不必感到惊异。1789年的勇士们曾推翻这座建筑,但是它的基础却留在这些摧毁者的心灵中,在这基础上,它才能突然间重新崛起,而且比以往更为坚固。

第七章

在欧洲各国中,法国如何成为这样的国家,其首都已取得压倒外省的重要地位,并吸取全帝国的精华

首都之所以对帝国其他部分具有政治优势,既非由于其地理位置,亦非由于其宏伟,更非由于其富庶,而是由于政府的性质。

伦敦的居民之多,等于一个王国,但它至今未对大不列颠的命运产生主导作用。

没有一个美国公民会设想纽约人民能够决定美联邦的命运。而且,甚至在纽约州内也无人会设想纽约市的单独意志,就能独自指挥各种事务,尽管纽约今天的居民,与大革命爆发时巴黎的居民数量相等。

即使是巴黎,在宗教战争①时期,同王国其他部分相比,它的人口同1789年的巴黎人口可以媲美。然而,它却不能决定任何事

---

① 1562至1598年法国天主教与新教之间的战争,最后以亨利四世颁布南特敕令容忍新教徒而结束。又称胡格诺战争。——译者

情。投石党运动(la Fronde)①时期,巴黎还只是法国最大的城市。到了1789年,巴黎已成为法国本身。

早自1740年起,孟德斯鸠就给他的一位朋友写信说:在法国,只有巴黎和遥远的外省,因为巴黎还没来得及将它们吞噬。1750年那位好幻想但时有定见的米拉波侯爵不指名地谈到巴黎,他说道:"首都是必要的;但是如果头脑变得过大,身体就会中风而总崩溃。如果置外省于一种直接依附地位,将外省居民视同可以说是二等臣民,如果不给他们留有任何求取功名利禄的职业和途径,而将一切人才统统吸引至那个首都,假如这样的话,那么后果又将如何!"米拉波将这种情况称为一种暗中的革命,它从外省抽走了显贵、商人,以及所谓的才智之士。

细心读过前面几章的读者已经知道这一现象的原因;这里若再重复便会使读者不耐烦。

这场革命未能躲过政府的眼睛,但是它仅仅以最具体的形式使政府震动,那就是城市的壮大。政府眼见巴黎一天天扩大,害怕难于治理一个如此巨大的城市。尤其在17、18世纪,国王们颁布了大量敕令,旨在阻止城市的扩展。这些君主越来越将整个法国公共生活集中于巴黎城内或巴黎郊区,而他们却希望巴黎维持小规模。他们严禁建筑新房屋,如若建筑,则须用最昂贵的方式,在事先已指定的不大吸引人的地点建盖。这些敕令中每一道皆证明,尽管有前一道敕令,巴黎仍在不断扩大。路易十四在全盛时期

---

① 17世纪中叶,路易十四未成年,由马扎然执政时爆发的巴黎高等法院反对王国政府的政治运动。——译者

第七章　首都如何压倒外省并吸取帝国精华

曾六次试图阻止巴黎的发展,但皆以失败告终:巴黎冲破条条敕令,不断壮大。但是巴黎的重要地位比其城墙增长得更快;使巴黎具有这种重要地位的,不是发生在巴黎城内的事件,而是来自外部的事件。

与此同时,地方的自由权利到处都在不断消失。独立生活的特征在各地停止出现;不同省份的面貌特征逐渐混淆,旧的公共生活的最后痕迹正在被磨去。可是,国家并未衰弱:相反,处处都在运动;只不过原动力集中于巴黎。无数例证中,我在此仅举一例。在就出版状况致大臣的多份报告中,我发现,16世纪和17世纪初,外省城市曾有一些巨大的印刷厂,但如今没有了印刷工,或者没有活干。毫无疑问,18世纪末比起16世纪来,出版的各类书籍要多得多,但是思想动力只来自中央。巴黎已经吞噬了外省。

法国革命爆发之际,这第一场革命已全部完成。

著名旅行家阿瑟·扬离开巴黎是在三级会议召开后不久、攻克巴士底狱前不几天;他在巴黎刚刚看到的景象同他在外省的见闻形成对照,使他吃惊。在巴黎,一切都在沸腾;每时每刻都有一本政治小册子问世;每周甚至发行92册。他说道:"即使在伦敦,我也从未见到与之相仿的出版发行运动。"但在巴黎以外,他觉得一片死气沉沉;人们很少印行小册子,根本没有报纸。可是外省民情激动,一触即发,只是尚未采取行动;公民们即便有时集会,也是为了听取巴黎传来的消息。在每座城市,阿瑟·扬都询问居民们打算做什么。"回答到处都一样,"他说道,"我们只不过是一个外省城市;必须看看巴黎是怎么干的。"他进一步说道:"这些人甚至不敢有主见,除非他们已经知道巴黎在想些什么。"

制宪议会竟能一举废除法国所有旧省份，实在令人惊异，这些旧省份有好多比君主制还古老，制宪议会将王国很有条理地划分为83块不同部分，就像在新世界划分处女地一样。没有什么事情比这更使全欧洲惊奇甚至恐怖了，因欧洲对此毫无准备。伯克说道："看到人们将自己的国家用这样野蛮的方法进行分割，这还是第一次。"的确，人们似乎在撕裂活生生的躯体，其实只是在分割尸体罢了。

巴黎就这样终于从外部取得了至高无上的权力，与此同时，在巴黎内部也完成了另一个同样值得历史注意的转变。巴黎不再只是交换、贸易、消费和娱乐的城市，巴黎已成为工场和制造业的城市；这第二个事实赋予第一个事实一种崭新的更令人生畏的特点。

事情由来久远；自中世纪起，巴黎似乎已是王国内最大、手艺最巧的城市。这点到了近代愈为明显。随着行政事务全部集中到巴黎，工业也集中到这里。巴黎越来越成为时尚的典范和仲裁者，成为权力和艺术的唯一中心，成为全国活动的主要起源地，法国的工业生活更加收缩集中于巴黎。

尽管旧制度的统计文献常常不足为信，可是我认为，人们可以有把握地说，法国革命前60年间，巴黎工人数字已增长两倍；而在同时期，巴黎总人口仅增长三分之一。

除上文所讲的普遍原因之外，还有一些极其特殊的原因将工人从法国各个角落吸引到巴黎，并逐渐使他们聚集在某几个区内，这些区最终成为工人区。巴黎当时对工业设置的财政立法障碍比法国其他地方要少；任何地方也没有巴黎那样易于逃脱行会师傅的束缚。某些郊区，如圣安托万区和唐普尔区，在这方面尤其享有极大特权。路易十六更加扩大了圣安托万区的这些特权，竭力在该区积聚大量的工人人口，"要给与圣安托万区工人我们实行保护的新标志，使他们摆脱那些损害他们利益也损害贸易自由的种种障碍，"这位不幸的国王在一份敕令中这样说道。

巴黎的工厂、制造业、高炉在大革命前夕大量增长，终于使政府警觉起来。看到工业的发展，政府充满若干臆想的恐惧。我们在文件中发现1782年御前会议的判决，它说道："鉴于制造业的飞跃发展导致木材的消耗，损及城市的供应，国王禁止今后在城市方圆15里之内建造这类工厂。"至于这种人口聚集会产生的真正危险，当时并无人察觉。

这样，巴黎变成了法兰西的主人，并且已经汇集起一支军队，这支军队将成为巴黎的主人。

看来，今天人们已相当一致地认为，行政上的中央集权制和巴黎的至高无上权力，是40年来在我们眼前不断更迭的所有政府垮台的重要原因。我无需费力便将使大家看到，旧君主制突然之间猛烈毁灭，很大一部分原因即在于此；它也是孕育所有其他革命的第一场革命的主因之一。

第 八 章

在法国这个国家，人们变得彼此最为相似

谁注意考察旧制度下的法国，谁就会碰到两种截然相反的景象。

表面上，在旧制度下生活的所有的人，特别是那些置身社会中上层的、唯一引人注目的人们，他们彼此之间简直完全相同。

然而，在这彼此一致的人群中，还竖立着无数小障碍物，将人群分割成许许多多部分，而在每个部分的小围墙内，又似乎出现了一个特殊群体，它只顾自身利益，不参与全体的生活。

想到这种几乎无止境的划分，我便明白，既然法国公民比任何地方的公民更缺乏在危机中共同行动、互相支持的精神准备，所以，一场伟大的革命就能在一瞬间彻底推翻这样的社会。我想象到了被这场大动荡本身所推倒的全部小障碍物；我马上看到一个比以往世界上可能见到的任何社会都更为密集、更为一致的冰冷的社会。

我说过，在几乎整个王国，长期以来，各省特有的生活已经消失；这就促使一切法国人彼此极为相似。透过依然存在的各种差异，国家的统一已经明显可见；立法的一致性是国家统一的表现。

随着18世纪的进展,国王的敕令文告、御前会议的判决数量增加,它们在整个帝国以同一种方式执行同样的规章制度。不仅仅统治者,而且被统治者也认为法律应普遍一致,在各地都一样,对所有的人都一样;这种思想,在大革命爆发前30年不断出现的改革规划中均有体现。而在两个世纪以前,这种思想的材料,假使我们可以这样说的话,还竟告阙如。

不仅各省之间越来越相似,而且各省之内,不同阶级的人,至少是所有置身平民百姓之外的人,变得越来越彼此相似,尽管他们的地位各异。

1789年不同等级所呈陈情书最能证明这一点。人们看到,那些起草人因利益而发生深刻分歧,但是在所有其他方面,他们又显得彼此相同。

如果你研究初期三级会议,定会看到完全相反的情景:资产者与贵族那时有着更多共同利益,更多共同事务;他们表现出更少的互相仇恨;但是他们仿佛仍属于两个不同的种族。

时间维持了并且在许多方面加剧了这两种人不同的特权,时间也起着奇异的作用,使两者在所有其他方面变得彼此相同。

若干世纪以来,法国贵族不断贫困化。"尽管享有特权,贵族每天都在破产、消亡,第三等级却占有财富",一位贵族在1755年悲伤地这样写道。保护贵族财产的法律倒是始终如一,贵族的经济地位亦未出现变化。然而,随着贵族权力的丧失,他们以相应的比例到处陷于贫困。

人们会说,在人类制度中,如同在人体内一样,在履行不同生存职能的各种器官之外,还存在一种看不见的中心力量,这种力量乃是生命的本源。器官看来仍像以往一样运动，然而却是枉然，当这赋予生命的火焰最终熄灭时，一切顿时落入衰弱与死亡。法国贵族还享有种种替代继承权利；伯克甚至注意到，在他的时代，替代权利在法国比在英国更加常见，更有强制性，如长子继承权、永久地租，以及人们所谓的一切用益权；贵族已经免除了为战争支付的大量钱财，但是贵族保持免税权，而且这种权利大为增加，这就是说，他们在失去职务的同时，保住了补贴。此外，他们还享有许多他们的先辈从未享有的金钱上的好处；然而，随着治理的习惯与精神的丧失，他们逐渐贫困化。我们在上文中提到的那种大规模的地产划分，其部分原因，正是贵族的逐渐贫穷化。贵族将土地一块一块地出卖给农民，只保留领主的定期租金，定期租金使贵族仅仅维持徒有其表的门面而已。在法国的许多省，如蒂尔戈提到的利穆赞，只有贫穷的小贵族，他们差不多不再拥有土地，只是靠领主权和地租维持生活。

一位总督早在本世纪初就写道："在这个财政区，贵族家庭的数量仍然增至几千家；但是其中年金近 20000 里弗尔的人家还不足 15 家。"1750 年，从另一位总督（弗朗什—孔泰的总督）向其继任者所作介绍中，我读到这样的话："这个地方的贵族相当和善，但非常贫穷，他们既骄傲又贫困。同他们过去的境遇相比，他们受到莫大的侮辱。使贵族处于这种贫困状态，迫使他们服务、向我们求援，这并非坏政策。"总督补充道："他们组成一个团体，只接纳那些能证明四代宗亲为贵族的人。这个团体未得到许可证，只不过被容忍而已，它每年一次，在总督莅临下，召集会议。他们一起用餐和做弥撒后，各自回家，一些人骑着驽马，另一些人徒步。你会看

第八章 法国,人们彼此最为相似的国家

到这种集会多么滑稽。"

贵族逐渐贫困化这种现象,不仅在法国,而且在欧洲大陆或多或少都可见到,在那些地方,像在法国那样,封建制度已经消失而又无新的贵族制形式代替它。莱茵河流域的德意志民族中,这种没落尤为明显,特别引人注意。只有在英国,情况截然相反。在那里,迄今犹存的古老贵族世家不仅保持着,而且还大大增长了他们的财富。他们不仅在财富上而且在权力上仍首屈一指,在他们旁边成长起来的新贵族只能模仿他们的富有,而无法超越他们。

在法国,大概只有平民继承贵族失去的所有财产;有人曾说他们是吸取贵族养分壮大起来的。然而没有任何法律阻止资产者破产,也没有任何法律帮助资产者致富;可是资产者却不断发财致富;在很多情况下,他们变得与贵族一样富有,有时比贵族还要阔气。而且他们的财富常属同一种类:尽管他们平时住在城里,他们常常是田地的所有者,有时甚至还取得领地。

教育与生活方式已经使这两种人具有无数其他相似之处。资产者与贵族具有同样多的知识,而且尤须注意的是,资产者的知识恰恰是同一来源。两者都由同一光明照亮。对于双方来说,教育同样是理论性与文学性的:巴黎越来越成为法兰西的唯一导师,它已赋予一切人以同一形式和共同的行为举止。

18世纪末,人们尚可以看出贵族与资产阶级的举止行为有所不同,因为,人们所谓的举止行为这种外表的风尚需要很长时间才能变得一致;但是,实质上,所有高居人民之上的人都彼此相似;他们具有同样的思想、同样的习惯、同样的嗜好,从事同样的娱乐,阅读同一类书,讲着同一言语。他们除权利外,概无差别。

我怀疑这种现象当时在其他国家能否达到同样程度，即便是在英国，虽然不同阶级被共同利益牢固地拴在一起，但他们仍旧常常在精神和风尚方面有所差异；因为具备这种奇异力量的政治自由，虽然能在一切公民之间建立必要的关系和互相依附的联系，却不能因此而使他们永远彼此相等；正是独夫体制，天长日久，使人们彼此相似，却对彼此的命运互不关心，这是独夫政体的必然后果。

第九章

这些如此相似的人如何比以往更加分割成一个个陌生的小团体，彼此漠不关心

现在，让我们察看一下这幅画的另一面，看看这些彼此如此相似的法国人，怎么反比其他国家的人更加互相孤立，这种情况即使在法国也是前所未见的。

在欧洲建立封建制度的时代，人们后来所谓的贵族，可能当时并未立刻形成种姓，贵族究其根源，是由国家中的所有首领构成，因而最初只不过是掌权阶级。这个问题我不想在这里讨论；我只需指出，早在中世纪，贵族已变为种姓，就是说，其特殊标志是出身。

贵族将掌权阶级的固有特征保留下来，他们是进行统治的公民团体；但是唯有出身才能决定谁将成为团体的首脑。所有非贵族出身者均被排除在这个特殊而封闭的阶级之外，他们在国家里只能据有或高或低、但永远是从属的职位。

在欧洲大陆每一个确立了封建制度的地方，贵族最终都变成种姓；唯有在英国又重为掌权阶级。

有一个事实使得英国在所有现代国家中显得独特，并且唯有

它才能使人们理解英国法律、英国精神以及英国历史的特殊性,然而这个事实并未使得哲学家和政治家倾注更大的注意力,而英国人自己出于习惯也对这个事实视而不见,对此我始终感到惊异。人们对这个事实视而不清,语焉不详;依我看,人们对它从来也没有一个全面清晰的看法。1739年,孟德斯鸠游历英国,他一针见血地写道:"我置身于一个与欧洲其他地方截然不同的国家";可惜他没有再往下说。

使得英国不同于欧洲其他国家的并不是它的国会、它的自由、它的公开性、它的陪审团,而是更为特殊、更为有效的某种东西。英国是真正将种姓制度摧毁而非改头换面的唯一国家。在英国,贵族与平民共同从事同样的事务,选择同样的职业,而更有意义的是,贵族与平民间通婚。最大的领主的女儿在那里已能嫁给新人,而不觉得有失体面。

如果你想知道种姓及其在人民中造成的各种思想、习惯、障碍是否已在那里最后消灭,那就请你考察一下婚姻状况。只有在这里,你才能找到你未发现的带有决定性的特征。在法国,甚至到了今天,民主虽已有了60年之久的历史,你也常常找不到这种特征。旧的世家和新的家族在所有方面似乎已融为一体,然而还是百般避免联姻。

英国贵族较之其他贵族,一向更谨慎、更灵活、更开放,这种特点常引起人们注意。必须提及的是,长期以来,在英国已不存在那种严格意义上的贵族,假使贵族这个词在此沿用它在别国保留的古老的严密意义的话。

这场独特的革命因时间久远,湮没无闻;但是仍留有活生生的

第九章 如此相似的人如何比以往更加互相孤立

证据：这就是惯用语。若干世纪以来，gentilhomme（贵族）一词在英国已完全改变了含义，而 roturier（平民）一词现已不复存在。1664 年，莫里哀写了《达尔杜弗》，剧中有一诗句要逐字译成英文已经不可能了：

　　Et, tel que l'on le voit, il est bon gentilhomme.

（别瞧他那副模样，他还是个出色贵族。）

如果你想把语言科学再次应用于历史科学，那么请你穿越时间和空间，跟踪 gentleman（绅士）一词的命运，这词是从法语 gentilhomme（贵族）一词衍化来的；你将看到它的意义在英国随着不同的社会地位互相接近、互相融合而扩大。每一世纪，这词所指的人的社会等级就更低一点。它最终和英国人一起传到美国。在美国，它被用来泛指所有公民。它的历史亦即民主的历史。

在法国，gentilhomme（贵族）一词始终局限于它的原始含义的狭窄范围；大革命后，这词已几乎无人使用，但词义从未改变，仍旧是指该种姓的成员。这个词之所以原封不动地保存下来，原因在于种姓本身仍被保留，仍和以往一样与所有其他社会等级分离。

但是我想更进一步，我敢说，同这词产生之际相比，种姓与其他等级的分离更变本加厉，而且在我们中间出现了一种与英国方向相反的运动。

如果说资产者与贵族更加相似，那么同时他们彼此更加隔离：这两方面不能混在一起，一方不仅未能减轻另一方，反而常常使之加重。

在中世纪，只要封建制度还保留着统治权，经管领主土地的一切人（封建时代的语言严格地称之为附庸）——其中很多不是贵族——经常与领主合伙治理领地；这甚至成为领地转让的首要条件。他们不仅必须跟随领主作战，而且按照特许权，他们每年有一段时间得在领主法庭中度过，帮助领主进行审判，治理居民。领主法庭是封建政府的重要组成部分；它出现在欧洲所有古老法律中，而且至今在德国许多地方，还可见到极为明显的遗迹。法国革命前30年，博学的封建法学家艾德姆·德·弗雷曼维尔①曾想到写一部巨著，研究封建法与领主的土地赋税簿籍革新。弗雷曼维尔告诉我们，他在"许多领地的名目下，看到附庸每15天必须去领主法庭，他们聚齐之后，便和领主或他的普通法官一起审理居民中发生的刑事案和纠纷。"他还说："他在一个领地上，有时能发现80、150乃至200个这类附庸。他们当中多数是平民"。我在此引用原话不是当作一种证据，因为证据不胜枚举，而是当作一个例子，说明在最初和在长时期内，农村的阶级如何与贵族接近、如何与贵族混合以处理同样的事务。领主法庭为农村小所有者所做的事情，省三级会议与更晚些的全国三级会议也为城市资产者做了。

研究14世纪三级会议留下来的资料，特别是同时期省三级会议的资料，使我们不能不为第三等级在这些会议中所占的地位以及所发挥的力量感到惊异。

作为个人，14世纪的资产者无疑远不及18世纪的资产者；但是资产阶级作为整体，在当时的政治社会中，却占据更有保障的、更高的地位。资产阶级参加政府的权利是无可争辩的；资产阶级

---

① 弗雷曼维尔(1680—1773)，曾为大法官、领地权专员，著有许多有关封建法权的著作，其中有《土地赋税簿籍和领地法革新的普遍实践》。——译者

在政治议会中起的作用始终是重要的,常常举足轻重。其他阶级每天都感到需要重视资产阶级。

但是特别令人惊异的,是贵族和第三等级当时如此轻而易举地——而后来就不行了——共同管理事务,共同进行抵抗。不仅在14世纪三级会议中是如此:那时由于天灾人祸,三级会议带有非正规的革命的性质,而且在同时期的、按正规的惯例办事的省三级会议中也是如此。奥弗涅省的情况就是这样,三个等级共同制订出最重要的措施,并由三个等级中均等选出的特派员监督实行。同一时期,在香槟省也有同样景象。14世纪初,在大量城市中贵族与资产者为了保卫国民自由和各省特权,反对王权的侵害而联合起来,这一著名的运动是大家所熟悉的。在那个时期,我们的历史中有许多这类插曲,就像是从英国历史中抽出来的一样。在以后的世纪中,这样的景象再也见不到了。

实际上,随着领地统治的瓦解,三级会议越来越少召开甚或停止,普遍自由权利最后死亡,地方自由随之毁灭,资产者与贵族在公共生活中再也没有联系。他们再也感觉不到有彼此接近、和衷共济的需要;他们一天天彼此各行其是,也更加陌生。到18世纪,这场革命完成了:这两种人只是在私生活中偶尔相遇。这两个阶级不仅是竞争对手,他们已成了敌人。

法国的特殊点在于,在贵族等级丧失政治权力的同时,贵族作为个人,却获得许多他从未享有过的特权,或增加了他已经享有的特权。可以说,肢体靠死亡的躯体致富。贵族阶级的统治权越来越少,但是贵族却越来越多地享有充当主人第一奴仆的专有特权;路易十四时期较之路易十六时期,平民更易为官。当这种情况在法国还很少见时,在普鲁士已是司空见惯了。这些特权一旦取得,便世袭相传,不可分离。这个贵族阶级越是不再成为掌权阶级,就越变为种姓。

让我们看看所有这类特权中最令人厌恶的特权——免税特权吧:显而易见,自15世纪到法国革命,免税特权一直不断增长。它随着国家开支的迅速增长而增长。查理七世[①]统治时期所征军役税仅120万里弗尔,因此,免交军役税的特权很小;而路易十六统治时期所征军役税8000万里弗尔,免税特权就很大。当军役税是平民交纳的唯一税时,贵族免税还不大明显;但是,当这类捐税以各种名目、各种形式成倍增加,其他四种捐税也被化作军役税,中世纪闻所未闻的各种负担,如用于一切工程或公共事业的各种徭役,以及自卫队等等,所有这些负担都添加到军役税和它的附加税中,并且征税亦不平等,这时,贵族的免税量就显得庞大起来。当然,不平等尽管很明显,其外表却大于实际;因为贵族本人免税,却得替佃户交税;但在这方面,人们看到的不平等比起人们感受到的不平等,更为有害。

路易十四末期,迫于财政需要,确定两项普遍税,人头税和二十分之一税。但是,就像免税本身是某种可尊敬的特权,即便触犯它也得奉若神明,人们小心翼翼,凡共同交税的地方,征收时也有所区别。对一些人来说,捐税严厉而有损名誉;对另一些人来说,则宽容而且荣耀。

---

① 查理七世(1422—1461年在位)是在百年战争王室衰微时期由贞德在兰斯拥立为王的。继位后终于赶走英国人,基本统一法国。——译者

第九章 如此相似的人如何比以往更加互相孤立

尽管在捐税问题上，整个欧洲大陆都存在着不平等，可是很少有哪个国家，这种不平等变得像在法国那样明显，那样让人经常有所感受。在德国一大部分地区，大多数捐税是间接税。就直接税本身而言，贵族特权常常在于承担较小的共同捐税负担。另外，贵族还得缴纳某些特别税，旨在保住无偿服兵役的地位，实际上已不要求贵族无偿服役。

然而，所有这些将人和阶级加以区别的措施中，捐税不平等危害最大，最易在不平等之外再制造孤立，并且，可以说，使不平等与孤立二者变得无可救药。因为，请看后果：当资产者和贵族不再缴纳同样的捐税时，每年，捐税摊派征收都重新在他们中间划出一条清楚明确的线——阶级的界限。每年，每一个特权者都感到一种现实的、迫切的利害，即不让自己再与民众混同，并作出新的努力与之分离。

公共事务几乎没有一项不是产生于捐税，或导致捐税，因此，自从这两个阶级不再平等地缴纳捐税之后，他们便几乎再没有任何理由在一起商议问题，再没有任何原因使他们感受共同的需要和感情；用不着费事去将他们分开：人们已用某种方式，剥夺了他们共同行动的机会与愿望。

伯克曾为法国旧政体勾画了一幅肖像，对之加以美化，他赞成我们的贵族制度，尤其看重资产者轻易便能获取官职跻身贵族这一点：他觉得这同英国开放的贵族制相似。的确，路易十一曾经成倍增加封爵人数；这是贬抑贵族的一个手段；路易十一的后继者为获取金钱更是毫不吝惜地授封晋爵。内克告诉我们，在他那个时代，为晋升贵族提供的官职数量已达4000个。任何欧洲其他地方尚未出现类似现象；而伯克试图证明法国与英国类同，这只能是大错特错。

如果说英国中产阶级不仅没有对贵族进行战争，反而如此紧密地与贵族联合在一起，这绝不是因为英国贵族具有开放性，而是因为像人们所说的那样，英国贵族的外形模糊，界限不清；不是因为人们能够进入贵族阶级，而是因为人们从不知道什么时候他们进入了贵族阶级；因此所有接近贵族的人都自以为是贵族的一部分，都能与贵族政府相结合，并从贵族的权势中分享某些光彩和好处。

但是法国贵族与其他阶级之间的障碍，尽管非常容易跨越，却始终是固定明显的，它带有光彩夺目的标志，易于辨认，而且为非贵族所憎恶。一旦越过这道障碍，这些非贵族就以享受特权同他们原先的阶层分开了，这些特权对原阶层的人来说是难于忍受和可耻的。

贵族授封制度丝毫没有减少，反而无限地增加了平民对贵族的仇恨。新贵族引起了从前和他地位平等的人的嫉妒，从而加剧了仇恨。因此第三等级在他们的陈情书中对敕封贵族的愤怒一直大于对世袭贵族的愤怒，而且不仅不要求扩大，反而要求将平民通向贵族的门径缩小。

在法国历史上，没有哪一个时代，贵族爵位能像在1789年那样容易获得，资产者和贵族也从未像1789年那样彼此分离。不仅贵族无法容忍在他们的选举团中有带资产阶级气味的东西，资产者也同样将所有带有贵族外貌的人逐开。在某些省份，新封贵族被世袭贵族排斥，因为后者认为他们不够高贵，他们也被资产阶级

第九章 如此相似的人如何比以往更加互相孤立

排斥,因为人们认为他们贵族气太重。据说有名的拉瓦锡[①]就是这种情况。

假如我们撇开贵族阶级来考察这个资产阶级,我们会看到完全相同的景象,资产者与人民相互分离,几乎同贵族与资产者相互分离一样。

在旧制度下,中产阶级几乎全部住在城市。导致这一后果的原因有两个:贵族特权与军役税。在自己土地上居住的领主平常对农民亲密和气;但是他对自己的邻人——资产者——却十分蛮横无理。随着他的政治权力缩小,而且正是由于这个原因,这种蛮横无理不断增长;因为,一方面,由于不再统治,他再无必要去敷衍那些能帮助他统治的人,另一方面,正如人们经常注意到的那样,领主喜欢以无节制地使用他那些表面权利来对自己的真实权力的丧失进行自我安慰。甚至连他不在领地居住这一点,不仅没有减轻,反而增加了邻人的痛苦。不在地主制对此毫无裨益;因为由代理人行使的各种特权只能使之更难于忍受。

然而,我不知道军役税和所有纳入军役税的捐税,是否更能说明问题。

我想,我本可以通过寥寥数语说明为什么军役税和其附加税对农村的负担比对城市的负担沉重得多;但这对读者来说可能无用。因而我只需说,聚集在城市里的资产者有种种办法减轻军役税的压力,并常常完全免交军役税,而如果他们留在领地上,谁也

[①] 拉瓦锡(1743—1794),著名化学家。1789年当选三级会议代表,进入新政府任职,写了《论法兰西王国领土财富》。1793年被国民公会以旧包税人名义逮捕,次年被送上断头台。——译者

无法单独找到这些办法。通过这种方式,他们逃避了征收军役税的义务,这个义务比起缴纳军役税的义务更使他们害怕,这其中自有道理;因为在旧制度下,甚至我认为在任何一种制度下,什么也没有比教区军役税征税员的处境更糟糕的了。对这个问题,我下面还有机会说明。可是在乡村,除了贵族,谁也逃不掉这个负担:平民中有钱的人宁可出租财产,遁入附近的城市,也不愿受此冤孽。蒂尔戈对我们说:"军役税的征收使农村中所有平民所有者几乎都变成了城市资产者"。蒂尔戈的观点与我曾有机会查阅的有关秘密文件相符。顺便说一下,这就是使法国比起欧洲大部分其他国家来,布满更多的城市,尤其是小城市的原因之一。

富裕平民在城垣之内蛰居下来,不久便失去了田园嗜好和田园精神;他们对依然留在农村的同类人的劳动和事务变得完全陌生了。可以说,他们的生活此后只有一个目的:渴望在他所移居的城市中成为政府官员。

若认为今天几乎所有法国人,尤其是属中产阶级的法国人对职位的酷爱产生于大革命,这是一个极大的错误;它的产生早在若干世纪之前,而且,从那个时代以来,人们细心给与它以千百种新的滋养,因而它不断增长。

旧制度下的职位并不总是与我们的职位相似,但是我觉得,那时的职位更多;较小职位的数量简直没有穷尽。仅仅自1693年至1709年,所设职位就达4万之多,而且连最微末的资产者几乎都可以谋得。我曾经计算过,在一个中等规模的外省城市,1750年担任法官职务的竟达109人,担任执达吏的有126人,所有这些人都来自城市。资产者对于担任这些职位所抱的热情真是前所未

第九章　如此相似的人如何比以往更加互相孤立

有。一俟他们中间有谁自觉拥有一笔小小资本,他便立即用来购买职位,而不是用于做生意。这种可怜的野心甚至比起行会师傅和军役税来,对法国农业和商业的发展为害更大。职位一旦出现短缺,求职者就开动脑筋,冥思苦想,很快就发明出新的职位。有位朗贝尔维尔先生发表一篇论文,论证在某一行业中设立监察员完全符合公共利益,而且在文末主动提出愿担当这一职务。我们当中有谁还不知道这位朗贝尔维尔呢?一个人略识文墨,生活优裕,若是弄不到一官半职,那就死不瞑目。一位同时代的人说道:"每个人根据自己的情况,都想从国王那里谋得一官半职。"

在这方面,我在此所讲的时代与我们时代之间存在的最大差异在于,当时的政府鬻卖职位,而今天政府则授予职位;要想获取职位,不用掏钱;人们手段更高明:将自己交付出去。

由于居住地点不同,更主要由于生活方式不同,加上最常见的利害关系,资产者与农民分离了。人们理所当然地抱怨贵族在捐税问题上的特权;但是对资产者的特权又该怎样说呢?有几千种官职可以使资产者免去全部或部分公共负担:此人免去自卫队的负担,另一人免去劳役的负担,另一人免去军役税的负担。当时有篇文章写道,除了贵族与教士之外,哪个教区内没有几位居民靠着职位或委任而享有某种免税权呢?有时,相当数量的留给资产者的职位被削减了,原因之一是由于免缴军役税者为数众多,竟使国家收入减少。我丝毫也不怀疑,资产阶级中的免税者与贵族中的免税者人数一样多,而且常常比贵族还多。

这些可悲的特权使那些被剥夺了特权的人心中充满嫉妒,而使那些享有特权的人更加自私自利,趾高气扬。在整个18世纪,没有什么比城市资产者对郊区农民的敌视和郊区对城市的妒忌更为显而易见的了。蒂戈尔说道："每座城市都只顾自己的特殊利益,为此它们不惜牺牲本区的农村和村庄。"蒂尔戈在别处对总督代理讲话时还说过："你们经常不得不去制止那种时时带有篡夺性和侵犯性的倾向,城市对于本区的农村和村庄的所作所为,便具有这一特征。"

在资产者眼中,甚至和他们一同生活在城市里的人民也变得陌生起来,几乎成了敌人。他们确定的本地开支大部分均转嫁给下层阶级单独承担。我曾不止一次地证实这同一位蒂尔戈在其著作的另一处所讲过的话:城市资产者已找到一种方法制订入市税,以免承受这个重担。

但是这个资产阶级的一切所作所为中,最突出的是,他们生怕将他们与人民混同,并迫不及待地以一切手段摆脱人民的控制。城市资产者在一封致总监呈文中说道:"假如国王同意市长职位重新实行选举制,那么最好是强迫选举人只从主要的显贵中,甚至只从初级法院中挑选。"

我们已经看到国王的政策是怎样不断地从城市人民手中夺走他们的政治权利。从路易十一到路易十五,国王的一切立法都贯穿着这一思想。城市资产者经常参与这项立法,有时还提出建议。

1764年市政改革期间,一位总督询问一座小城市的市政官员,是否必须保留手工业者和其他小民选举行政官员的权利。官员们回答说:"人民从未滥用此权,给他们保留挑选官员的权利无疑对他们是一种安慰,但是,为了维持良好秩序和公共安定,最好还是将此权交与显贵会议。"总督代理说,他已在官邸召集"六名优秀的城市公民"举行秘密会议,这六名优秀公民一致同意将选举委托给构成显贵会议的不同团体中的若干代表,而不是像市政官员们建议的那样,委托给显贵会议。总督代理比这些资产者更支持人民自由权,他在转达资产者的意见的同时,进一步说道:"不过对于手工业者来说,缴纳捐税却无权控制如何使用这笔钱,这种事实在难以忍受,而那些征收捐税者由于享有捐税特权,却与这个问题最少利害关系。"

但是让我们描完这幅图画;现在让我们把人民放在一边来考察资产阶级本身,就像我们曾把资产者放在一边来考察贵族阶级一样。我们注意到,在远离其他国民的这一小部分国民中,分成无穷尽的片片块块。法国人民看来就像那些所谓的基质一样,随着现代化学对它们进行更仔细的观察,便会发现新的可分离粒子。在一座小城市的显贵当中,我找到的不同团体竟达36个以上。这些不同团体尽管极端微小,仍在不断向细微分化;它们每天都在清洗内部可能存在的异质部分,以便缩简为单一元素。有些团体经过这样一番痛快的清洗,成员已缩减到三四人。他们的个性反倒更强烈,更好争吵。所有这些团体均因某些小特权而彼此分离,最不诚实仍是光荣的标志。在它们之间,经常发生谁居上位的无休止的斗争。他们的争吵声使总督和法官头昏脑涨。"人们终于决定圣水必须首先献给初级法院,然后才献给城市团体。高等法院犹豫不决;但是国王已将此案提交御前会议,并已亲自决定。是时候了;这个案子曾使全城沸腾。"如果有人在显贵大会中让这个团体压倒另一团体,那么后者便不出席会议;他们宁可放弃公共事务,也不愿看着他们的尊严受贬。箭城假发师团体决定"他们将用这种方式表明,让面包师居首位理所当然地引起他们的痛苦"。一座城市中的部分显贵顽固拒绝履行职务,总督说道,"因为会议接纳了几个手工业者,而首要的资产者耻于与他们为伍"。另一省的总督说道,"如果将助理法官的职位授与一位公证人,就会使其他显贵感到厌恶,公证人在这里乃是出身卑微的人,他们不是来自显贵之家,而全都当过书记。"我上面谈到的六位优秀公民随便就决定了必须剥夺人民的政治权利,但当问题关系到哪些人将成为显贵,在他们之间确立什么先后顺序时,他们便陷入了莫名其妙的窘境。在这种问题上,他们只是谦卑地表示疑问;他们说,他们担心"会给他们的几位同胞造成过大的痛苦"。

在这些小团体因自尊心而不断相互摩擦中,法国人固有的虚荣心变得更强、更敏锐,而公民的正当的自豪感却被遗忘。16世纪,我刚才提到的行会大多数就已存在;但其成员在处理好他们各自联合会的事务以外,不断地与所有其他居民相聚,以共同照管城市的普遍利益。而在18世纪,他们差不多完全闭关自守;因为有关市政生活的活动已渐稀少,并且全由受委托人代理。因此,每一个小团体都只图私利,事不关己,高高挂起。

我们的祖先并没有个人主义一词,这是我们为了自己使用而编造出来的,在他们那个时代,实际上并不存在不隶属任何团体而敢自行其是的个人;但是法国社会是由许许多多小团体组成的,而每个团体只顾自己。这就是,如果我可以这样说的话,一种集体个人主义,它为我们熟悉的真正的个人主义做好了精神准备。

最令人奇怪的事情是,所有这些彼此隔离的人,却变得如此相似,只要变换一下他们的位置,便无法再认出他们。而且,谁要是探究他们的思想,谁就会发现,把如此相同的人隔离开来的那些小障碍物,在他们本人看来也不符合公共利益,不符合常理,而且从理论上说,他们已经向往统一。他们每一个人坚持各自的特殊地位,只是因为其他人因其地位而搞特殊化;但是,只要任何人都不享受特殊,都不超出共同水平,他们是愿意融合为一个整体的。

第 十 章

政治自由的毁灭与各阶级的分离如何导致了几乎所有使旧制度灭亡的弊病

我刚描述了在所有侵蚀旧制度机体、迫使旧制度灭亡的弊病中最致命的弊病。现在我要再探讨一下如此危险、如此奇怪的疾病的根源,并说明与之俱来的还有多少种其他弊病。

假如英国人从中世纪开始,便像我们一样完全丧失了政治自由和由此派生而出的地方独立,那么组成英国贵族的各个不同阶级很可能就会互相分离,犹如在法国和不同程度上在欧洲各处所发生的那样,而且所有阶级都可能与人民分离。但是自由迫使他们始终相互往来,以便必要时取得一致。

有趣的是,英国贵族在其野心驱使下,必要时竟能与下属打成一片,假装将他们当作同侪。前面援引的阿瑟·扬,他的书是现存有关旧法国的最有教益的著作之一,他讲到有一天在农村,他来到利昂古尔公爵家,表示想和附近几个最能干最富裕的种田人了解些情况。公爵便叫管家把他们找来。这位英国人对此发表议论说:"在英国领主家,可以请三四个庄稼汉来和主人全家一起吃饭,并坐在上流社会的贵妇人们当中。这种事我在英国至少见到过一

第十章 致命的弊病及其原因

百次。可是在法国,从加来到巴约讷,这种事哪里也寻不到。"

确实,从天性来说,英国贵族比法国贵族更加傲慢,更不善于与所有地位低下的人打成一片;但是贵族处境迫使他们有所收敛。为了维持统治,他们什么都能做。在英国,几个世纪以来,除了有利于贫苦阶级而陆续推行的纳税不平等外,其他捐税不平等已不复存在。请思考一下,不同的政治原则能将如此邻近的两个民族引向何方!18世纪在英国享有免税特权的是穷人;在法国则是富人。在英国,贵族承担最沉重的公共负担,以便获准进行统治;在法国,贵族直到灭亡仍保持免税权,作为失掉统治权的补偿。

14世纪,"无纳税人同意不得征税"这句格言在法国和在英国似乎同样牢固确定下来。人们经常提起这句话:违反它相当于实行暴政,恪守它相当于服从法律。在那个时代,正如我说过的,法国的政治机构和英国的政治机构存在许多相似之处;但是后来,随着时间的推移,两个民族的命运彼此分离,越来越不同。它们就像两条线,从邻近点出发,但沿着略有不同的倾斜度伸展,结果两条线越延长,相隔越远。

我敢断言,自国王约翰[①]被俘、查理六世[②]疯癫而造成长期混乱、国民疲惫不堪之日起,国王便可以不经国民合作便确定普遍税

[①] 英法百年战争时期,英国名将爱德华亲王在普瓦提埃大败法军,俘获法王约翰二世,时在1356年。——译者

[②] 查理六世(1380—1422年在位),因疯癫而把朝政均交其叔父们治理,结果酿成内乱,英国乘机重新开战,1415年取得阿赞古尔之役的胜利,法国被迫签订辱国的特鲁瓦条约。——译者

则,而贵族只要自己享有免税权,就卑鄙地听凭国王向第三等级征税;从那一天起便种下了几乎全部弊病与祸害的根苗,它们折磨旧制度后期的生命并使它骤然死亡。我很赞赏科米内[①]这句具有远见卓识的话:"查理七世终于做到了不需各等级同意便可任意征派军役税,这件事成为他和他的后继者心上沉重的负担,并在王国身上切开一道伤口,鲜血将长期流淌。"

请想想,这道创口如何随着年代的流逝而在事实上扩大;请一步一步观察事情的后果。

福尔勃奈[②]在他造诣极深的著作《法国财政研究》中说得好,在中世纪,国王一般均靠领地的收入生活;他又说道:"既然特殊需求是由特殊捐税来提供的,因此就由教士、贵族和人民共同负担。"

14世纪,经三个等级投票表决的普遍捐税大部分具有这一特点。这时期订立的几乎所有捐税都是间接税,就是说,所有消费者不加区别均须完纳。有时捐税是直接税;这时,捐税根据不是财产,而是收入。贵族、教士和资产者必须在一年之内,向国王上交,比方说,他们全部收入的十分之一。我所说的经三级会议表决的捐税,也应包括在同一时期由各省三级会议所订的本地区的捐税。

---

① 科米内(约1447—1511),历史学家,著有八卷《回忆录》,述及路易十一和查理八世朝代历史,并在政界外交界任过要职。——译者

② 福尔勃奈(1722—1800),旧制度下任货币总稽核,著有《1595年至1721年法国财政研究和评论》,参与《百科全书》撰写,持重商主义观点。大革命初期参与制宪会议财政委员会。——译者

第十章　致命的弊病及其原因

的确,自那个时期以来,称作军役税的直接税,从来没有向贵族征派。无偿服兵役的义务使贵族免交军役税;但是军役税作为普遍捐税在当时范围有限,多用于领地,而不用于王国。

当国王第一次凭借自己的权威征收捐税时,他懂得首先必须选择一项看来不致直接损害贵族的捐税;因为贵族在当时是与王权敌对的危险阶级,他们绝不会容忍损害他们利益的革新;因此国王选定一项他们免交的捐税;他征军役税。

于是,在已经存在的所有个别的不平等中,又加上一项更普遍的不平等,从而加剧并维持所有其他的不平等。从那开始,国库的需求随着中央政权权限的增长而增长,军役税也随之扩大和多样化;不久便增加到十倍,而且所有新捐税都变成了军役税。这样,捐税的不平等每年都使各阶级分离,使人们彼此孤立,其深刻程度超过了以往任何时代。最有能力纳税的人免税,最无能力应付的人却得交税,当捐税以此为宗旨时,就必然要导致那一可怕的后果——富人免税,穷人交税。有人说,马扎然[①]由于缺钱,曾设想订一捐税,向巴黎那些为首的豪门征收,可是一遇到当事人的反抗,他便退缩下来,只在普通百姓缴纳的军役税上,增加了他需要的500万里弗尔。马扎然本想向最富有的公民征税,结果税落到最穷困的公民头上;但是国库并没少收一文。

摊派如此不均的捐税收益有限,而君王们的需求无穷。尽管如此,他们既不愿召开三级会议以谋取贴补,也不愿向贵族征税从

[①] 马扎然(1602—1661),继黎塞留为相,使法国在对外战争中屡胜,但财政危机迫使他进行改革。他的统治奠定了路易十四的基业。——译者

而挑动贵族要求召开这类会议。

从这里产生了那种不可思议的而且起有害作用的取之不尽的理财本领,君主制最后的三个世纪当中,国家金钱管理带有这一奇特的特征。

必须详细研究旧制度的行政和财政史,才能明白一个温和的但是没有公开性并失去控制的政府,一旦它的权力得到认可,并使它摆脱对革命——人民的最后保障——的恐惧,那种对金钱的需求会迫使它采用哪些粗暴而可耻的手法。

在这些历史记载中,处处都可看到王家财产被出售后旋即收回,认为不可出售;契约遭到破坏,已经取得的权利无人承认,国家债权人每逢危机便成为牺牲品,国家不断失信于民。

终身赐与的各种特权时时都可收回。假如有谁能怜悯那些因愚蠢的虚荣心而造成的痛苦,谁就会同情这些不幸的受封贵族的命运,在整个17世纪和18世纪期间,他们被迫一次又一次花钱购买空洞的荣誉或不公正的特权,尽管他们为此已经多次掏钱。路易十四就是这样取消了92年以来人们取得的全部贵族头衔,其中大部分还是他亲自授予的;要想保住头衔唯有重新掏钱,敕令说道,因为所有这些贵族头衔都是出其不意地弄到手的。80年后,路易十五也如法炮制。

自卫队士兵不得找人替代,据说是怕抬高国家用于征兵的代价。

城市、社区、收容院被迫违背自己的诺言,以便借钱给国王。教区不得兴办有益的工程,怕因此而分散资财,不能照额缴纳军役税。

第十章 致命的弊病及其原因

据说总监奥里先生[①]和桥梁公路工程局局长特律代纳[②]先生曾设想过一个方案,由各区居民提供一笔资金用于该区道路维修,以取代公路徭役。这两位精明的行政官后来放弃这项计划,其原因发人深思:据说他们是怕资金聚集以后,人们便无法防止国库把它挪作他用,于是人们很快就得同时承担两者:新捐税和徭役。我敢说,任何个人如果像全盛时期的伟大国王[③]支配国家财产那样处理个人财产,他就逃脱不了司法的判决。

假如你碰到某种与时代精神背道而驰的中世纪旧机构,它靠加剧其弊端而维持下来,或遇到某种有害的新机构,那就设法挖出那病根:你将发现某项财政措施,原来是权宜之计,后来却转变为制度。你会看到,为了偿付一天的债务,竟确立了维持几个世纪的新权力机构。

很久很久以前,当平民拥有贵族的财产时,必须缴纳一种特殊的捐税,所谓封地获取税[④]。封地获取税在土地之间造成分裂,在人与人之间也造成分裂,而且两者不断相互助长。我不知道,封地获取税是否比其他捐税在加剧平民与贵族的分裂上起更大的作用,因为它妨碍了平民与贵族融合为一,因为拥有地产是使人与人同化得最快、最好的事情。一道鸿沟就这样每时每刻在贵族所有

[①] 奥里(1689—1747),路易十五时财政总监,后为建筑工艺制造局局长,力主改革,后在敌对势力反对下辞职。——译者
[②] 特律代纳(1703—1769),奥弗涅省总督,桥梁公路工程局局长,1747年与佩罗奈建桥梁公路工程学校。——译者
[③] 指路易十四。——译者
[④] 平民获得贵族财产须纳的一种税(le droit de franc-fief),以补偿世袭领地的缩小,对此第三等级颇为不满。——译者

者和他的邻人——平民所有者——之间重新划出。相反,在英国,自17世纪以来就废除了世袭领地与平民占有土地之间的差异,从而空前加速了这两个阶级的凝聚。

14世纪,获取领地所纳的封建税很轻,并且相隔很久才征收;但18世纪,封建制度行将灭亡,这项捐税每20年便催征一次,数额达平民的全年收入。父亲死了,儿子接着缴纳。1761年,图尔农业协会说道:"这项捐税对农业技术的进步危害无穷。无可争议,在国王向臣民征收的所有捐税中,没有哪一项在农村像这项捐税那样使人恼怒难以承受。"另一位同时代的人说道:"这笔钱最初一辈子才课征一次,可是后来却渐次变为一种极为苛刻的捐税。"这项捐税妨碍平民购买贵族土地,所以连贵族自己也想废除;但是国库的种种需求使它维持下来,并且有增无减。

有人把工业行会所造成的一切弊端都错误地归咎于中世纪。一切表明,行会师傅和行会管事会最初只是联系同行业成员的手段,并且在行业内部建立一个小小的自由管理机构,其任务是对工人既要救助,又要抑制。圣路易①似乎也没有比这更高的奢望。

直到16世纪初,在文艺复兴盛期,人们才破天荒地想出,将劳动权看作国王能够出卖的一种特权。唯有这时,每个等级团体才变成封闭性的小贵族,终于建立起对技术进步极其有害的垄断权,对此我们的先辈曾深恶痛绝。亨利三世虽不是这一弊端的肇始者,但使之通行无阻,直到路易十六才根除了弊端。从亨利三世到

---

① 即路易九世(1226—1270年在位),曾参加十字军东征,在内政上励精图治。——译者

第十章　致命的弊病及其原因

路易十六,可以说,行会管事会制度的流弊无时无刻不在增长蔓延,在此时期内,社会的进步使人们对这些流弊更加忍无可忍,公众舆论对此揭露无遗。每年都有一些新行业失去自由,旧行业的特权又有增长。对弊端推波助澜最甚的莫过于人们惯称的路易十四统治的黄金时代了,因为这时对金钱的需求空前地大,而不求助于国民的决心空前地坚定。

勒特罗纳[①]1775年说得好:"国家创造工业集团只是为了找财源,或是靠出卖特许证赚钱,或是靠设置各种新官职赚钱,国家强迫各集团购买新官职。1673年敕令将亨利三世各项原则的恶果招引出来,勒令所有集团掏钱购取批准证书,强迫所有尚未纳入集团的手工业者加入。这事虽卑鄙,却赚得30万里弗尔。"

我们已看到城市整个体制怎样被人们搞乱,不是出于政治目的,而是企图给国库捞钱。

正是出于这种对金钱的需求,加之又不愿向三级会议索取,于是使卖官鬻爵制度应运而生,这种现象世所未见。由于这种出于理财思想的捐官制,第三等级的虚荣心遂在三个世纪当中得以保持不衰,他们唯一的念头就是获取官职,于是国民的内心深处被灌进这种对职位的普遍欲望,这种欲望后来成为革命与奴役的共同源泉。

财政越拮据,新设职位就越多,而免税或特权是所有新职位的报酬;由于是出于国库的需要而不是行政的需要,因此这样设置的

[①] 勒特罗纳(1728—1780),法官、魁奈的学生,著有许多论述经济财政的著作,如《商业与捐税分析》。——译者

官职多得简直难以置信,或是完全无用,或是反而有害。自 1664 年起,科尔贝尔①作了调查,发现在捐官这项不务正业上,人们投入的资本几达 5 亿里弗尔。据说黎世留废除了 10 万个官职。不过这些官职马上又以其他名目重现。为了刮点钱,人们放弃了对自己的官员的领导、控制和强制。一个如此庞大复杂、如此难于运转、如此不起作用的行政机器就这样建立起来了。结果不得不让这台机器以某种方式空转,同时在它之外另设一个更简练、更得心应手的政府工具,藉此切切实实办一些所有官员假装在办而实际未办的事。

假如让人对这些讨厌的机构进行讨论,可以断定,这些机构中没有哪一个能维持 20 年。假如人们当初凑巧再召集三级会议听取它的意见或怨言,那么这些机构恐怕根本不会建立或增加。几个世纪来为数极少的几次三级会议一直在不断反对这些机构。这些会议曾多次指出,国王窃取权力任意征收捐税乃是一切流弊的根源,若引用 15 世纪那种强有力的语言的原话,那就是,国王窃取了"未经三个等级同意和商议而以人民的血汗自肥的权利"。三级会议不仅关注自身的权利,还强烈要求人们尊重各省与城市的权利,而且经常达到目的。在每次会议上都可以听到发自内心的反对负担不平等的呼声。三级会议多次要求废弃行会管事会制度;它们一个世纪又一个世纪地猛烈攻击不断增长的卖官鬻爵制。它们说道:"谁出售官爵,谁就出卖正义,此乃可耻之举。"当捐官制确

---

① 科尔贝尔(1619—1683),路易十四重臣,主张国家统制经济,发展工业,鼓励出口,以换取贵重金属货币,牺牲农业。——译者

立之后，三级会议继续申斥滥设官职。它们起而反对重重无用的职位、危险的特权，但总是无济于事。这套机构恰恰是为反对它们而建立的；它的产生绝不是要召开三级会议，而是要在法国人的眼皮下，将捐税乔装打扮，而不敢向他们显示其真面目。

请注意，最出色的国王也和最坏的国王一样使用这套伎俩。最后确立捐官制的是路易十二[①]；出售官职世袭权的是亨利四世：这套制度的罪恶比推行这套制度的那些人的美德大得多！

由于想逃避三级会议的监督，于是大部分政治职能转到了最高法院手中，结果在政府中造成司法权的混乱，对良好的秩序危害极大。必须假装提供若干新的保障来代替被剥夺的保障；因为法国人能够耐心地忍受专制政权，只要这政权不暴虐，但他们从不愿意和它面面相觑，因此，在专制政权前面设立某种虚假的障碍，虽不能阻止专制政权，至少起点遮掩作用，这样做当然是明智的。

最后，正是这种阻止国民索还自由、只向国民索钱的愿望不断地促使各阶级彼此分离，使它们在共同的反抗中最终既不能彼此接近，也不能取得一致，以至政府在每个时期要对付的只不过是单枪匹马的寥寥数人。在这段漫长的历史过程中，杰出的君主不断出现，有些以思想闻名，若干则才华出众，几乎所有的人都勇略过人，但没有一个君王致力于使各阶级接近与联合，而不使它们处于同等的依附地位。我说错了：有一位国王曾经这样想，并且确曾为之全力以赴；而这位国王——谁能揣摩上帝的判断如何？——恰

---

① 路易十二(1498—1515年在位)，统治时期内对外战争频繁，给法国造成灾难。——译者

恰是路易十六。

阶级分裂是旧王国的罪恶，并且后来成了它的托辞；因为，当国民中富裕及有教养的部分在政府中再也不能和睦相处、互相帮助时，国家的自我管理就仿佛不复可能，必须有一位主宰介入。

蒂尔戈在给国王的一份秘密报告中感伤地写道："国民是由联合得不紧密的不同等级构成的社会，是由彼此之间极少联系、各顾自己的人民构成的社会。在这里根本看不到什么共同利益存在。各个村庄、各个城市的相互联系同它们所归属的各行政区一样少。甚至在完成对它们十分必要的公共工程方面，它们也不能取得一致。在这场各种奢望与企图的无休止斗争中，陛下不得不亲自决定一切，或由陛下委托人定夺一切。人们等待您的特别谕令，以便为公共利益作贡献，以便尊重他人权利，有时也是为了行使自己的权利。"

几个世纪间，同胞们形同路人或仇敌，要使他们互相接近并教育他们共同进行他们自己的事务，这可是一件非同小可的事。使他们重归于好，要比使他们彼此分离困难得多。我们已为世人提供了难忘的例证。60年前，当使旧法国分裂的不同阶级在被重重障碍长期隔绝之后彼此重新接触时，他们首先触到的是他们的伤痛处，他们重逢只不过是为着互相厮杀。甚至到今天，他们虽已不在世上，但其嫉妒和仇恨还留在人间。

第 十 一 章
旧制度下自由的种类及其对大革命的影响

如果有人读这本书到此释手,那他对旧制度政府只得到一个很不完全的形象,他就理解不了产生大革命的那个社会。

公民们四分五裂,闭关自守,王权四处扩展,强大有力,看到如此景象人们可能认为独立精神已同公共自由一起消失了,以为所有法国人都同样地百依百顺。但情况并非如此;政府已然独断专行地指挥一切公共事务,但它远远未成为所有个人的主宰。

在为专制政权制订的许多规章制度中,自由仍未死亡;不过这是一种我们今天很难设想的奇特的自由,要想搞清它对我们能有什么利弊,就必须详细加以考察。

当中央政府取代所有地方政权,日益充斥整个行政领域时,它原先允许存在的或是它一手创立的规章制度、古老习俗、旧风尚,乃至种种弊端,均在妨碍着它的行动,并在众多人的灵魂深处保持着反抗精神,使形形色色的特征保留其坚固性和鲜明性。

中央集权制那时便已具有同我们今天一样的性质、一样的程序、一样的目的,不过尚未具有同样的权力。为了千方百计捞钱,政府出售了大部分官职,因而自己也就失掉了任意封官免职的能力。政府的这一欲望大大地妨害另一欲望：它的贪婪与它的权欲相抗衡。为了办事，它被迫不断地使用那些并非它自己制造而它又没能力捣毁的那些工具。结果它的最专制的意志，经常在实行中变得软弱无力。公职这种古怪而有害的结构成了抵挡无所不在的中央政权的一种政治保障。这就好比一道堤防，尽管歪歪扭扭、建造低劣，却能分化它的力量，缓和它的冲击。

当时的政府还不能像今天的政府那样支配无穷无尽的恩典、赈济、荣誉和金钱；因而它掌握的诱惑性手段与强制性手段都远不如今天多。

况且政府自己对其权力的准确限度也并不了解。它的权利均未经正式确认，也未牢固确立；它的行动范围已经十分广大，但是它的行进步伐并不稳当，仿佛身临陌生之地，四周一片黑暗。这片可怕的黑暗将一切权利的界限都掩盖起来，它分布在一切权利周围，有利于国王剥夺臣民自由的企图，但对于保卫自由也常常有利。

政府自感涉世浅身世微，办起事来总是畏首畏尾，生怕途中碰到障碍。当人们读18世纪大臣和总督们的来往信函时，就会十分惊异地看到一种怪现象，臣民百依百顺，这个政府是如此地富于侵夺性和专制特征，但一当它遇到最微小的反抗，它便不知所措，最轻微的批评也会使它惶惶不安，简直到了风声鹤唳草木皆兵的地步，于是它停顿下来，犹豫，商议，折中，常常不敢超越自己权力的天然范围。路易十五优柔寡断的利己主义和他的继位者的仁慈品德均有此倾向。况且这些君王从未想到会有人要推翻他们。他们丝毫不具备后来的统治者常因恐惧而沾上的那种不安的、冷酷的

第十一章　自由如何影响了革命

天性。国王们蹂躏的只是些他们看不见的人。

最不利于确立正规的、有益的自由的那些特权、偏见和错误思想，现在使大量臣民在心中保持着独立的精神，使他们坚决反对当局滥施权力。

贵族们极端蔑视严格意义的行政当局，尽管他们不时有求于它。即使他们放弃旧权力，他们仍保持着他们先辈的骄傲，既仇视奴役，也仇视法规。他们毫不关心公民们的普遍自由，对政府在公民周围加强控制心安理得；但是他们不能容忍政府的控制落在他们自己头上，为达到这一目的，他们必要时甘冒种种危险。当大革命开始之际，这个行将与王权一起倾覆的贵族阶级，面对国王，尤其是国王的代理人，态度比即将推翻王权的第三等级还要激烈，言语更为自由。贵族强烈要求我们在代议制的 37 年中所拥有的差不多所有反对滥施权力的保障。阅读贵族的陈情书，我们可以感到，除了偏见和怪癖外，贵族的精神和某些崇高的品质历历在目。永远值得惋惜的是，人们不是将贵族纳入法律的约束下，而是将贵族打翻在地彻底根除。这样一来，便从国民机体中割去了那必需的部分，给自由留下一道永不愈合的创口。多少世纪中一直走在最前列的阶级，长期来发挥着它那无可争议的伟大品德，从而养成了某种心灵上的骄傲，对自身力量天生的自信，惯于被人特殊看待，使它成为社会躯体上最有抵抗力的部位。它不仅气质雄壮，还以身作则来增强其他阶级的雄壮气质。将贵族根除使它的敌人也委靡不振。世上没有什么东西可以完全取代它；它本身再也不会复生；它可以重获头衔和财产，但再也无法恢复前辈的心灵。

教士们自那个时期以来在世俗事务中常常俯首帖耳，屈从于不管哪一个尘世君王，只要君王稍有惠顾，他们就大事阿谀奉承；然而在当初，他们却是国民中最有独立性的团体，唯有这个团体拥有人们不得不尊重的特殊自由。

外省已丧失自主权，城市只保留下一点自治的影子。没有国王特准，贵族不得十人聚会商讨任何事务。法国教会一直到最后还保留着定期会议。在其内部，教权本身受到种种它必须遵守的限制。低级教士在这里拥有严肃的保障，防止上级的暴虐，也用不着担心主教凭借淫威迫使他们屈从君主。我无意对教会这一古老体制妄下评断；我只是说，教会丝毫未使教士们的心灵接受政治奴役。

此外，许多教士具有贵族血统，他们把贵族地位所具有的那种自豪、不顺从带入教会。再者，他们都是国家的上流阶层，享有各种特权。这种封建权利对教会的道义威力危害甚大，但却使每个教士在世俗政权面前具有独立精神。

但是赋予教士们以公民的思想、需求、感情以及甚至公民热情的特殊条件，乃是土地所有权。我曾耐心阅读旧的省三级会议特别是朗格多克省三级会议遗留下来的大部分报告和辩论，因为朗格多克的教士比别省更多地参与公共管理细务；我还耐心读过1779年与1787年召集的省议会的会议记录，我带着我这个时代的思想去阅读，惊讶地看到这些主教和修道院院长——其中许多人以圣洁和学识出众——就道路或运河的修建撰写报告，以行家的知识论述修建原因，从科学与技艺各个方面探讨什么是增加农业产品、保障居民福利与增进工业繁荣的最佳途径，他们同那些负责同类事务的所有教外俗人相比不相上下，常常还更高一筹。

与普遍流行而且根深蒂固的一种意见相反，我敢认为，剥夺天主教教士一切土地占有权并将其全部收入改为薪俸,这种做法只有助于罗马教廷和尘世的君主们,人民自己却失掉了自由的一个极大成分。

一个人在他一生中最美好的时光服从于一种外来权威,而在他所居住的国度又不能有家室,这样的人可以说只有唯一一种牢固的联系可以将他维系在土地上,那就是地产。砍掉这道联系,他便不再有任何特殊归属。在这块他偶然降生的地方,他像一个陌生人生活在一个世俗社会中,在这个社会里几乎没有任何利益能直接触动他。在良知上,他只能依赖教皇;他的衣食只能仰赖君主。他的唯一祖国是教会。在每次政治事件中,他只辨别什么对教会有益,什么对教会有害。只要教会自由昌盛,其他无关宏旨。在政治上他最自然的状态是漠不关心:基督之城的杰出成员,其他各处的平庸公民。一个身为幼童导师和品德指导的团体,既有这样的情感和类似的思想,便不能不使整个民族的灵魂在触及公共生活的问题上变得软弱无力。

必须重读1789年教士等级的陈情书,才能对人们的地位变化所引起的精神革命有一个正确的概念。

教士在陈情书中常常表现出不宽容,有时顽固地依恋他们以往的特权;但尽管如此,他们同第三等级或贵族一样,仇视专制制度,支持公民自由,热爱政治自由,他们宣布个人自由应受保障,不靠许诺,而是要靠与人身保护法[①]类似的法律程序。他们要求摧

---

① 人身保护法(habeas corpus),指被告享有人身权利,非经法院签署法令不得逮捕。1679年英国制定人身保护法,确保尊重个人自由。——译者

毁国家监狱，废除特别法庭和调案，一切法庭辩论公开，所有法官不得罢免，所有公民均可录用任职，才干是任职的唯一标准；征兵对于人民应少带侮辱性与压迫性，任何人不得免除兵役；赎买领主权利，他们说，领主权利源于封建制度，与自由截然对立；劳动自由不受任何限制，废除内地关税；大办私立学校：按他们的计划，每个教区必须设一学校，实行免费教育；所有乡间均设世俗慈善机构，诸如济贫所和慈善工场；尽一切方法鼓励农业。

在严格意义的政治方面，他们比任何人都更强烈地宣布，国民拥有召开议会，制定法律，自由表决捐税的不可剥夺、不可转让的权利。他们认为，未经本人或其代表投票表决，不得强迫任何法国人缴纳捐税。教士还要求自由选举的三级会议必须年年召开；三级会议必须在国民面前讨论一切重大事务；三级会议必须制定普遍法律，任何特殊惯例或特权不得与之冲突；三级会议编制预算，甚至控制王室，三级会议代表不受侵犯，大臣必须始终对三级会议负责。他们也要求各省都设立三级会议，各个城市都设立市政府。关于神权问题，则只字未提。

尽管他们成员中某些人罪恶昭彰，但总的来说，我不知道在这世界上还有哪国教士比大革命突然袭来之际的法国教士更加卓越，更加开明，更有民族性，更少仅仅固守私人道德，更多具备公共道德，同时信仰更坚定：对教士的迫害很好地证明了这一点。我开始研究旧社会时对教士充满偏见；我结束这一研究时对他们充满敬意。老实说，教士身上的缺点只不过是所有行业组织固有的缺点，不论是政治组织也好，宗教组织也好，当它们紧密联合、结构严密时，就好侵占，少宽容，本能地、间或盲目地坚持本团体的特殊权利。

第十一章 自由如何影响了革命

旧制度的资产阶级同样比今天的资产阶级更善于体现独立精神。甚至它的构造上的许多缺陷也有助于这种独立精神。我们已看到资产阶级在当时占据的职位比今天的数量多,而且中产阶级为获得这些职位表现了同样的热忱。但请注意时代的不同。由于这些职位大都是政府既不能授与也不能夺走的,因而任职者的重要增加了,而他不必受政权的任意摆布,这就是说,今天迫使那么多人俯首贴耳的因素,在那时恰恰最有力地促使他们受到尊重。

此外,使资产阶级与人民大众不幸分离的各种各样的豁免权将资产阶级变成了假贵族,而在假贵族身上也往往表现出真贵族那种骄傲与抗拒精神。特殊的小团体把资产阶级分割成那么多部分,以至人们在每一个这样的联合体中,自然地忘掉整体的利益,一心只顾小团体的利益和权利。人们在这儿要捍卫共同的尊严、共同的特权。从没有一个人会隐没在人群中苟且偷生。每个人都站在舞台上,舞台确实非常小,但灯火通明,台下始终有同样的观众,他们时刻准备报以掌声或喝倒彩。

那时,平息一切反抗的手法较之今日还很不完善。那时的法兰西还没有变成我们今天生活的万马齐喑的地方;相反,它响声隆隆,尽管法兰西还没出现政治自由,只需抬高嗓音远处就能听见。

那个时代被压迫者使自己的呼声上达的唯一途径,就是司法机构。法国当时因其政治与行政制度已成为一个专制政府的国家,但是由于它的司法制度,法国人民仍然是自由的人民。旧制度下的司法机关十分复杂、阻力重重、手续缓慢、费用昂贵;毫无疑问,这些是严重的缺陷,但是在司法机关从不存在对政权的屈从,而屈从不过是卖官鬻爵的一种形式,甚至更糟。这项致命弊病不仅腐蚀法官,而且很快毒害了全体人民,但在当时,司法机关却无这种弊病。法官实行终身制,不求升迁,这两点对其独立性都是必不可少的;因为即使用万般伎俩进行收买仍不能迫其就范,这有何妨?

王权确实已从普通法庭手中窃得几乎所有涉及当局的讼案审理权,但尽管剥夺了它们的权力,王权对法庭还是心怀恐惧。因为王权虽然阻止法庭审理,但也不敢永远阻止法庭听取控诉,陈述意见;古法语爱给事物正名,而当时的司法语言保持着古法语的这一风格,所以法官们经常把政府的举动直截了当地称为专制与武断行为。法院不正规地干预政府,这经常使行政事务无法正常进行,这种情况有时倒成了个人自由的保障:正所谓以毒攻毒。

在司法团体内部及其周围,旧风尚在新思想中间保持着活力。高等法院无疑对它们自己比对公共事物更加关心;但必须承认,在捍卫自己的独立与荣誉时,它们始终表现得顽强不屈,并把这种精神传给所有接近它们的人。

1770年,当巴黎高等法院被撤销时,高等法院的法官们丧失了他们的地位和权力,但是在国王的意志面前,没有一个人屈服退让。不仅如此,种类不同的各法院,如审理间接税案件的法院,虽然并未受到株连和威胁,但当国王的严厉处罚已经确定无疑时,他们情愿挺身而出,同受处罚。还有更精彩的事例:在最高法院出庭辩护的首席律师们甘愿与最高法院共命运;他们抛弃荣华富贵,宁可缄口不言,也不在被羞辱的法官面前出庭。我不知道在各自由人民的历史上还有什么比此时此刻所发生的事件更加伟大,可是这事件就发生在18世纪,发生在路易十五宫廷附近。

第十一章 自由如何影响了革命

司法习惯在很多方面变成了民族习惯。人们从法庭普遍接受了这一思想，即一切事务均可提交辩论，一切决定均可复议，利用公开性，讲究形式——这些都与奴役性格格不入：这就是旧制度留给我们的自由人民教育的唯一部分。政府自己也从司法用语中借取了很多语言。国王认为在发敕令时必须说明缘由，在下结论时必须阐明原因；御前会议在下达的判决中冠以长篇前言；总督派执达员传达他的法令。在渊源古老的所有行政机构内部，例如在法兰西财政官或当选人团体内部，人们对各类事务进行公开讨论，经辩论之后才作决定。所有这些习惯，所有这些形式，都是君主专横跋扈的障碍。

只有人民，尤其是农村人民，除使用暴力外，对于压迫几乎始终处于无法反抗的境地。

我刚才列举的大部分抵御手段人民都不具备；要想使用这些手段，就必须在社会上有一个能为世人看到、声音达于四方的地位。但是在人民之外，在法兰西没有人——只要他存心——不能巧妙地指责顺从，在屈从中抗争。

国王以首领而不是以主子的口吻对国民讲话。路易十五统治初期，在一道敕令前言中说道："我们统率着一个自由慷慨的民族，无上光荣。"路易十五的一位祖先早就用更古老的语言，表达过同一思想，他在感谢敢于进谏的三级会议时说道："我们宁愿向自由人而不是向农奴讲话。"

18世纪的人没有那种培育奴性的对安逸的贪求，这种欲望委靡柔弱，然而又顽固不化，它很容易与一些私德混合、甚至交织在一起，如爱家庭、崇尚风化、尊重宗教信仰，甚至对现行教仪采取不冷不热但按时参加的态度；它使人笃诚，但排斥英雄主义，它善于造就规规矩矩的人和怯懦的公民。18世纪的人比现在的人要好，但也坏些。

当时的法国人喜爱欢快，崇尚享乐；和今天相比，他们的习惯更放荡不羁，感情和思想更杂乱无章；但是他们对我们眼下的这种有节制的、有礼貌的肉欲主义一无所知。在上层阶级中，人们倾心于装饰生活，而不是使生活更舒适方便，更关心出人头地，而不是发财致富。即使在中产阶级中，人们也从不是一心追求安逸；他们常常抛弃对安逸的追求，而去寻找更美妙更高雅的享乐；他们除金钱之外到处置有某种其他财富。当时有个人用古怪但不乏自豪感的口吻写道："我了解我的民族：他们精于铸造和浪费金银，但不会用惯常的信念去崇拜金银，他们随时准备回复到他们古代的偶像——价值、光荣，我敢说，慷慨宏伟——那里去。"

此外，决不能根据对最高权力的服从程度去评价人们的卑劣：这样就会应用一个错误的尺度。不管旧制度的人们怎样屈服于国王意志，他们却不接受这样一种服从：他们不会由于某政权有用或者能为非作歹而屈服在一个不合法的或有争议的、不为人尊重的、常常遭蔑视的政权下，这种可耻的奴役形式对他们来说始终是陌生的。国王在他们心中激发起种种情感，已往世界上最专制的君主们都办不到，大革命将这些情感从他们心中连根拔掉，所以我们也几乎无法理解它。他们对国王既像对父亲一样满怀温情，又像对上帝一样充满敬意。他们服从国王最专横的命令，不是出于强制而是出于爱，因此他们往往在极端的依赖性中，保持着非常自由的精神。对于他们来说，服从的最大弊病是强制；对于我们来说，

第十一章 自由如何影响了革命

这是最微不足道的毛病。最坏的弊病是迫使人服从的奴性感。不要瞧不起我们的先辈,我们没有这个权利。但愿我们能够在发现他们的偏见与缺点同时,发现一点他们的伟大!

因此,如果认为旧制度是个奴役与依附的时代,这是十分错误的。那时有着比我们今天多得多的自由:但这是一种非正规的、时断时续的自由,始终局限在阶级范围之内,始终与特殊和特权的思想连在一起,它几乎既准许人违抗法律,也准许人对抗专横行为,却从不能为所有公民提供最天然、最必需的各种保障。这种自由,尽管范围狭小、形式改变,仍富有生命力。在中央集权制日益使一切性格都变得一致、柔顺、暗淡的时代,正是自由在大批个人心中,保留着他们天生的特质,鲜明的色彩,在他们心中培育自豪感,使热爱荣誉经常压倒一切爱好。我们行将看到的生机勃勃的精灵,骄傲勇敢的天才,都是自由培育的,他们使法国大革命成为千秋万代既敬仰又恐惧的对象。要是在自由不复存在的土地上,能成长起如此雄健的品德,这才是怪事。

但是,如果说这种不正规的、病态的自由为法国人推翻专制制度准备了条件,那么,这种自由使法国人比其他任何民族也许更不适于在专制制度的遗址上,建立起和平与自由的法治国家。

第 十 二 章

尽管文明取得各方面进步,何以18世纪法国农民的处境有时竟比13世纪还糟

法国农民在18世纪不再受那些封建小恶霸的欺凌;来自政府的强暴行为也很少涉及他们;他们享受着公民自由,拥有部分土地;但是所有其他阶级的人都离弃他们,他们处境之孤单也许为世界上任何地方所仅见。这是一种新奇的压迫,其后果值得单独加以详细考察。

自17世纪初起,据佩雷费克斯[①]说,亨利四世便抱怨贵族抛弃乡村。到18世纪,逃离农村几成普遍现象;那个时代的所有文献都指明了这点,并为之感到痛惜:经济学家在他们的书里,总督们在通信中,各农业协会在论文中都指出这点。在人头税登记簿里可以找到确凿证据。人头税是在实际住所征收的:所有大贵族和部分中等贵族的人头税都在巴黎征收。

农村里几乎只剩下家道小康、无力脱身的贵族。他们与农民

---

① 佩雷费克斯(1605—1670),法国高级教士,路易十四的家庭教师,教育路易十四崇尚亨利四世,曾发表《亨利四世传》。1664年任巴黎大主教。——译者

为邻,朝夕相处,其处境在我看来,是富庶的所有者从未见过的。既然不再是农民的首领,他们也就不像昔日那样有心照顾、帮助和领导农民;另一方面,既然不像农民一样承担公共捐税,他们就不会对农民的凄楚抱有满腔同情,因为他们没有这种经历;也不会分担农民的苦衷,因为他们无切肤之痛。这些农民不再是他们的臣民,而他们也还未成为农民的同胞:这种现象是史无前例的。

这种情况导致了一种心灵上的不在地主制,假如可以这样说的话,它比严格意义上的不在地主制更频繁、更有效。因此,仍在自己土地上居住的贵族常常抱有他不在乡间时他的管家的种种观点和感情;像管家一样,他认为佃农只不过是债务人,对这些人他百般勒索,凡是按法规或惯例属于他的东西都不放过,结果这些封建残余权利的勒索竟比封建时代还要苛刻。

他经常负债累累,始终穷困潦倒,在城堡里,一般过着极端吝啬的生活,心里盘算的只是攒钱,以便过冬时进城挥霍。老百姓说话通常一针见血,他们给这类小贵族起了个名字,用猛禽中身量最小的那种来称呼他:燕隼(le hobereau)。

无疑,人们会拿单个人的例子来反驳我;我谈的是阶级,唯有阶级才应占据历史。谁能否认在当时也有很多富庶的所有者无时无刻不计利害地关心着农民的福利?但是这样做的人恰好与他们新的社会地位的规律相抵触,不管他们愿意与否,这条规律促使他们对农民漠不关心,同样也促使他们从前的附庸心怀仇恨。

人们常把贵族离弃农村归因于某些大臣、某些国王的特殊影响:有些人归之于黎世留,另一些人归之于路易十四。确实,君主制最后三个世纪中,使贵族与人民分离,将贵族吸引到宫廷进入仕途，这差不多一直是历代君主的主导思想。特别是在17世纪，当时贵族阶级还令王权生畏。向总督提出的种种问题中还有这样的问题："你的省里的贵族愿意留在老家还是愿意离开？"

有一个总督写信答复了这个问题；总督在信中抱怨他省内的贵族不愿在国王身边尽义务，反而甘愿和农民待在一起。不过请特别注意这点：这里谈到的省份乃是安茹；这就是后来的旺代。据说，唯有这些拒绝向国王尽义务的贵族，后来拿起武器，捍卫法国的君主制，并为之战斗捐躯；他们之所以有这样的荣耀，全在于他们能够把农民吸引在他们周围，尽管有人指责他们乐于在农民中间生活。

然而，当时构成民族头脑的那个阶级离弃农民的现象，决不能归因于某几个国王的直接影响。这种现象的首要而持久的原因不在于某些个人意志，而在于各种制度的缓慢而不断的运动；18世纪政府欲割除弊端，但连弊端的扩展也无法控制，这就是明证。随着贵族彻底失去政治权利和地方自由的消失，贵族的迁移增多了，人们无须再去引诱他们出走，他们已无心留下：田园生活对他们已变得兴趣索然。

这里我论述贵族的话应理解为全国各地富有的地产主：中央集权的国家，开明有钱的人纷纷离去的乡村；我能否更进一步说：中央集权的国家，耕作粗放陈旧的国家，并评论一下孟德斯鸠深刻的话语，同时明确其含义。孟德斯鸠说："土地出产之少主要不在于土地肥沃程度，而在于居民是否享有自由。"不过我不想离题太远。

我们在别处已经谈到资产者抛下农村，千方百计在城市找一栖身之地。旧制度的全部文献对这一点是完全一致的。文献证明,农村里几乎从未见过超过一代的富裕农民。种田人一旦靠勤勉挣到一点财产,便立即令其子弟抛开犁锄,打发他进城,并给他买下一官半职。时至今日,法国种田人对使其致富的这个行业还常常表现出一种奇特的厌恶心理,这种现象应上溯到这个时期。原因已消失,但后果尚存。

真正说来,长期居住在农民当中并和农民保持不断联系的唯一有教养的人,或按英国人的说法,唯一的绅士,就是本堂神甫;尽管伏尔泰有言在先,假如本堂神甫本人不是那样紧密地、明目张胆地同政治权力制度相联系,他本可以成为农村居民的主宰;政治权力制度固然给了本堂神甫许多特权,但是他也部分地激起了人民对这种制度所产生的仇恨。

就这样,农民与上层阶级几乎完全隔离开了;他们与那些本来能够帮助他们、领导他们的乡亲们也疏远了。这些人有了知识,富裕起来,就避开农民;农民好像被人从整个国民中淘汰下来,扔在一边。

事情发展到这种地步,这在欧洲任何一个文明大民族都未曾见过,即使在法国,这也是晚近现象。14世纪的农民受压迫更深,得到的救助也更多。贵族有时对农民施以暴虐,但他们从未抛弃农民。

18世纪,村庄是一个共同体,一切成员都贫穷、蒙昧、粗野;村里的行政官也同样不识文墨,遭人轻视;村子里的理事大字不识;村里的收税人不会亲手清理邻人和自己财产的账目。昔日的领主不仅已无权统治农民,而且在他们看来,介入村庄的治理简直有损身份。制订军役税,征集自卫队,决定徭役,这些都是卑下的行当,是理事的职业。只有中央政权才关注农村共同体,由于中央政权地处遥远,对共同体中的居民尚无畏惧,所以它关注共同体只不过是想从共同体捞取油水罢了。

现在来看看一个被抛弃的阶级的境况吧。既无人想对它施以暴政,也无人试图开导它、为它服务。

封建制度压在农村居民身上的种种最沉重的负担无疑已经撤销或减轻了;但是,有一点人们却不甚了解,那就是取而代之的是另一些负担,也许较前更为沉重。农民不再承受其先辈所遭受的全部苦难,但他却经受着其先辈闻所未闻的许多痛苦。

众所周知,两个世纪以来,几乎全靠农民的血汗,军役税增加了十倍。这里必须解释人们向农民征收军役税的方式,以便说明在那些文明的世纪里,有哪些野蛮的法律还能够制订或维持,而国家中最有教养的人却无动于衷,并不想改变这些野蛮法律。

在1772年总监本人写给各省总督的一封密函中,我找到了有关军役税的描述,这幅图画堪称是一帧精确简明的小小杰作。这位大臣说道:"军役税在摊派上是任意的,在征收时是连带责任的,在法国绝大部分地区都是对人而不对物的,随着每年纳税人的财产状况的变动,军役税也不断发生变化。"几句话便概括了一切;没有比这几句话更巧妙地形容这个人们以此自肥的弊端了。

教区每年规定应缴纳的全部税额。照这位大臣所说,税额不断变化,乃至种田人前一年无法料知下一年应付多少。在教区内,每年随便任命一位农民为收税员,由他负责将捐税负担分配到所有其他人身上。

第十二章 何以法国农民的处境竟比从前还糟

我答应要讲一下这个收税员的处境。让我们来听听1779年贝里的省议会的发言吧；这个省议会是无可指责的：它完全是由不缴纳军役税的、由国王选定的特权者们组成的。它在1779年说道："鉴于大家都不愿当收税员，每个人就必须轮流担任。因而征集军役税的责任便每年委托给一个新收税员，不论其能力高低，正直与否；每年纳税人名册的制订也就受到制订人的人品的影响。收税员的畏惧、软弱或罪恶都可以在名册上找到印迹。此外，他怎样能把这桩事做好呢？他是在黑暗中摸索；因为谁确切知道邻人的财富多寡，以及这份财富与那份财富之间的比例？然而这只能凭收税员的意见来判断，他要以他的所有财产乃至人身，对收税员的职务负责。通常在两年之内，他必须花一半时间奔走于纳税人之家。凡不识字者必须在邻居中找人替补。"

更早一些时候，蒂尔戈曾经讲到另一个省的情况："这一职务给那些任职者带来绝望，几乎总是以破产告终；就是这样村里全部殷实之家陆续被陷入贫困。"

然而这倒霉人的身上不乏横征暴敛的本领；他一身二任，既是牺牲品，又是暴君。在任期内，他不仅自己破产，他的手中也掌握着大家破产的命运。还是那个省议会说的好："对他的亲属、他的朋友和他的邻居的优惠，对他的敌人的仇恨及报复，对庇护者的需求，唯恐引起派活儿的有钱公民的不快，所有这些在他的心中与正义感搏斗。"恐惧常常使收税人变得残酷无情；在有些教区里，没有催税员和执达员陪同，收税员便寸步难行。1764年有位总督致函大臣道："当收税员不带执达员前往时，该缴税者就不愿缴纳。"吉耶内省议会还告诉我们说："仅维勒弗朗什财政区一处，就有106

个拘役传令人和其他执达吏助理在大道上终日奔波。"

在 18 世纪全盛时期,法国农民为了逃脱这种横征暴敛的捐税,也像中世纪的犹太人一样:他在外表上装得穷困不堪,而实际上有时并非如此;他的富裕理所当然地使他害怕:有一份文献我不是在吉耶内,而是在距它百里之内得到的,它提供了非常明显的证据。曼恩农业协会在它 1761 年的报告中宣布,它打算分配牲畜作为奖品,以资鼓励。"这个想法被打消了",农业协会写道,"因为卑劣的嫉妒心会给获奖者招致危险后果,使他们在以后几年中由于强派的捐税而烦恼无穷。"

在这样的捐税制度中,每个纳税人都确实有直接的和长远的切身利益去窥伺邻人,向收税员告发邻舍财富的增加;人人被挑唆去嫉妒、告密、仇恨。人们不是说,这种事是发生在印度斯坦的贵族领地上的吗?

但是同时在法国,也有轻徭薄赋的地区:某些三级会议省便是这样。这些三级会议省确实有权自行征税。例如在朗格多克,军役税只按地产抽取,不因所有者的富裕而变化;为此编制了固定的供查阅的土地清册,清册编订精细,每 30 年重修一次,土地在清册上依肥瘠分为三等。每个纳税人事先就精确地知道他该缴纳多少捐税。如果他不缴纳,唯有他本人,或不如说,唯有他的土地,对此负责。倘若他认为他在捐税摊派中受了损害,他永远有权要求将他的捐税份额与他自己选定的教区的另一居民的份额相比较。这就是今天我们所谓的比例平等上诉(l'appel à l'égalité proportionelle)。

所有这些显然恰恰都是我们现在遵循的那套规章制度;从那

第十二章　何以法国农民的处境竟比从前还糟

时以来我们没有加以改进，只是推而广之；因为值得注意的是，尽管我们从旧制度的政府中接过来我们的国家管理形式，我们并没有去模仿旧制度政府的其他东西。我们是从省议会而不是从旧制度的政府那里，借来了我们最好的管理方法。我们采用了机器，抛弃了产品。

农村人民经常贫困的现象，还产生了各种不利于消除贫困的格言。黎世留在他的政治遗嘱中写道："人民一旦富裕，就很难遵章守纪。"在18世纪，人们看法不致如此绝对，但仍认为农民若不常为生活所迫，决不会干活：穷苦是防止懒惰的唯一保障。这正是我有时听到人们谈论殖民地黑奴时宣布的那套理论。这一见解在执政者中流传甚广，因此所有经济学派不得不摆出姿态，加以批驳。

谁都知道，军役税最初是用来供国王购买士兵以免除贵族及其附庸军役的；但到17世纪，正如我们所看到的，军役的义务重又纳入自卫队名下，而这一次完全落在人民头上，而且差不多全部落在农民头上了。

考察一下总督官邸中充箱盈箧的有关追捕抗命自卫队士兵或逃亡者的骑警队办案笔录，就足以断定，征募自卫队障碍重重。对农民来说，实在没有比自卫队这种公差更无法忍受的了；为了逃避这种差役，他们常常遁入林莽，政府必须动用武装追捕。这种情况不免使人惊异，因为今天实行的强迫征兵制是何等轻而易举。

旧制度的农民对自卫队的这种极端厌恶应该归因于执行法律所用的方法，而不在于法律原则本身；特别应归咎于这种做法使有被征危险的人长期心神不定（只要未结婚成家，直到40岁都可能被征);他们担心朝令夕改,即使抽着免征签也无济于事;禁止找人替换;还由于农民不愿去干艰苦危险又毫无提升希望的营生;但是尤其令农民厌恶的还在于,如此庞大的重担唯独落在农民身上,落在农民中最穷苦无告者身上,他们地位卑下,使苛政更难忍受。

我手中有很多1769年在大量教区中举行抽签的记录;每个教区免征者的情况都列在上面:这一个是贵族家的仆人;那一个是修道院的守卫;第三个实际上只是资产者的奴仆,不过这个资产者过着贵族式的生活。唯有富裕者可以免征;当一个种田人年年被列入最高纳税者行列时,他的子弟便享有特权,免征入自卫队;此即所谓鼓励农业。经济学派在其他方面最好鼓吹平等,对此却无动于衷;他们只是要求将这种做法推而广之,就是说,加重最贫困、最无人庇护的农民身上的负担。其中一位经济学派说道:"士兵的微薄军饷,士兵吃穿住的方式,士兵彻底的依附性,除了下层百姓外,对其他人来说,都过于严酷,无法承受。"

直到路易十四统治末期,交通要道无人保养,或者由交通要道的所有使用者保养,即国家或沿途全部的所有主;但就在这个时期前后,交通要道的维修便开始单纯依靠劳役,就是说由农民单独负担了。不掏一分钱就能使道路通畅,这种方便之计真是独出心裁,无怪乎1737年,总监奥里在通报里要将它推广到整个法国。总督有权任意关押顽抗者,或派兵到他们家中搜捕。

从那时开始,每当商业增长、对良好道路的需要和兴趣更为普遍时,徭役便应用于新辟道路上,徭役负担也增加了。1779年贝里省议会所做的报告说,这个穷省每年通过劳役进行的工程价值估计为70万里弗尔。1787年下诺曼底的估计与这一数额相差不

第十二章 何以法国农民的处境竟比从前还糟

多。没有什么比这更能清楚说明农村人民悲惨的命运：社会的进步使所有其他阶级富裕，却使农村人民灰心丧气；文明唯独与他们作对。

约在同一时期，总督们在通信中说，鉴于徭役应单独用于交通要道，或照当时人所说，用于王家道路，因此，不能在村间特别道路上使用徭役。最穷苦、最少出门游历的人反倒要偿付路费，这真是奇思异想，不过这种思想尽管新奇，却十分自然地在那些从中渔利者的头脑中扎了根，他们很快就不再觉得事情还有其他方法解决。1776年，人们试图将徭役改为地方税，于是不平等马上改头换面，徭役化为新税，不平等继续存在。

徭役从原来的领主徭役改为王家徭役，并且逐渐扩及所有公共工程。我看到在1719年，徭役竟然用来修建兵营！法令说道，各教区须派遣最佳工人，所有其他工程均为它让路。押送苦役犯进监狱，押送乞丐进慈善收容所，这都属于徭役；每当军队换防时，军队用具的搬迁也属于徭役：当时每支军队都拖着沉重的辎重，因此这种徭役十分繁重；必须从很远的地方调集大量车辆和牛，才能拉走这些东西。这类徭役起初不多，但当常规军越来越多时，这就成为一种最沉重的徭役。我读到一些国家承包人大声疾呼，要求给他们调派劳役，将建筑木材从森林送往沿海的军舰修造厂。这些服徭役者通常领取工资，不过工资总是随意规定，数额很低。赋税负担如此不合理，有时如此沉重，以致军役税收税人忧心忡忡。1751年，一位收税人写道："为修路向农民征收的各项费用不久就要使他们无力缴纳军役税了。"

如果在农民身旁有一些既有钱又有教养的人，他们即使无意保护农民,至少有兴致、有权力在掌握穷人和富人命运的那个共同主宰面前,替农民求情,那么所有这些新的压迫能制定吗?

我读过1774年一个大所有者写给他所在省总督的信,恳请他开辟一条道路。照他的说法,这条道路必将使全村富裕兴旺,他摆出种种理由,随后他提到设立一个市集,他断定,食品价格将因市集增加一倍。这位好心的公民还说,只要略加资助,人们便可创办一所学校,为国王培养更加勤奋的臣民。在此以前,他从未考虑到这些必要的改良;两年前国王密札①将他软禁于自己的城堡中,从那时起他才察觉这些问题。他坦率地写道:"两年来在故土上的流放,使我确信所有这些事情是极端有用的。"

但是,尤其在饥馑的年代,人们发现昔日维系农村大所有者和农民的那些庇护与依附关系已经松弛或破裂。在那些危机时刻,中央政府因孤立和软弱而深感恐惧;它想一时恢复被它摧毁了的那些个人影响或政治团体,呼吁他们前来帮助,但无人响应,它通常惊异地发现,原来那些人已经死去,而且是被政府一手剥夺生命的。

临此危境,在最穷的那些省份,有一些总督,如像蒂尔戈,贸然抵触法律,下令富庶的所有者必须养活他们的佃农,直到翌年收获。我找到许多本堂神甫1770年写的信件,他们向总督建议向本教区内的大所有主抽税,不管他们是在教的还是在俗的,他们写道:"这些人拥有大宗田产,但并不在那里居住,这些人从中攫取大

---

① 密札(lettre de cachet)是国王颁发的捕人密令,持有密札即可不经审讯把拘捕的人投入狱中,国王往往出售或赠送密札。——译者

笔收入,却带到别处去挥霍。"

即使在正常年代,村子里也遭乞丐侵扰;因为,正像勒特罗纳所说,穷人在城里得到救济;但在农村里,一到冬季,行乞便成为绝对必要。

人们不时以最残暴的手段对付那些不幸的人。1767年,舒瓦瑟尔公爵[①]想一举扫除法国的行乞现象。在总督们的信函中,可以看到所用手段是何等残酷。骑警队受命同时逮捕王国内的所有乞丐;据说这样被捕的乞丐达5万多人。身强力壮的流浪汉被押解去服苦役;其他的人则由40多家乞丐收容所接纳:让有钱人再发发善心岂不更好。

旧制度的这个政府,如同我说过的那样,在那些高居人民之上的人面前是那样温良恭俭让,当它对下层阶级尤其是对农民下手时,却常常是冷酷无情,并且总是猝不及防。我看过的文件当中,没有一份通报总督下令逮捕资产者;但是农民不断遭到逮捕,无论是在服徭役,服军役,行乞,治安,还是在这样那样的其他各种场合。对于那些骑在人民头上的人,使用的是独立的法庭,长时间的辩论,监护性的公开审理;对于下层阶级尤其农民,法官却即席判决,不准上诉。

1785年内克写道:"在人民和所有其他阶级之间存在的巨大距离,容易转移人们的眼光,使之不注意政府怎样被操纵来对付所有小民百姓。仁慈与人道已成为法国人的特征和世纪精神,舍此

---

① 舒瓦瑟尔公爵(1719—1785),法国政治家,曾在军事、外交方面担任要职,进行一系列改革。——译者

这个问题便会使那些对此屈辱抱有同情的人们感到无穷忧愁,尽管他们自己免受贫苦。"

但是,压迫不仅表现在这些不幸者处境恶化,而更多表现在不让他们改善自己的处境。他们是自由的所有者,他们差不多仍和他们的农奴祖先一样愚昧,而且往往更加穷苦。身处工艺奇迹倍出的时代,他们却毫无技艺;置身光辉灿烂的知识世界,他们却尚未开化。他们身上保留着他们种族特有的智慧和敏锐,但并没学会如何使用;种地本是他们的唯一营生,他们甚至连地也种不好。"在我眼前看到的是10世纪的农业",一位有名的英国农学家说道。他们擅长的唯有当兵打仗;至少在这个行当,他们和其他阶级还有着天生的必要联系。

农民就是生活在这道孤立穷苦的深渊中;他们被禁锢在这里,完全隔绝。在天主教崇拜未经反抗就被废除,教堂遭受亵渎之前不到20年,政府为弄清一区的人口,有时便采取这样的方法:本堂神甫在圣桌上点出参加复活节的人数;再加上小孩和病人的估计数;得出来的总和就是居民总数。当我发现这种情况时,我感到吃惊,几乎也感到害怕。然而时代思潮已经从四面八方深入到这些粗野人心中;它们通过条条隐蔽的地下渠道进入,在这些狭隘晦暗的处所,采用着各种奇异的形式。但从外表上看,没有发生任何变化,农民的风尚、习俗、信仰,仿佛始终如一;他们已被压服,他们照样喜悦。

绝不能轻信法国人在他们最大的痛苦中经常表现出来的轻松愉快;轻松愉快只不过说明法国人相信他们的厄运是不可避免的,所以自寻开心,不去想它,而绝不是完全忘怀。给这些人打开一条

第十二章 何以法国农民的处境竟比从前还糟

出路吧,让他们摆脱他们似乎不介意的苦难,他们立即会朝那个方面飞快地跑去,势头暴烈,要是你挡住他们的道,他们连看都不看你一眼,就从你的身上踏将过去。

对这些事情我们今天看得很清楚,那时的人们却看不到。上层阶级的人们很难清楚辨别老百姓灵魂中,尤其农民灵魂中所发生的一切。教育与生活方式使农民对人类事务有他们自己特有的理解,这个理解对其他一切人一直是封闭的。但是,当穷人和富人几乎不再有共同利益、共同哀怨、共同事务时,那遮蔽双方精神的黑暗就变得深不可测,穷人富人之间就会鸡犬之声相闻,老死不相往来。大革命开始之际,一切身居社会大厦高层和中层的人们生活在何等古怪的安全感之中,当1793年已在眼前,他们还在巧言谈论什么人民的美德、温顺、忠诚、快乐无邪,看到这些,听到这些,怎能不觉得奇怪:这是多么可笑、多么可怖的景象啊!

让我们在这里稍事停留,透过我刚刚论述的所有这些小事,思考一下上帝治理社会的一条最伟大的法则吧。

法国贵族阶级坚持要同其他阶级割离;贵族终于免缴大部分公共捐税,让其他阶级去承担;他们以为免于这些负担,他们就保住了他们的威严,开始时看来确实如此。但为时不久,一种看不见的内脏疾病就缠住了他们,他们日益虚弱,却无人过问;他们的豁免权越多,家境却越贫困。相反,他们如此惧怕与之为伍的资产阶级,却富裕起来,有了教养;资产阶级就生活在贵族身边,他们不需要贵族,反对贵族;贵族既不愿把资产阶级当作合伙人,也不愿把他们当同胞;贵族不久就发现资产阶级乃是他们的竞争对手,过后就成其敌人,而且最终成为他们的主人。一个奇怪的政权解除了他们领导、保护、救济其附庸的责任；但与此同时，给他们保留了种种金钱权利和荣誉特权，他们估计并无损失；他们继续走在最前列，他们自己认为还在起领导作用，而且事实上，他们四周还簇拥着公证书中称作的臣民；其他的人则名为附庸、自由租地保有者、佃农。实际上，谁也不听从他们；他们是孤家寡人，当他们最终遭到攻击时，只能逃之夭夭。

贵族和资产阶级的命运尽管有极大差别，有一点却彼此相同：资产者同贵族一样，最终也和人民割离。资产者根本不接近农民，避免接触农民的贫困；资产者没有与农民紧密联合，共同对普遍的不平等进行斗争，反倒试图为一己的利益创立新的不公正：贵族拼命维持特权，资产者也同样拼命谋取特殊权利。资产者本来出身农民，这些农民在他眼里不仅形同路人，而且，简直可以说素昧平生，只有当资产者把武器交给农民时，才意识到他在无意之中已唤起了民众的激情，对此他既无力控制也无力领导；他曾经是个鼓动者，不久即将变为牺牲品。

法兰西这座大厦一度有雄踞全欧之势，当已成为废墟时，将使世世代代感到惊讶；但是注意阅读它的历史的人，并不难理解它的衰亡。我刚刚描述的几乎一切罪恶，几乎一切错误，几乎一切致命的偏见，其产生、持续、发展，实际上均当归咎于我们大多数国王一贯采取的分而治之的手法。

但是当资产者与贵族彼此完全孤立，农民与贵族、与资产者也彼此隔离，当与此类似的现象在各阶级内部继续发生，各阶级内部就会出现特殊的小集团，它们彼此孤立，就像各阶级之间的情况一样，这时可能构成一个同质的整体，但其各部分之间再也没有联系。再也组织不起什么力量来约束政府;也组织不起什么力量来援助政府。最后,作为其基础的社会一旦动摇,这座君主的宏伟大厦顷刻之间就会全部毁灭。

最后,只有人民仿佛从他们所有的主子的过错和失误中得到了好处,其实即使他们真正挣脱了主子的统治,他们也无法摆脱主子灌输给他们的或听凭他们吸取的种种错误思想、罪恶习俗、不良倾向的束缚。人们有时看到,人民在行使自由权时,竟然把奴隶的好恶也搬了过去,对自己的行为不能控制,以致蛮横地对待自己的教师。

第三编

第 一 章

到18世纪中叶,文人何以变为国家的首要政治家,其后果如何

我暂且把要描述的为这场伟大革命作准备的那些古老的一般事件放在一边。现在论述的是一些最近的特殊事件,它们最终确定这场革命的地位、发端和性质。

长期以来,法兰西在欧洲所有民族中,就是一个最有文学天赋的民族;文人在法国从来没有展现像他们在18世纪中叶前后所展现的精神,从来没有占据他们在那时所取得的地位。这种情况在法国前所未有,我想,在其他国家也没有发生过。

与英国不同,这些文人从不卷入日常政治,相反,他们的生活从未比这个时期更超脱;他们没有丝毫权力,在一个充斥官吏的社会里,他们不担任任何公职。

然而,他们不像大多数德国同行那样,完全不问政治,埋头研究纯哲学或美文学。他们不断关心同政府有关的各种问题;说真的,他们真正关心的正是这些。他们终日谈论社会的起源和社会的原始形式问题,谈论公民的原始权利和政府的原始权利,人与人之间自然的和人为的相互关系,习俗的错误或习俗的合法性,谈论

到法律的诸原则本身。这样,他们每天都在深入探索,直至他们那时代政治体制的基础,他们严格考察其结构,批判其总设计。的确,并不是所有作家都把这些重大问题作为进行特殊而深入研究的对象;大部分人只不过是蜻蜓点水,聊以自娱;但是,所有作家都遇到了这些问题。这种抽象的文学政治程度不等地散布在那个时代的所有著作中,从大部头的论著到诗歌,没有哪一个不包含一点这种因素。

至于这些作家的政治体系,他们彼此分歧如此之大,以致有人想从中调和,形成一个统一的政府理论,却从未完成这项工作。

尽管如此,如果撇开枝节,溯本求源,便不难发现,这些不同体系的作家们至少在一个最普遍的观念上是一致的,这个观念仿佛是他们每人都设想到的,似乎先于他们头脑中一切特殊思想而存在,并且是这些思想的共同来源。不管他们在进程中如何分歧,这个起跑点却是一致的:他们都认为,应该用简单而基本的、从理性与自然法中汲取的法则来取代统治当代社会的复杂的传统习惯。

只要仔细察看,人们就能发现,所谓18世纪政治哲学,严格说来,就包含在上述的那个唯一观念之中。

这样的思想并不新鲜:3000年来,它不断地在人类的想象中闪现,但从未固定下来。那么,这回它是怎么占据所有作家的头脑的呢?为什么不像往常那样只停留在几个哲学家头脑里,却一直深入到大众中,使他们政治热情经久不衰,以致关于社会性质的普遍而抽象的理论竟成了有闲者日常聊天的话题,连妇女与农民的想象力都被激发起来了呢?这些作家一无地位、荣誉、财富,二无职务、权力,怎么一变而为当时事实上的首要政治家,而且确实是独一无二的政治家,因为其他人在行使政权,唯有他们在执掌权威？我想用几句话指出这个问题,让大家看看这些似乎仅仅属于我们的文学史的事件,对于大革命,以及对于我们今天,产生了何种非同小可的影响。

18世纪的哲学家们普遍形成的那些观念与他们时代作为社会基础的观念格格不入,这种现象并非偶然;他们这些思想是眼前的那个社会自身的景象向他们自然地提供的。荒谬可笑的特权泛滥,使人们越来越感到沉重,越来越认为特权没有存在的理由,这种景象把每个哲学家的头脑同时推向,或不如说抛向人的社会地位天生平等这种思想。他们看到那些从往昔的时代沿袭下来的凌乱古怪的制度,从来无人希图加以整饬,使之适应新的需要,这些制度虽已丧失效力,却仿佛还要垂诸万世,因此他们很容易就对旧事物和传统感到厌恶,自然而然地趋向于各自以理性为唯一依据,勾画出崭新的蓝图去重建当代社会。

这些作家的处境本身也为他们对于政府问题的普遍抽象理论的兴趣作了准备,并且使他们盲目地相信这些理论。他们的生活远远脱离实际,没有任何经历使他们天性中的热忱有所节制;没有任何事物预先警告他们,现存事实会给哪怕最急需的改革带来何种障碍;对于必然伴随着最必要的革命而来的那些危险,他们连想都没想过。他们对此毫无预感;由于根本没有政治自由,他们不仅对政界知之甚少,而且视而不见。他们在政界无所作为,甚至也看不到他人的所作所为。只要见过自由社会、听过其中的争论的人,即使不问国事,也能受到教育,而他们连这种肤浅的教育也没有。这样,作家们就敢于更大胆创新,更热爱那些普遍的思想和体系,更蔑视古代的哲理,更相信他们个人的理性,这在那些著书立说研究政治学的作家中一般是看不到的。

同样因为愚昧,民众对他们言听计从,衷心拥戴。假如法国人像以前一样在三级会议中参政,每天在省议会中继续致力地方行政,那么可以断定,法国人绝不会像此时此刻那样,被作家的思想所煽动;他们会维持事务的一定规章,以防止纯理论。

假如同英国人一样,法国人也能够不废除旧的体制,而是通过实践来逐渐改变体制的精神,他们也许就不至于心甘情愿地臆想出所有新花样。但是每个法国人每天都在他的财产、人身、福利或自尊方面受到某种旧法律、某种旧政治惯例、某些旧权力残余的妨碍,而他看不到任何他本人能采用的医治这种特殊疾病的药方。似乎要么全盘忍受,要么全盘摧毁国家政体。

然而在其他种种自由的废墟里,我们还保留了一种自由:我们还能够差不多毫无限制地进行哲学思辨,论述社会的起源、政府的本质和人类的原始权利。

所有身受日常立法妨碍的人不久便爱上了这种文学政治。对文学政治的爱好一直深入到那些由于天性或社会地位而远离抽象思辨的人心中。凡是受到不平等的军役税摊派损害的纳税人,无一不为人人均应平等的思想感到振奋;遭贵族邻居的兔子祸害的小所有者,听说一切特权概应受理性的谴责,无不为之雀跃。这样,每种公众激情都乔装成哲学;政治生活被强烈地推入文学之中,作家控制了舆论的领导,一时间占据了在自由国家里通常由政党领袖占有的位置。

再没人能够与作家争夺这个地位。

第一章 文人何以变为首要政治家

贵族阶级在其盛期不仅领导事务,他们还领导舆论,给作家定调子,赋予思想以权威。18世纪法国贵族完全丧失了这一部分统治权;贵族的信誉随其权力的命运消失:贵族在精神领域一向占有的统治地位已成真空,因此作家在那里能尽情扩张,独自占有这个位置。

不仅如此,作家们夺走了贵族的位置,贵族却支持作家的事业;贵族完全忘掉了,一旦普遍理论受到承认,就不可避免地转化为政治激情和行动,因此贵族居然把与他们的特殊权利,甚至生存水火不相容的种种学说视为巧妙的精神娱乐;他们情愿埋身其间,消磨时光,一边稳稳当当地坐享豁免权与特权,一边平心静气地论述所有根深蒂固的习俗如何荒谬。

看到旧制度的上层阶级竟这样盲目地促进自己的灭亡,常常令人惊异;但是他们从哪里可以得到光明呢?要使主要公民们了解自己面临的危险,正如要使小民百姓保卫自己的权利一样,自由的体制都是必要的。公共生活的最后痕迹在我们当中消失了一个多世纪,从那时以来,最直接关心维持旧政体的人们对于这座古老建筑的腐朽丝毫未加注意,从未听见这座朽屋的任何撞击和噪音。由于表面上什么也没发生变化,他们以为一切都原封未动。他们的思想还停留在他们先辈的观点上面。1789年贵族在陈情书里对王权的侵越行为表示担心,如同他们在15世纪陈情书里表示的一样。在国王方面,伯克曾一针见血地指出不幸的路易十六在行将葬身于民主洪流前片刻,仍将贵族视为王权的首要敌手;他不信任贵族,仿佛人们还生活在投石党运动的时代。相反,资产阶级和人民在他眼中,一如在他先王眼中一样,是王室最可靠的支持者。

但是，我们已亲眼见到那么多场革命的残迹，就更觉奇怪：在我们先辈的头脑中竟没有暴力革命这一概念。人们既没有讨论过也没有设想过暴力革命。公共自由不断给稳如泰山的社会一次次轻微震动，每天提醒社会可能覆灭，必须保持警惕；但是，在就要落入深渊的这个18世纪的法国社会，却毫无即将倾覆的警告。

我细心阅读过1789年三级会议召开前三个等级起草的陈情书；我讲三个等级，即贵族等级、教士等级和第三等级。我在这儿看到，人们要求改革法律，在那儿看到，要求改革惯例，我一一做下笔记。这样我继续把这项浩繁的工作做完，当我把所有这些个别要求汇集在一起时，我惊恐地发现，人们所要求的乃是同时而系统地废除所有现行的法律和惯例；我立即看到，这是有史以来一场规模最大、最为危险的革命。那些明天就将成为牺牲品的人对此全然不知，他们以为，借助理性，光靠理性的效力，就可以毫无震撼地对如此复杂、如此陈旧的社会进行一场全面而突然的改革。这些可怜虫！他们竟然忘掉了他们先辈四百年前用当时朴实有力的法语所表达的那句格言：谁要求过大的独立自由，谁就是在寻求过大的奴役。

长期以来，贵族和资产阶级被排除在一切公共生活之外，他们表现出这种独特的缺乏经验并不使人惊异；但是更加使人惊异的是，正是那些领导国家事务的人，大臣、行政官、总督，毫无先见之明。他们中间许多人对于本职工作的确都精明强干；他们洞悉当时政府的一切细微末节；但是，一涉及治国这门科学，这门教授如何理解社会普遍运动，如何判断群众精神动向并预见其后果的科学时，他们就和民众一样一窍不通。事实上，只有自由政治制度才能把治国安邦的要术完完全全教给政治家。

这点在1775年蒂尔戈致国王的呈文中看得十分清楚,他向国王进谏,要进行自由的全民选举,每年在国王周围召开为期六周的代议制议会,但不给议会任何实权。议会只谈行政,绝不涉及政府,只提供咨询,不表达意志,说实话,只有权讨论法律,无权制定法律。蒂尔戈道:"这样,王权就会得到启发但不受阻碍,公众舆论将会满意,而无任何危险。因为这些议会无权反对国王的必要行动,万一——尽管不可能——它们不听话,国王陛下永远是国家主宰。"谁也不会低估一项措施的意义和蒂尔戈所在时代的精神。的确,常常在各次革命临近尾声时,人们才能不受指责地实行蒂尔戈提出的政策,那就是,并不给予真正的自由,只给点自由的影子。奥古斯都的尝试曾获得成功。一国国民倦于冗长的辩论时,只要能获得安定,心甘情愿地任人欺骗;历史告诉我们,要使国民满意,只消在全国纠集若干无名的或无独立性的人,发给薪金,让他们在国民面前扮演一下政治议会的角色就够了。这样的例子多得很。但是,在一场革命的开端,这种做法无不失败,不仅不能使人民满意,反倒使人民愤激。自由国家最微末的公民尚且知道这一点;堂堂的行政官蒂尔戈却一无所知。

法兰西民族对自身事务极为生疏,没有经验,对国家制度感觉头痛却又无力加以改善,与此同时,它在当时又是世界上最有文学修养、最钟爱聪明才智的民族,想到这些,人们就不难理解,作家如何成了法国的一种政治力量,而且最终成为首要力量。

在英国,研究治国之道的作家与统治国家的人是混合在一起的,一些人将新思想引进实践,另一些人借助事实来纠正和限定理论;然而在法国呢,政界仿佛始终划分为两个互不往来、彼此分割的区域。在前一个区域,人们治国理民;在后一个区域,人们制定抽象原则,任何政府均应以此为基础。在这边,人们采取日常事务所要求的具体措施,在那边,人们宣扬普遍法则,从不考虑用何手段加以实施;有些人负责领导事务;另一些人负责指导思想。

现实社会的结构还是传统的、混乱的、非正规的结构,法律仍旧是五花八门,互相矛盾,等级森严,社会地位一成不变,负担不平等,在这个现实社会之上,逐渐建造起一个虚构的社会,在这里,一切显得简单、协调、一致、合理,一切都合乎理性。

逐渐地,民众的想象抛弃了现实社会,沉湎于虚构社会。人们对现实状况毫无兴趣,他们想的是将来可能如何,他们终于在精神上生活在作家建造起来的那个理想国里了。

人们常将我们的革命归因于美国革命:的确,美国革命对法国革命有很多影响,但是,当时在美国的作为对于法国革命的影响并不及当时法国的思想对法国革命的影响。当美国革命在欧洲其他国家还只是一个新鲜奇特的事件时,对法国人来说它并不陌生,只不过更有血有肉,更震撼人心罢了。在欧洲,它令人震惊;在法国,它使人信服。美国人仿佛只是贯彻实行我们作家的设想:他们赋予我们头脑中的梦想以现实的内容。这就好比费内隆[①]突然出现在萨朗特。

历史上,伟大人民的政治教育完全由作家来进行,这真是一件

---

① 费内隆(1651—1715),法国高级教士、社会、政治问题著作家,被认为是18世纪思想家的先驱。——译者

新鲜事,这种情况也许最有力地决定了法国革命本身的特性,并使法国在革命后呈现出我们今天所见到的容貌。

作家们不仅向进行这场革命的人民提供了思想,还把自己的情绪气质赋予人民。全体国民接受了他们的长期教育,没有任何别的启蒙老师,对实践茫然无知,因此,在阅读时,就染上了作家们的本能、性情、好恶乃至癖性,以致当国民终于行动起来时,全部文学习惯都被搬到政治中去。

人们研究法国革命史就会看到,大革命正是本着卷帙浩繁的评论治国的抽象著作的同一精神进行的:即本着对普遍理论,对完整的立法体系和精确对称的法律的同一爱好;对现存事物的同样蔑视;对理论的同样信任;对于政治机构中独特、精巧、新颖的东西的同一兴致;遵照逻辑法则,依据统一方案,一举彻底改革结构,而不在枝节上修修补补的同一愿望而进行的。这是何等骇人的景象!因为在作家身上引为美德的东西,在政治家身上有时却是罪恶,那些常使人写出优美著作的事物,却能导致庞大的革命。

那时连政治语言也从作家所讲的语言中吸取某些成分;政治语言中充满了一般性的词组、抽象的术语、浮夸之词以及文学句式。这种文风为政治热潮所利用,渗入所有阶级,而且不费吹灰之力,便深入到最下层阶级。早在大革命前,路易十六的敕令便经常提到自然法和人权。我发现农民在诉状中称邻舍为同胞,称总督为可敬的行政官,称教区本堂神甫为圣坛使者,称上帝为最高主宰,这些农民只是不懂拼写法,否则他们就能成为相当厉害的作家。

这些新品格与法兰西性格的旧底子完全混为一体,以致有人常将仅仅由这种独特教育产生的东西归因于天性。我听到有人说,60年来我们在政治方面崇尚普遍思想,崇尚体系,崇尚夸大其词,这种喜好或者酷爱是与我们种族的某一种属性,即略加夸大的所谓法兰西精神相关联的,仿佛这个所谓的属性一直隐藏在我们的历史中,到临近上世纪末才骤然间显露出来。

奇怪的是,我们保持了取自文学的习气,却几乎完全丧失了对文学的年深日久的热爱。在我参与公共生活期间,我看到人们不大读18世纪的书,更不必说其他任何世纪的书了,对作家也极端蔑视,然而对于他们出生以前由文学精神显示出来的某些主要缺陷,他们却忠实保留,对此我常感惊异。

第 二 章

非宗教倾向在18世纪的法国人身上如何成为普遍占上风的激情，对大革命的特点有何影响

16世纪时，对问题进行考察的精神曾企图在各种各样的基督教传统中辨别真伪，自16世纪那场伟大革命[①]以来，更好奇、更大胆的人才不断产生，他们怀疑或抛弃一切基督教传统。这种精神在路德时代使数百万天主教徒同时脱离天主教，每年都将若干基督徒推出基督教；继异端之后，出现了不信宗教的思潮。

一般说来，18世纪基督教在整个欧洲大陆已经失掉了一大部分势力；但是，在大部分国家，基督教虽被抛弃，却未遭受猛烈攻击；那些抛弃基督教的人似乎抱憾而去。非宗教潮流在君王和才学之士中传播，在中产阶级和人民当中尚不流行；它还只是某些人的一时爱好，不是共同意见。1787年米拉波说道："在德国普遍流行这样的偏见，即：普鲁士各邦到处都是无神论者。事实真相是，即使存在几个自由思想家，那里的人民还是像那些最虔诚的地区

[①] 宗教改革运动。——译者

一样皈依宗教,其中甚至还有大量狂热分子。"他还说,颇感遗憾的是,弗里德里希二世不准天主教教士结婚,尤其是禁止结婚的教士领取其圣职收入。米拉波又说道:"(允许教士结婚)这项措施,我们认为是无愧于这位伟人的。"除法国外,任何地方的非宗教意识均尚未成为一种普遍而强烈的、不宽容也不压制人的激情。

法国正在发生一件迄今未见的事情。在其他各个时代,人们曾猛烈攻击现存宗教;但是人们攻击宗教时显示出的热忱总是产生于新宗教唤起的虔诚。古代那些虚假而令人厌恶的宗教只有当基督教要取而代之时,才遇到大量狂热的敌手;而在那时以前,它们在怀疑与冷漠中无声无息地缓慢消失:这就是宗教的衰老死亡。在法国,人们怀着一股怒火攻击基督教,而未试图以另一种宗教取而代之。人们热情而不懈地力图把曾充斥灵魂的信仰扫除掉,却使灵魂空空荡荡。很多人满怀激情投入这项徒劳无功的事业。宗教问题上的绝对无信仰是违反人类天性的,它使灵魂陷入痛苦的状态中,但对群众似乎有吸引力。它一向只产生某种病态的委靡不振,这次却造成狂热和布道精神。

几个想要否定基督教真理的大作家汇合在一起了,但这似乎并不足以说明这一奇特的事件;因为所有这些作家的思想为什么都倾向于这一方面而不倾向于另一方面?为何在他们当中没有任何人自觉选择相反的论点?最后,为什么他们能胜过他们所有先辈,使群众乐于听从他们,思想上愿意相信他们?只有这些作家所处的时代和国家的极其特殊的原因,才能解释作家们的事业,以及这项事业的成功。伏尔泰精神久已问世;但伏尔泰本人只有在18世纪在法国才能真正居支配地位。

第二章　非宗教倾向对大革命有何影响

首先必须承认，在法国，教会并没有什么比在其他国家更应受到攻击的理由；相反，教会中混进的罪恶与流弊比大部分天主教国家较少；与过去相比，与其他民族相比，法国的教会要宽容得多。因此必须在社会状况而不是在宗教状况中去寻求这一现象的特殊原因。

要明白这点，必须牢记前一章我阐述的观点，即：政府的种种罪恶所造成的所有政治反对精神，既然不能在公共场合表现出来，就只能潜藏在文学之中，而作家已成为旨在推翻国家全部社会政治制度的强大政党的真正首领。

抓住这一点，问题的对象就变了。关键不再在于了解当时教会作为宗教机构能在哪些方面犯罪，而是要知道，教会在哪些方面阻碍着这场正在酝酿中的政治革命，并且成为革命的主要发动者——作家们的特殊障碍。

教会的各项治理原则是与作家们欲在世俗政府中树立的原则对立的。教会主要依靠传统，作家则对建立在尊重传统之上的所有制度表示极度的轻蔑；教会承认一种高于个人理性的权威，作家则只信赖个人理性；教会建立在等级制基础之上，作家欲混合各等级。要想和睦相处，双方就必须承认，由于基本性质不同，政治社会与宗教社会不能用相同的原则来治理；但是当时远远办不到这点，看来为要攻击国家制度，必须摧毁教会制度，教会制度乃是国家制度的基础和楷模。

此外，教会本身当时还是首要政治权力，而且是所有政治权力中最令人厌恶的，尽管它并非压迫人最甚的；因为教会卷入政治权力，尽管这与教会的使命和本性格格不入；教会在别处谴责罪恶，却使政治权力中的罪恶神圣化,并利用它的神圣不可侵犯性来掩护罪恶,似乎要使政治权力像教会自身一样万古长存。攻击教会,肯定会立即使民情激奋。

但是除了这些普遍原因外,作家首先从教会开刀还有更特殊也可以说是个人的原因。教会恰恰代表政府中离他们最近、最直接与他们对立的这一部分。他们对其他权力只是时有感觉,而这一部分权力专门负责监视思想动态,查禁作品,每天同他们为难。作家们在反对教会、捍卫人类精神的普遍自由中,为他们自己的事业而斗争,这场斗争是从打碎束缚他们最紧的羁绊开始的。

此外,在他们看来,并且实际上也确实如此,教会是他们进攻的整个庞大建筑物中最为暴露、最缺乏防御的部分。尘世君王的权力加强,教会势力随之削弱。教会一度凌驾于王权之上,继而与它平起平坐,最后则沦落为君王庇护的对象;在君主与教会之间,达成一宗交易:君主向教会提供物质力量,教会向君主提供道义权力;君主令臣民信守教规,教会使信徒服从君主意志。当革命时代临近时,这是危险的交易,对于一个建立在信仰而不是建立在强制之上的势力,这样做永远是不利的。

尽管法国国王依旧自命为教会的长子,但他们履行对教会的义务时非常漫不经心;他们保护教会时表现的热情远不如他们保卫自己政府时的热情。当然,他们不准人对教会动手,但却容忍人们在远处用无数投枪扎刺它。

当时对教会敌人的那种不完全的约束,不仅没有减少他们的力量,反而使之增长起来。有些时候,压制作家可以阻止思想运动,另一些时候则反而加速这个运动;但是,当时对出版界实行的

第二章 非宗教倾向对大革命有何影响

那种警察制度,不可能不使它的力量增长百倍。

作家受迫害只引起他们抱怨而不使他们战栗;他们能忍受激发斗志的折磨,而不能忍受把人摧垮的沉重桎梏。对作家的起诉几乎总是拖沓、杂乱、不了了之,仿佛不是为了勒令他们停笔,而是激发他们继续写作。让出版完全自由可能对教会损害反而小些。

1768年狄德罗致函大卫·休谟道:"你认为我们的不宽容比你们的无限自由更有利于思想的进步;霍尔巴赫[①]、爱尔维修[②]、莫尔莱[③]和絮亚尔[④]不同意你的看法。"然而还是这位苏格兰人言之成理。作为自由国家的居民,他对此有经验;狄德罗以文人身份判断事物,休谟从政治角度判断事物。

无论是在美国,还是在别国,我拦住遇到的第一个美国人,问他是否认为宗教对法律稳定和社会良好秩序有益;他毫不犹豫地回答我,没有宗教,文明社会,特别是自由社会,便无法生存。在他看来,尊重宗教是国家稳定与个人安全的最重要的保障。连最不通治国科学的人也起码懂得这点。但是,世界上没有哪一个国家比美国更多地运用18世纪哲学家在政治问题上的种种最大胆的学说;唯独那些反宗教的学说,尽管有无限制出版自由的保障,却从未能在美国问世。

英国人的情况也是这样。甚至在大多数法国哲学家出世以

[①] 霍尔巴赫(1723—1789),百科全书派哲学家,主张机械唯物主义和无神论。——译者
[②] 爱尔维修(1715—1771),百科全书派哲学家,主张机械唯物主义和无神论。——译者
[③] 莫尔莱(1727—1819),百科全书派哲学家、作家。——译者
[④] 絮亚尔(1732—1817),作家、记者,1774年法兰西学院院士。——译者

前,我们这种非宗教哲学就已经在他们那里传授:正是博林布鲁克①培养了伏尔泰。在整个18世纪期间,英国都有不信教的著名代表人物。才思敏捷的作家、深刻的思想家担负起这一事业;他们从未能使它像在法国那样取得胜利,因为所有对革命心怀疑惧的人都急忙来拯救根深蒂固的信仰。就连他们当中卷入当时法国社会最深、认为法国哲学家的学说并非谬误的那些人,也因其危险而加以拒绝。像自由民族中历来发生的情况一样,强大政党发现把它们的事业与教会的事业连结在一起是有利的;博林布鲁克本人变成了主教们的盟友。教士被这些榜样所打动,从不感到孤立,为其自身事业拼死战斗。尽管英国教会的组织有毛病,内部流弊麇集,但它胜利地经受住了冲击;教会阶层中出现了作家和演说家,他们竭尽全力捍卫基督教。反对基督教的理论经过讨论和驳斥,最后被社会自己抛弃了,政府并未介入。

但是为何不在法国而到别国去找例证呢?今天有哪个法国人会写狄德罗或爱尔维修那样的书呢?谁愿去读这些书?我几乎要说,有谁知道这些书名?60年来我们在公共生活中获得的尚不全面的经验,足以使我们厌恶这种危险文学。请看一看,在国民的不同阶级中,随着各阶级在革命这所严峻学校中获得的经验,尊重宗教已逐步重新获得威望。1789年以前最反宗教的阶级——旧贵族阶级,1793年以后变成了最虔诚的阶级;他们第一个被冲击,也是第一个皈依宗教。当资产阶级在胜利中感到自己也受到打击

---

① 博林布鲁克(1678—1751),英国政治家、哲学家、托利党领袖之一,主张自然神论。著有《论政党》、《论人》。——译者

时，他们也向宗教信仰靠拢。逐渐地，对宗教的尊奉深入到了那些在民众混乱中会有所失的人们中，随着对革命恐惧的出现，非宗教消失了，或至少掩藏起来。

旧制度结束时的情景并非如此。我们完全忘掉了人类重大事务的实践，我们对宗教在各帝国治理中所起的作用一无所知，因此非宗教首先在那些最有切身利益、最有迫切要求去维持国家秩序和使人民顺从的人们的思想中确立。他们不仅欢迎非宗教，而且盲目地向下传播；他们将不虔诚作为他们百无聊赖的生活的一种消遣。

法国教会以前曾产生过许多大演讲家，此时却感到被所有与教会有共同利益因而应来维护教会事业的人所背弃，于是变得沉默无语。人们一度相信，只要给教会保留财富和地位，它就准备对它的信仰发表谴责。

那些否定基督教的人声嘶力竭，而仍然信仰基督教的人则鸦雀无声，从那时以来这种情况在我们中间经常见到，不仅涉及宗教，而且涉及其他所有问题。保留旧信仰的人唯恐成为唯一对宗教忠诚的人，他们惧怕孤立甚于错误，便加入到群众中来，尽管与群众思想不同。在当时只不过是一部分国民的情感，就这样似乎成了全体国民的意见，从那以后，在那些造成这种假象的人眼里，这种感情便像是不可抗拒的。

上世纪末，所有的宗教信仰普遍威信扫地，这对于整个法国无疑起了最大的影响；它构成了法国革命的特点。人们把法国革命看成面目可憎，主要是从这里得来的印象。

当我力图辨别非宗教运动当时在法国产生的不同结果时，我发现与其说非宗教使人心堕落或风尚败坏，不如说使人精神失常，以致那时的人们采取如此奇特的极端行为。

当宗教离弃灵魂时，它并不像经常发生的那样，让灵魂空虚软弱，灵魂一时间充满了感情和思想，它们一度占据了宗教的位置，暂时使灵魂不致消沉。

如果说进行大革命的法国人在宗教上比我们更不虔信，他们至少还保持着一种我们所缺乏的令人赞美的信仰：他们相信他们自己。他们不怀疑人类的可能完美性和力量，一心热衷于人类的光荣，相信人类的美德。他们把这种骄傲自信心化为他们自己的力量。诚然，骄傲自信心常常导致错误，但没有它，人民只能受奴役；他们从不怀疑他们的使命是要改造社会，使人类新生。对于他们，这些情感和热情已变成一种新宗教，它产生了宗教所产生的某些巨大效果，使人们摆脱个人利己主义，崇尚英雄主义和忠诚，使人们经常胸襟开阔，不斤斤于一般人计较的秋毫得失。

我深入地研究过历史，我敢肯定我从未遇见这样的革命，它从一开始就揭示在如此众多的人身上具有无与伦比赤诚的爱国主义、无私胸怀、真正的伟大。法兰西民族在大革命中显出了主要缺点，但同样显出了青春的首要品质，即缺乏经验和宽宏大量。

然而非宗教当时却造成了巨大的灾害。

在此以前，在世界上出现过的大多数伟大政治革命中，攻击现存法律的革命者尊重信仰，而在大多数宗教革命中，攻击宗教的革命者从未试图一举变革所有政权的性质和秩序，彻底废除旧的政府体制。故而在最大的社会动荡中，始终有一个基点是牢固不动的。

但是在法国大革命中,在宗教法规被废除的同时,民事法律也被推翻,人类精神完全失去了常态;不知还有什么东西可以攀附,还有什么地方可以栖息,革命家们仿佛属于一个陌生的人种,他们的勇敢简直发展到了疯狂;任何新鲜事物他们都习以为常,任何谨小慎微他们都不屑一顾,在执行某项计划时他们从不犹豫迁延。决不能认为这些新人是一时的、孤立的、昙花一现的创造,注定转瞬即逝;他们从此已形成一个种族,散布在地球上所有文明地区,世世代代延续不绝,到处都保持那同一面貌,同一激情,同一特点。我们来到世上时便看到了这个种族;如今它仍在我们眼前。

第 三 章

法国人何以先要改革，后要自由

有一件事值得注意，那就是，在为大革命作准备的所有思想感情中，严格意义上的公共自由的思想与爱好是最后一个出现，也是第一个消失的。

很久以前，人们便开始摇动政府的古老大厦；它已经摇摇欲坠，但是自由的问题尚未提及。伏尔泰很少思考这个问题；在英国逗留的三年使他看到了自由，但并未使他热爱自由。英国人随意传布的怀疑论哲学使他倾倒；他们的政治法律却对他触动很小，他注意其缺陷甚于其优点。在他的杰作之一——有关英国的书信中，议会是他谈得最少的；实际上，他最羡慕的是英国人的学术自由，却不大留心他们的政治自由，仿佛没有政治自由，学术自由仍能长期存在。

临近18世纪中叶，出现了若干专门论述公共行政问题的作家，由于他们提出的许多原则彼此相似，人们便给他们一个共同的名称——经济学派或重农学派。经济学派在历史上不如哲学家有名；他们对大革命发生的贡献大概少于哲学家；然而我认为，正是在他们的著作中，才能最好地研究大革命的真正本性。在治理国家问题上,哲学家几乎没有走出那些非常普遍、非常抽象的思想;经济学派没有脱离理论,但理论更接近事实。一些人讲述能够想象的事,另一些人则指出应该做的事。大革命后来废除的一切制度都是他们攻击的特定目标;在他们眼中没有哪种制度可以得到宽容。相反,可以作为大革命本月创造的所有制度,都是他们预先宣布并热心鼓吹的;人们很难从中举出哪怕一种制度,其萌芽未曾在他们的某些著作中孕育;在他们身上可以找到大革命所有最基本的内容。

此外,在他们的著作中已经能够看出我们如此熟悉的那种革命民主气质;他们不仅憎恨某些特权,分等级也令他们厌恶:他们热爱平等,哪怕是奴役中的平等。妨碍他们计划的东西应该打碎。他们不大尊重契约;毫不尊重私人权利;或者,准确地说,在他们眼中,私人权利根本不存在,只存在公益。然而总的说来,这是一些德行温厚、和平善良的人,正直的法官和练达的行政官;但是忠于他们事业的特殊才华指引着他们。

经济学派对往事抱着极大蔑视。"多少世纪以来,国家一直被错误原则统治着;好像一切都是偶然造成的,"勒特罗纳说道。从这一思想出发,他们投入了工作;任何古老的、在法国历史上似乎牢牢扎根的制度,只要它稍微妨碍他们,不利于他们计划的匀称,他们便要求一律废除。其中一人建议一举取消所有旧的领土划分,改变所有省名,40年后制宪议会付诸实施。

在自由制度的思想在他们头脑中出现之前,经济学派就已经具有后来由大革命执行的社会行政改革思想。他们确实非常赞成食品自由交易,赞成工商业中自由放任政策;但是严格意义上的政治自由，他们却丝毫未加考虑，甚至当政治自由在他们的想象中偶尔出现时，他们第一个反应是予以排斥。大多数人一开始就极力反对设立评议会，反对地方附属政权，总之，反对不同时期在所有自由民族中建立的旨在维持中央权力平衡的平衡力量。魁奈说道："在政府中设平衡力量制度是个有害的思想。"魁奈的一位友人说："人们据以设想出平衡力量制度的议论纯属虚构。"

他们发明的对付政府滥施权力的唯一保证就是公共教育；因为按照魁奈的说法，"如果国民有教养，专制制度不可能存在"。他的另一位弟子说道："人们对政府滥施权力招致的灾难感到震惊，便想出了无数全然无用的手段，却忽视了唯一真正有效的手段，即有关基本司法和自然秩序的普遍、持续不断的公共教育。"他们就是想借助于这些文学性的胡言碎语，来代替所有政治保障。

勒特罗纳对国家抛弃农村、使得农村一无道路、二无工业，三无知识深表痛惜，但他丝毫未想到如果将农村事务交给农民负责，事情便会办得更好。

蒂尔戈本人呢，他心灵伟大，天赋超群，使他成为与所有其他人有别的人物，但他对政治自由并不比别人更感兴趣，至少他到了很晚，在公众感情启迪下，才喜爱政治自由。对于他，就像对大多数经济学派一样，首要的政治保障便是国家本着某种精神，按照某种步骤施行的某种公共教育。据他同时代的一个人在《一种符合原则的教育机制》中所说，蒂尔戈对这套知识疗法的信心是无限的。他在一份奏折中向国王提出这类计划，他说道："我敢担保，陛下，十年以后，您的民族将会变得无法辨认，由于知识、良好风尚和报效国王陛下和祖国的满腔热忱，您的民族将远远超过其他一切民族。现在才十岁的孩子到那时,将成为国家栋梁,他们热爱国家,服从权威不是由于畏惧而是出于理性,对同胞热情相助,养成了承认并尊重司法的习惯。"

政治自由在法国久已废除,政治自由的条件与效果是什么,人们差不多已忘得一干二净。况且,那些遗留下来的不成形的残迹,以及似乎用来代替政治自由的种种制度,都使政治自由遭到怀疑,并常常产生对它的种种偏见。那时尚存的大部分三级会议形式陈旧,思想仍停留在中世纪,因而远远不能有助于社会进步,只能起阻碍作用;最高法院是唯一负责取代各种政治团体的机构,也不能防止政府作恶,却常常阻止政府去行善。

在经济学派看来,想依靠所有这些旧工具来完成他们想象的革命,是行不通的;委托已经成为革命主宰的国民来实现他们的计划,这个想法同样不能使他们满意;因为怎样才能使如此庞大、各部分之间联系如此紧密的改革体系为全体人民所采纳和履行呢?让王室政府为他们的计划服务,这在他们看来更容易,更适当。

这个新政权不是脱胎于中世纪制度;它丝毫不带有中世纪的痕迹;在新政权的错误当中,经济学派发现了它身上的某些良好倾向。和经济学派一样,新政权天性偏爱地位平等,法规统一;同样,它从心底里痛恨所有产生于封建制度或倾向贵族制度的旧政权。在欧洲其他地方,找不到一个同样组织良好、同样强大有力的政府机器;在法国遇到这样的政府对他们简直是天赐良机:倘若那时像今天一样,时兴让上帝随时出来干预,他们定会称之为天意。勒特罗纳说道:"法国的形势比英国好得多;因为在法国,人们在一瞬间就能完成改变国家整个状况的改革,而在英国,这样的改革总得受党派的阻碍。"

因此，问题不在于摧毁这个专制政权，而在于使它转变。梅西埃·德·拉·里维埃说道："国家必须遵照基本秩序的准则进行统治，而当国家这样做时，它必须有无限权力。"另一个人说道："让国家确切明了它的职责，然后给它行动自由。"从魁奈到博多修院院长，你会发现他们都怀有同一心情。

他们不仅指望王室政府改革当代社会，而且向它部分地借鉴有关他们要建立的未来政府的想法。由此及彼：看到这一个，就使他们产生另一个的形象。

按照经济学派的观点，国家不仅要号令国民，而且要以某种方式培育国民：国家应依照某种预先树立的楷模来培养公民精神；国家的义务是用某些它认为必要的思想充实公民的头脑，向公民心中灌输某些它认为必需的情感。实际上，对它的权利没有限制，对它的所作所为也没有界限；它不仅使人们改邪归正，而且使他们彻底转变；也许只有国家才能将人培养成另一种人！"国家随心所欲造就人们，"博多说道。这话概括了他们的全部理论。

经济学派设想的那个庞大的社会权力不仅比他们眼前的任何政权更大，而且在起源和性质上也不相同。它不是直接出自上帝；它同传统丝毫无关；它是非个人的：它不再叫国王，而叫国家；它不是家族遗产，而是一切人的产物和代表，必须使每个人的权利服从于全体意志。

中世纪闻所未闻的这种名为民主专制制度的特殊专制形式，经济学派已经熟悉。社会中不再有等级，不再有阶级划分，不再有固定地位；人民由彼此几乎相同、完全平等的个人组成；这个混杂

第三章　法国人何以先要改革,后要自由

的群体被公认为唯一合法主宰,但却被完全剥夺了亲自领导甚至监督其政府的一切权力。在它头上有个独一无二的代理人,他有权以他们的名义处理一切事务,而不必征求他们的意见。控制他的是不带机构的公共理性;阻止他的,则是革命而不是法规:在法律上,他是听命于人的执行者;在事实上,他是主人。

他们在四周找不到任何与这种理想相符的东西,便到亚洲的深处去寻找。我毫不夸张地说,没有一个人在他们著作的某一部分中,不对中国倍加赞扬。只要读他们的书,就一定会看到对中国的赞美;由于对中国还很不了解,他们对我们讲的尽是些无稽之谈。被一小撮欧洲人任意摆布的那个虚弱野蛮的政府,在他们看来是可供世界各国仿效的最完美的典范。他们心目中的中国政府好比是后来全体法国人心目中的英国和美国。在中国,专制君主不持偏见,一年一度举行亲耕礼,以奖掖有用之术;一切官职均经科举获得;只把哲学作为宗教,把文人奉为贵族。看到这样的国家,他们叹为观止,心驰神往。

人们以为我们今天称之为社会主义的那些破坏性理论是最近才产生的;这是一个错误:这些理论与最早期的经济学派属同一时代。当经济学派利用无比强大的政府,幻想靠它改变社会形式时,另一些人则一心想利用同一政权,毁灭社会基础。

请读摩莱里[①]的《自然法典》,你就会在书里找到经济学派有关国家的无限权力、国家权利不受限制的全部学说,就会找到最近

---

① 摩莱里,18世纪法国空想社会主义者,著有《自然法典》、《论人类精神》、《论人类心灵或教育自然原则》。——译者

这些年代使法兰西最为害怕的许多政治理论，我们似乎正看着它们诞生：财产公有制、劳动权利、绝对平等、一切事物的划一、一切个人活动的刻板安排、一切由上级规定的专制制度和公民个性完全并入社会整体。

"社会上任何东西不得单独属于个人，也不作为财产属于个人，"法典第一条说道。"财产是可憎的，企图恢复财产的人将被视为疯子和人类之敌，终身监禁。每个公民均将由公众出资维持、供养和照料，"法典第二条说道。"一切产品将积聚在公共商店内，分配给所有公民，用于他们的生活需要。城市按同一规划建设；所有供个人使用的建筑物均应彼此一样。所有孩子到了五岁均将从家带走，由国家出钱，按统一方法，共同抚养。"你大概以为这本书是昨天才写的；其实已有100年了；它出版于1755年，正值魁奈创建其学派之际：中央集权制与社会主义的确是同一土壤的产物；他们二者之间的相对关系是栽培的果实与野生幼树的关系。

在他们时代的所有人当中，我们时代最不陌生的是经济学派；他们对平等的热爱是那样明确，对自由的爱好是那样不明朗，他们简直就像是我们同时代的人。当我读到那些发动大革命的人们的演说和著作时，我立即觉得我被带到一个我不认识的地方，带进一个我不认识的社会里；但是，当我浏览经济学派的书籍时，我仿佛曾和这些人生活在一起，刚刚和他们促膝交谈。

临近1750年，全体国民对政治自由的要求还表现得不如经济学派那样迫切；由于国民们已经不再运用政治自由，他们对政治自由的兴趣以至观念也已消失。他们盼望改革，甚于盼望权利，假如当时有个见识和度量皆如腓特烈大帝的君主在位，我毫不怀疑他会在社会和政府中完成许多大革命所实现的重大变革,不仅不会丧失王位,而且会大大增加他的权威。有人说路易十五最能干的大臣之一德·马肖尔先生①曾模糊地预感到这一思想,并向他的主上建议;但是这类事业是不能根据建议决定的:只有当人们能构想出这类事业时,才能去完成它们。

20年后,形势改观:政治自由的形象已呈现在法国人的精神中,而且一天比一天更加吸引人。这方面迹象很多。外省开始产生恢复自治的要求。全体人民均有权参加治理的思想深入人心,占了上风。对昔日的三级会议的回忆又复苏了。法兰西民族厌恶自己的历史,却高兴地回想起这段时期。新潮流也席卷了经济学派,他们不得不在中央集权体制中加进某些自由机构。

1771年,高等法院被废除,这同一公众,以往经常为高等法院的判例所苦,这时看到它的死亡却深感激动。仿佛高等法院一倒,这最后一道能够约制国王专权的障碍就倒塌了。

民众的反对使伏尔泰吃惊而且气愤。他致函友人道:"差不多整个王国都陷入沸腾惊愕之中,外省同巴黎一样民情鼎沸。可是我觉得国王敕令充满了有益的改革。废除卖官鬻爵,司法免费,阻止申诉者自王国边陲来到巴黎而倾家荡产,由国王负责偿付领主法庭费用,难道这些措施于国家不是大有裨益吗?况且,这些高等法院难道不常常是些迫害狂、野蛮人吗?确实,我佩服那些野蛮人和这些桀骜不驯的资产者搞到一起。至于我呢,我相信国王是对

---

① 即马肖尔·达尔努维尔(1701—1794),1745年任财政总监,推行改革,遭到贵族和教士反对。大革命时期死于狱中。——译者

的，既然必须伺候人，不如在出身名门的雄狮下面卖命，因为它生来就比我强壮有力，也不去投奔200只和我同类的鼠辈。"他还自我辩白地说道："想想看，我应当无限赞赏国王施予各地所有领主的恩典，因为国王替他们偿付司法费用。"

伏尔泰久已不住巴黎，他以为公众精神还是他离开时的模样。形势已面目皆非了。法国人不再局限于要求政府进行改良；他们开始要亲自来改革，而且人们看到一场全面酝酿的伟大革命即将爆发，它不仅获得了人民的赞同，而且由人民亲自动手。

我想，从这个时刻起，这场彻底的革命就不可避免了，它必然使旧制度所包含的坏东西和好东西同归于尽。没有充分准备的人民自行动手从事全面改革，不可能不毁掉一切。专制君主本来可以成为危险较小的改革家。对我来说，当我考虑到这场革命摧毁了那样多与自由背道而驰的制度、思想、习惯，另一方面它也废除了那样多自由所赖以存在的其他东西，这时，我便倾向于认为，如果当初由专制君主来完成革命，革命可能使我们有朝一日发展成一个自由民族，而以人民主权的名义并由人民进行的革命，不可能使我们成为自由民族。

要理解我们这场革命的历史，千万不要忘记上述观点。

当法国人重新激起对政治自由的热爱时，他们在政府问题上已经具有相当多的概念，它们不仅与自由制度的存在完全不符，而且几乎与之对立。

在他们的理想社会中，只承认人民，没有其他贵族，除了公务员贵族；只有一个唯一的、拥有无限权力的政府，由它领导国家，保护个人。他们既想自由，又丝毫不愿抛开这个最基本的概念；他们仅仅试图将它与自由的概念调和起来。

于是他们着手将无限制的政府中央集权制和占绝对优势的立法团混合在一起：官僚行政和选民政府。国民作为整体拥有一切主权权利，每个公民作为个人却被禁锢在最狭隘的依附地位中：对前者，要求具有自由人民的阅历和品德，对后者，则要求具有忠顺仆役的品质。

将政治自由引入与之格格不入或截然对立的制度和思想（人们对这些制度和思想已经习惯或早已培养爱好），这个意图60年来产生了多少次自由政府的徒然尝试，随后导致了危害极大的革命，直至最后许多法国人对这些徒劳无功的努力感到心灰意懒，终于抛开他们的第二个目的，回到第一个目的，于是他们归结到这样的思想：不管怎么说，在一个主子下面平等地生活毕竟还能尝到一点甜头。因此，我们今天的处境十分像1750年的经济学派，而不像1789年我们的祖先。

我常自问：在各个时代曾使人类完成最伟大事业的这种政治自由激情，其根源何在，它在哪些情感中生根滋长。

我清楚地看到，当人民被引入歧路时，他们一心向往自治；但是这种对独立的热爱根源于专制制度发生的某些特殊的暂时性的弊病，它绝不会持久；它与产生了它的偶然事件一起消失；人们似乎热爱自由，其实只是痛恨主子。为自由而生的民族，它们所憎恨的是依附性的恶果本身。

我也不相信真正的对自由的热爱是由于人们只见到自由带来的物质利益；因为这种看法常常使人模糊。的的确确，对于那些善于保持自由的人，自由久而久之总会带来富裕、福利，而且常常带来财富；但有些时候，它暂时使人不能享受这类福利；在另些时候，只有专制制度能使人得到短暂的满足。在自由中只欣赏这些好处的人，从未长久保持自由。

多少世代中，有些人的心一直紧紧依恋着自由，使他们依恋的是自由的诱惑力、自由本身的魅力，与自由的物质利益无关；这就是在上帝和法律的唯一统治下，能无拘无束地言论、行动、呼吸的快乐。谁在自由中寻求自由本身以外的其他东西，谁就只配受奴役。

某些民族越过千难万险顽强地追求自由。他们热爱自由，并不是因为自由给他们什么物质利益；他们把自由本身看作一种宝贵而必需的幸福，若失去自由，任何其他东西都不能使他们得到宽慰；若尝到自由，他们就会宠辱皆忘。另一些民族在繁荣昌盛中对自由感到厌倦，他们任凭别人从他们手中夺走自由，唯恐稍一反抗，就会损害自由赐与他们的那些福利。这些人要保持自由还缺少什么呢？什么？就是对自由的爱好。不要叫我去分析这种崇高的志趣，必须亲身体味。它自动进入上帝准备好接受这种爱好的伟大心灵中，它填满这些心灵，使它们燃烧发光。对于那些从来没有感受过这种爱好的平庸的灵魂，就不必试图让他们理解了。

第 四 章

路易十六统治时期是旧君主制最繁荣的时期,何以繁荣反而加速了大革命的到来

当路易十四这位君主在全欧洲称霸之际,他统治下的王国已开始衰竭,这一点确实无疑。在路易十四朝代最光荣的年月,衰微的最初迹象已经显露。法兰西早在停止征服之前,便已千疮百孔。谁没读过沃邦①给我们留下的那篇关于政府统计表的令人惊骇的短论?17世纪末,甚至在那场不幸的西班牙王位继承战争②开始以前,总督们在致勃艮第公爵的奏折中,都暗示了国家日益加剧的衰落景象,而且并不作为新近的现象来谈论。"若干年来本财政区人口锐减,"一位总督说道。"这座昔日富庶繁荣的城市今天已没有工业,"另一位总督说道。这一位说:"省里原有制造业,但今天已被抛弃。"那一位说:"过去居民的土地收获大大超过今天;20年前这里的农业不知繁荣多少倍。""近30年来,人口和出产减少了

---

① 沃邦(1633—1707),法国元帅,主持国防和从战功绩卓著,政治上持自由精神,他的《王国什一税方案》1707年被禁止发行。——译者
② 1701—1714年法德之间争夺西班牙王位继承权的战争,英、荷、葡等国均卷入。——译者

五分之一，"同时代的一位奥尔良总督说道。应该建议赞赏专制政府的个人和喜欢战争的国君们读一读这些奏折。

由于这些贫困主要源于政体的流弊，路易十四的死亡与战争的结束都不能使公共繁荣再现。18世纪上半叶，论述政府或社会经济的所有作家均持共同见解，即外省并未恢复；很多人甚至认为，外省在继续崩溃。他们说道，唯有巴黎日益富庶和扩大。总督、前大臣、实业家在这一点上与文人们看法一致。

在我看来，我得承认我决不相信18世纪上半叶法国在继续衰落；但是被消息灵通人士所支持的这一普遍的见解至少证明，当时没有明显的进步。我所能看到的有关这一时期历史的所有政府文献确实表明，社会陷于一种麻木状态。政府因循守旧，毫无创新；城市未作任何努力使居民环境更舒适健康；个人也不去发起任何重大事业。

大革命爆发前三四十年左右，情况开始变化；在当时社会的各个部分似乎都可看到一种迄未注意到的内在震动。起初只有非常耐心考察的人才能窥见出；但是逐渐地，它变得更突出，更加明确。这个运动逐年扩大加快；整个民族终于动了起来，仿佛复活了。请注意！这不是旧生命复活；推动这巨大躯体的精神是新精神；它使躯体复苏片刻，无非是为了使之解体。

每个人都在自己的环境中焦虑兴奋，努力改变处境：追求更好的东西是普遍现象；但这是一种使人焦急忧伤的追求，引人去诅咒过去，梦想一种与眼前现实完全相反的情况。

这种精神很快渗进政府内部，将它从内部改造，外部毫无更动：法律没有改变，执行法律却是另一样。

第四章　何以繁荣反而加速了大革命的到来

我在别处说过,1740年的总监和总督与1780年的截然不同。这一实情在政府通信中得到详细证明。虽则1780年的总督与前任有同样的权力,同样的代理人,同样的专横性,但他们的目的却不相同:前者只负责使所辖省份保持顺从,征募兵员,尤其是征收军役税;后者则有很多其他事要关心:他的头脑里装满无数旨在增加公共财富的计划。道路、运河、制造业、商业是他思考的主要对象;农业尤其引起他注意。絮里①成为行政官员中名噪一时的人物。

正是在这个时代,他们开始组成我已提到的农业协会,创立赛会,颁发奖金。有些总监的通报并不像公务信函,倒像有关农艺的论文。

主要通过各种捐税的征收,人们能最清楚地看出统治者精神的变化。同过去相比,立法同样不平等,同样专横,也同样严酷,但是在执法时,所有的毛病都减轻了。

莫里安②先生在回忆录中说道:"当我开始研究税收法时,我对自己的发现大吃一惊:单是漏税,特别法庭便有权处以罚金、监禁、体罚;包税官完全凭借他们的誓词,控制几乎所有财产和人身,等等。幸好我没有局限于单纯阅读法典,我很快就有理由确认,在法律文本和它的施行之间存在差异,这种差异与旧金融家和新金融家习俗上的差异相同。法学家总是倾向于减罪缓刑。"

1787年下诺曼底省议会说道:"征收捐税会招致多少弊端烦

---

① 絮里(1560—1641),亨利四世重臣,在军事、财政、农业各方面均有贡献。——译者

② 莫里安(1758—1850),法国政治家,著有《国库大臣回忆录》。——译者

恼！不过我们应当正确评价几年来征税中的温和与分寸。"

文献考证充分证实了这种论点。对自由和人的生命的尊重经常可见。尤其可以见到对穷人的苦难的真正关心；这种现象以前是找不到的。对穷苦人，税务部门极少施行强暴，蠲免捐税更频繁，赈济更多。国王增加所有基金，专门用于在农村创办慈善工场或救济贫民，他还经常设立新基金。我发现1779年在上基耶内一个财政区，国家用这种方式发放80000多里弗尔；1784年在图尔财政区发放40000里弗尔；1787年在诺曼底财政区发放48000里弗尔。路易十六不愿将政府的这个部门只交给大臣去管；他有时亲自负责。1776年，当御前会议判决确定，国王猎物在王室狩猎总管管区[①]周围毁坏农田，应付农民赔款，并指出进行赔款的简便可靠的方法时，国王亲自撰写了各项理由。蒂尔戈对我们讲述了这位善良而不幸的君王把亲手写好的东西交给他，国王同时说道："你看我也在我这方做工作。"假如人们按照旧制度存在末年的样子去描绘旧制度，那么绘出的将是一幅比真容更美但却不太像的肖像。

随着被统治者与统治者精神上发生的这些变化，公共繁荣便以前所未有的速度发展起来。所有迹象都表明了这点：人口在增加；财富增长得更快。北美战争[②]并未减慢这一飞跃发展；国家因战争负债累累。但是个人继续发财致富；他们变得更勤奋，更富于事业心，更有创造性。

[①] 原文为 capitainerie，王室狩猎专用，有完全的司法权。——译者
[②] 即七年战争（1756—1763），英法各为一方，欧洲主要国家均卷入。法国失去了北美殖民地，英国成为世界第一殖民大国。——译者

当时一位行政官员说道:"1774年以来,各类工业发展起来,从而扩大了所有消费税的内容。"实际上,将路易十六统治的不同时期里国家与负责征税的金融公司签订的不同协定作一比较,就能看出协定每次延期时,地租价格都在迅速不断地上升。1786年租约比1780年多出1400万里弗尔。"可以算出,所有消费税所得每年递增200万,"内克在1781年结算书中说道。

阿瑟·扬断言,1788年波尔多的贸易额比利物浦多;他还说:"近几年里,海上贸易在法国比在英国发展更快;这种贸易近20年增长了一倍。"

人们若注意各时期的差异,就一定会确信,公共繁荣在大革命后任何一个时期都没有大革命以前20年中那样发展迅速。立宪君主制的37年①是我们和平和迅速发展的时期,唯有这个时期在这方面能与路易十六朝代媲美。

如果人们想到政府还含有许多弊病,想到工业还遇到许多难处,那么已经展现的这派如此巨大、如此兴旺的繁荣景象,就会让人惊奇;很多政治家可能否认这个事实,因为他们无法解释这个现象,他们就像莫里哀剧中的医生那样断言,病人不按规则,就不能痊愈。赋税不平等,习惯法五花八门,国内关税,封建权利,行会管事会,官职等等,有了这些东西,法兰西居然能繁荣富裕,确实,这怎能叫人相信?然而不管怎样,法兰西开始富裕和全面发展起来,因为在所有那些制造低劣、啮合不好、似乎注定要减速而不能推动社会机器的齿轮之外,掩藏着两种极简单、极强大的动力,足以使

---

① 指1815—1852年这段时期。——译者

整部机器结成一体,并推动全部朝着公共繁荣的目标运转:一个依旧非常强大有力但却不再实行专制、到处维持秩序的政府;一个从上层阶级看已成为欧洲大陆最开明、最自由的民族,在它内部,每个人都能随心所欲地发财致富,可保住已取得的财富。

国王继续以主子身份讲话,但他自己实际上服从公众舆论,每日每时都受公众舆论的启发带动,不断向它咨询,对它敬畏恭维;根据法律条文国王是专制的,但在法律实施中受到限制。自1784年起,内克在一份公开文件中举出一个公认的事实:"大多数外国人很难设想公众舆论当今在法国发挥的权威:他们很难理解这股甚至对国王宫廷发号施令的无形力量到底是什么。然而事实毕竟如此。"

把人民的伟大强盛一概归因于法律机制,这种观点是再肤浅不过的了;因为在这方面,不是工具的完善而是发动机的力量在制造产品。请看英国:那里的行政法和我们的相比,至今仍显得更复杂,更五花八门,更不规则!但是在欧洲哪一个国家比英国有更多的公共财产,范围更广,更可靠,更多样化的私人财产,社会更牢固,更富庶?原因不在于这套法律的优良,而在于推动整个英国立法的精神。某些器官不完善无关宏旨,因为生命是强大有力的。

在法国,随着我刚刚描述的繁荣的发展,精神却显得更不稳定,更惶惑不安;公众不满在加剧;对一切旧规章制度的仇恨在增长。民族明显地正走向革命。

况且,后来成为这场革命主要发源地的法国那些部分,恰恰正是进步最明显的地方。人们如果研究法兰西岛旧财政区留下的档案,定会很容易断定,正是在邻近巴黎的地区,旧制度最早最深刻

第四章 何以繁荣反而加速了大革命的到来

地进行了改革。在那里，农民的自由和财产，已比任何其他财政区受到更好的保护。早在1789年以前很久，个人徭役便已消失。征收军役税变得比法国其他地方更正规、更轻、更平等。假如要理解当时一个总督能为全省的福利和减轻穷困做些什么，就必须阅读1772年改进征收军役税的条例。从这条例看，捐税已完全改观。政府专员每年下到各个教区；村社在他面前集会；财产价值当众确定，每个人的财产用对审方式确认；军役税最后经所有应纳税者的协作而制定。再没有行会理事的专横，再没有无益的暴力。不管征收制度怎样，军役税无疑仍保持其固有的毛病；它只压在一个纳税者阶级身上，对于工业和地产一视同仁；但是在所有其他方面，军役税和邻近财政区仍冠以同样名称的捐税大不相同。

相反，没有什么地方的旧制度像卢瓦河流域及河口处、普瓦图沼泽和布列塔尼荒原那些地方保存得更完整了。恰恰是在那里点燃并滋养了内战战火，那里对大革命反抗最激烈，时间最长久；以至于有人会说，法国人的处境越好就越觉得无法忍受。

这种观点使人惊奇；但历史充满着类似的景象。

革命的发生并非总因为人们的处境越来越坏。最经常的情况是，一向毫无怨言仿佛若无其事地忍受着最难以忍受的法律的人民，一旦法律的压力减轻，他们就将它猛力抛弃。被革命摧毁的政权几乎总是比它前面的那个政权更好，而且经验告诉我们，对于一个坏政府来说，最危险的时刻通常就是它开始改革的时刻。只有伟大天才能拯救一位着手救济长期受压迫的臣民的君主。人们耐心忍受着苦难，以为这是不可避免的，但一旦有人出主意想消除苦难时，它就变得无法忍受了。当时被消除的所有流弊似乎更容易使人觉察到尚有其他流弊存在,于是人们的情绪便更激烈:痛苦的确已经减轻,但是感觉却更加敏锐。封建制度在盛期并不比行将灭亡时更激起法国人心中的仇恨。路易十六最轻微的专横举动似乎都比路易十四的整个专制制度更难以忍受。博马舍①的短期监禁比路易十四时期龙骑兵对新教徒的迫害在巴黎引起更大的民情激动。

再无人认为1780年法国在衰落;相反,人们会说,此时此刻再无阻碍法国进步的限制了。正是在那时,人能不断地无限完善的理论产生了。20年以前,人们对未来无所期望;现在人们对未来无所畏惧。人们的想象力预先就沉浸在即将来临的闻所未闻的幸福中,使人对既得利益无动于衷,一心朝着新事物奔去。

除了这些普遍原因之外,这一现象还有其他更为特殊但同样强有力的原因。尽管财政管理已经像其他部门一样完善,它还保留着专制政府固有的毛病。由于财政管理是秘密的、无保障的,人们在这里仍遵循路易十四和路易十五统治下的某些不良做法。政府努力促进公共繁荣,发放救济金和奖励,实施公共工程,这些每天都在增加开支,而收入却并未按同一比例递增;这就使国王每天都陷入比他的前人更严重的财政拮据中。和前任一样,他不断使他的债权人收不回债;像先王一样,他向四面八方举债,既不公开,也无竞争,债权人不一定能拿到定期利息;甚至他们的资本也永远取决于国王的诚意。

---

① 博马舍(1732—1799),法国18世纪后期最重要的戏剧作家,他的名著《费加罗的婚礼》公演于1784年,对封建社会进行全面指责,可以说"就是进入行动的革命(拿破仑语)"。——译者

第四章 何以繁荣反而加速了大革命的到来

有一位值得信任的证人,因为他曾亲眼目睹,而且比别人看得更清楚,对此说道:"那时法国人与自己政府的关系中充满了偶然性。他们用自己的资本去买政府的公债;他们绝不能指望在固定时期获得利息;他们为政府建造军舰,维修道路,为政府的士兵提供衣物,他们垫出的钱没有偿还的担保,也没有偿还期限,他们不得不算计与大臣签订的合同运气如何,就像搞冒险贷款一样。"他还意味深长地说道:"当此之时,工业振兴,在更加广大的人们心中萌发起对财产的热爱、对富裕的爱好与需求,那些将部分财产委托给国家的人对合同法遭到破坏更难以容忍,而破坏者正是所有债务人中本应最尊重合同法的债务人。"

这里受到指责的法国行政当局的种种流弊实在并不新鲜;新鲜的是它们所产生的印象。从前财政制度的缺陷要严重得多;但是从那时以来,政府和社会发生了变化,使人们对这些问题比以前敏感得多。

20年来,政府变得更加活跃,发起过去连想都不曾想的各种事业,终于成为工业产品的最大消费者,成为王国内各项工程的最大承包人。与政府有金钱关系、对政府借款颇感兴趣、靠政府薪金维生、在政府市场投机的人数惊人地增长。国家财产和私人财产从未如此紧密混合。财政管理不善在很长时间里仅仅是公共劣迹之一,这时却成了千家万户的私人灾难。1789年,国家欠债将近六亿里弗尔,那些债权人本身又是债务人,正像当时一位财政家所说,他们和同受政府财政管理不善之苦的一切人联合起来,将他们的怨恨一齐向政府发泄。请注意,随着这种不满者人数的增多,他们更加激怒;因为投机的欲望,发财的热忱,对福利的爱好已和生意经自动传播增长，30年前对同样的痛苦逆来顺受的人，现在对此却忍无可忍了。

食利者、商人、工业家与其他批发商或贪财者由此产生，他们通常构成一个最敌视新政策、最热爱任何现存政府、最顺从他们所蔑视或厌恶的那些法律的阶级，而这个阶级这一次表现得最急于改革，并且最坚决。它尤其大声疾呼号召在整个财政系统进行彻底革命，而未想到人们如深深震撼了政府的这个部门，其余部门即将全部垮台。

一场浩劫怎能避免呢？一方面是一个民族，其中发财欲望每日每时都在膨胀；另一方面是一个政府，它不断刺激这种新热情，又不断从中作梗，点燃了它又把它扑灭，就这样从两方面推促自己的毁灭。

第 五 章

何以减轻人民负担反而激怒了人民

140年来,在公共事务的舞台上,人民连片刻也未曾出现,因而人们根本不再相信人民还会走上舞台;看到人民麻木不仁,人们便认为他们是聋子;以致当人们开始关心人民的命运时,就当着他们的面大谈特谈,仿佛他们不在场。人们似乎是专讲给高踞人民头上的那些人听的,他们担心的唯一危险是怕那些人不能完全听懂。

那些最应害怕人民发怒的人当着人民的面高声议论那些经常折磨人民的残酷的、不公正行为;他们相互揭发政府机构骇人听闻的种种罪恶,而政府机构是人民身上最沉重的负担;他们用动听的辞令描绘人民的苦难和报酬低劣的劳动:他们试图这样来解救人民,结果使他们怒气冲天。我说的不是作家,而是政府,是政府的主要官员,是特权者本身。

大革命前13年,国王试图废除劳役制,他在敕令的序言中说道:"除少数几个省(三级会议省)外,几乎所有王国的道路都是由我们臣民中最贫穷的那一部分无偿修建的。一切负担便全都落在那些除了双手一无所有并且与道路只有极其次要利害关系的人们头上;真正有切身利益的是所有者,差不多全部是特权者,他们的财富由于修路而增长。人们强迫穷人单独维修道路,迫使他们无偿提供时间和劳动,这样一来便剥夺了他们抵御贫苦饥饿的唯一手段,让他们为有钱人的利益劳动。"

与此同时,人们着手消除工业行会制度加给工人的种种痛苦,以国王名义宣布:"劳动权是一切财产中最神圣的财产;一切有损劳动权的法律均违背自然权利,均当被视为无效的法律;现存社会是古怪暴虐的制度,是利己、贪婪、强暴的产物。"类似的言论很危险。更危险的是这些话等于白说。几个月以后,行会和劳役制重新恢复。

据说使国王说出这种话的是蒂尔戈。蒂尔戈的继任者也大都照此办理。1780年,国王向臣民宣布今后增派军役税必须公开登记,他在旁注中还特地说道:"纳军役税者已为征收军役税的烦恼所折磨,他们至今仍承受那些意外的增派,以至我们臣民中最穷苦的这部分人的税额增长比例远远高于所有其他臣民。"国王还不敢使捐税负担一律平等,不过他至少着手确立征税平等,在已确定共同负担的捐税中推行。他说道:"朕希望有钱人不会觉得受损害,他们如今被纳入共同水准,他们要完纳的捐税只不过是长期以来他们本当更加平等地承担的那份。"

尤其在饥荒年月,人们似乎是有意刺激群情,而不是满足他们的需求。一位总督为激发有钱人发善心,谈到"这些所有者极不公正、为富不仁,他们所占有的一切应归功于穷人的劳动,但是他们却在穷人为开发他们的财产而筋疲力竭之际,任其饿死"。国王在类似情况下也说过:"朕欲保卫人民免遭无衣无食之苦,有钱人强迫他们劳动,高兴给多少报酬就给多少。朕不能容忍一部分人听任另一部分贪婪的人摆布。"

第五章 何以减轻人民负担反而激怒了人民

直至君主制末期，不同行政权力之间存在的斗争引起形形色色的类似现象：争论双方一心把人民的苦难推诿给对方。1772年在粮食流通问题上，图卢兹高等法院与国王之间引起的那场争论尤其清楚地表明了这点。"由于其错误措施，政府可能使穷人饿死，"图卢兹高等法院说。——"高等法院的野心和有钱人的贪婪造成了公众的穷困，"国王反驳道。双方就这样向人民头脑中灌输这样的思想：他们的痛苦永远只应责怪上面。

这些事情在秘密函件中找不到，在公开文件中却提到，政府和高等法院特意将这些文件大量印刷，四处张贴。这样做的时候，国王便向他的先辈和他自己道出了非常严峻的事态真相。一天他说道："国库已因历代挥霍而负担过重。我们的许多不得转让的领地已经以廉价转让了。"另一次据说国王出于理性而不是出于谨慎说道："工业行会尤其是列王的国库贪财的产物。"国王在下面补充说："假如形势常常造成无用的开支，军役税过分增长，其原因便在于财政管理部门认为增加军役税是秘密进行的，所以是最简易的对策，尽管还有许多其他对我们的人民负担较轻的办法。"

所有这些都是对国民中有教养的那一部分人讲的，为的是使他们相信某些遭到个别利益集团指责的措施反倒是有用的。至于人民呢，当然他们即使听见了也不懂得。

必须承认，甚至在这种善心里也含有对人们真心想拯救出苦海的那些受苦人的极端蔑视，这不禁使人想起夏特莱夫人①的看

---

① 夏特莱夫人(1706—1749)，伏尔泰的情妇，爱好科学，写有各种论文。——译者

法；伏尔泰的秘书告诉我们，夏特莱夫人毫不在乎地当着仆从的面更衣，因为她并不确信仆人也是人。

不要以为刚才我转述的危险性语言仅仅出自路易十六及其大臣之口；那些即将成为人民众矢之的的特权者在人民面前讲话时也是如此。应当承认，在法国，社会上层阶级开始关心穷人命运时，穷人尚未使他们感到畏惧；他们关心穷人时，尚不相信穷人的疾苦会导致他们自己的毁灭。这一点在1789年以前十年当中尤为明显；那时人们经常同情农民，不断谈论农民，研究用什么方法能救济农民，揭露使农民受苦的主要流弊，谴责特别危害农民的财政法规；但是在这种新的同情表示中，人们照旧缺乏远见，和过去长期麻木无远见一样。

1779年在法国部分地区，后来又在整个王国，召集了省议会，请读一读这些会议记录；研究一下会议留给我们的其他公开文件，你定会为文件的善良情意所感动，对文件中格外不慎重的语言感到惊讶。

1787年下诺曼底省议会说道："人们经常看到，国王用于修路的钱被用在富人身上，而对人民毫无用处。人们常常花费金钱使通向城堡的道路更舒适，却不用来使市镇或村庄的入口更方便。"在这同一会议上，贵族等级和教士等级描述了劳役的罪恶后，自发地同意捐赠50000里弗尔改善乡间道路，说这样一来，本省道路即可畅通，却不须耗费人民一文钱。对这些特权者来说，用普遍捐税代替劳役制并缴付应纳捐税，也许更少费钱些；但是，在自愿出让捐税不平等的利润时，他们却还想保留其外表。在抛弃他们权利的有益部分的同时，他们细心保留着令人憎恨的部分。

另一些省的议会完全由免纳军役税的地产主组成，他们一心打算继续免纳人头税，但却同样用最暗淡的色彩描绘这种军役税使人民蒙受的苦难。他们将军役税的一切流弊编织成一幅可怕的图画，还特意大量印制。但是很奇特的是，就在他们关心人民的明显表示中，他们却不时加进公开蔑视人民的话语。人民已经唤起他们同情，但仍旧是他们轻视的对象。

上基耶内省议会热烈地为农民的事业申辩，但称这些农民为无知粗野的人、好闹事、性格粗鲁、不顺从的家伙。蒂尔戈曾为人民做了不少事，但他讲起话来也是如此。

这类恶言冷语在那些准备公布于众让农民亲自阅读的法令上可以见到。仿佛人们生活在欧洲那些像加里西亚的地方，在那儿，上层阶级讲一套与下层阶级不同的语言，下层阶级听不懂他们说的是什么。18世纪封建法学家对于交纳年贡者和其他封建税的债务人，常常表现出温和、节制、公正这种不大为前人所知的精神，但在某些地方，他们仍旧说卑贱的农民。看来这类骂人话正如那些公证人所说，是自古已然。

随着1789年的临近，这种对人民贫苦的同情变得更强烈、更轻率。我手中有一些1788年初许多省议会致不同教区居民的通告，为的是要从他们那里详细了解他们可能提出的一切申诉。

这些通告中有一份是由一位神甫、一位大领主、三个贵族和一位资产者签署的，他们都是议会成员，以议会名义行事。该委员会命令各教区的行会理事召集全体农民，向他们征询对所纳不同捐税的制订和征收方式的意见。通告称："我们大致知道，大部分捐税，特别是盐税和军役税，对种田人来说产生了灾难性的后果，但是我们还要具体了解每一种流弊。"省议会的好奇心不止于此；它要知道教区内享有某种特权的人——贵族、教士或俗人的人数，要确切知道这些特权是什么；免税人的财产价值多少；他们是否居住在他们的土地上；是否有很多教会财产——或像当时所说，永久管业基金——不参与商业，它们价值多少。所有这一切尚不能使议会满意；还要告诉它，假使存在捐税平等，特权者应承担的那部分捐税，军役税、附加税、人口税、劳役，估计数额是多少。

这等于是通过叙述各人所受的苦难使他们激愤起来，向他们指出罪魁祸首，点明他们为数很小，不足为惧，从而在他们内心深处燃起贪欲、嫉妒和仇恨。人们似乎完全忘掉了扎克雷起义[①]、铅锤党人[②]和十六人委员会[③]，似乎不懂得这些法国人的性格：在天性保持平静时，他们是世界上最温和、最仁慈的民族，一旦迸发出猛烈激情，就会变成最野蛮的民族。

可惜我未能获得农民答复这些致命问题的所有报告；但我还是找到了一些，足以了解支配这些报告的一般精神。

在这些报告中，每一个特权者的名字，贵族也好，资产者也好，都一一指明；每个人的生活方式有时也被描述一番，而且总是加以批判。人们仔细地研究他的财产的价值；而且还涉及这些特权的数量和性质，尤其是特权给村里所有其他居民造成的损害。人们列举必须作为租金交纳的小麦斗数；羡慕地估算特权者的收入，据

---

① 1358年在博韦西爆发的反抗贵族的农民起义。——译者
② 1382年巴黎人为反抗新征间接税而爆发的市民起义。——译者
③ 16世纪末宗教战争期间巴黎的联盟派组成的委员会，代表16个区，支持吉斯公爵，一度推行暗杀恐怖。——译者

说这笔收入谁也不能分享。本堂神甫的额外收入——人们已经称之为他的薪水——过多；人们辛酸地注意到，教堂里所有的事都得付钱，穷人连安葬也得交钱。捐税全都制订得很糟糕，而且欺压人；没有一项捐税不受到抨击，他们谈论一切人，语言暴躁，怒不可遏。

他们说道："间接税可恨，没有哪一家，包税员没有来搜查过；没有任何东西在他的手下和眼中是不可侵犯的。注册税繁重，军役税收税员是个暴君，他贪婪，欺压穷人，无所不用其极。执达员也不比他强；没有一个老实的庄稼人能躲过他们的暴行。征税员为使自己免遭这些恶霸的吞噬，不得不伤害其邻人。"

在这次调查中大革命不仅宣告了它的临近，而且它就在这里，它已经在使用它的语言，展现出它的整个面目。

16世纪宗教革命和法国大革命的所有差别之中，有一种差别令人瞩目：在16世纪，大部分显要人物投身于宗教变革都出于野心或贪婪；相反，人民却出于信仰，并不指望得到什么好处。在18世纪，情况就不同了；正是无私的信仰和慷慨的同情感动了当时有教养的阶级，使他们投身革命，而使人民行动起来的是满腔的痛苦怨恨和要改变地位的强烈欲望。前者的热情终于点燃并武装了后者的怒火和贪欲。

第 六 章

政府完成人民的革命教育的几种做法

　　政府自己早已努力向人民的头脑中灌输和树立若干后来称为革命的思想,这些思想敌视个人,与个人权利对立,并且爱好暴力。

　　国王是第一个向人民表明人们可以用何等轻蔑态度对待最古老而且外表上最根深蒂固的制度的。路易十五既通过他的革新,也通过他的作恶,既通过他的精力,也通过他的怠惰,动摇了君主制,加速了大革命的到来。当人民看到与王权几乎同时代,而且迄今看上去与王权同样不可动摇的高等法院土崩瓦解时,他们模模糊糊地领悟到,暴力和冒险的时代临近了,那时,一切都变得可能,没有什么老事物应受尊重,没有什么新事物不能尝试。

　　路易十六在他的整个统治期,都在谈论准备着手的改革。大革命后来果然推翻了一切规章制度,而在此以前,路易十六曾预见大多数制度已临近毁灭。他从立法机构中除去几个最坏的制度,不久又予以恢复:仿佛他想的只是把这些坏制度连根拔起,由别人来把它们打倒。

　　在他亲自主持的改革中,有一些未经充分准备,就突然改变了古老而受人尊重的习惯,有时还破坏了既得权利。这样,改革不只

第六章 政府如何完成人民的革命教育

是推倒了阻碍大革命的重重障碍,更重要的是向人民表明怎样才能动手进行革命,因而,改革为大革命作了准备。恰恰是国王及大臣们行动中单纯无私的意图,为害更甚;因为,最危险的榜样莫过于出于好意,由好心人施行的暴力了。

很久以前,路易十四在敕令中便公开宣布这种理论,即王国所有土地原本均依国家的条件被特许出让的,国家才是唯一真正的所有者,而所有其他人只不过是身份尚有争议、权利并不完全的占有者而已。这个学说来源于封建立法;但是只是到了封建制度灭亡之际它才在法国被传授,法院从未予以承认。这是现代社会主义由此肇始的核心思想。看上去奇怪,社会主义首先植根于王权专制主义。

路易十四以后的朝代中,政府每年都现身说法,告诉人民对私有财产应持轻视态度。18世纪下半叶,当公共工程尤其是筑路蔚然成风时,政府毫不犹豫地占有了筑路所需的所有土地,夷平了妨碍筑路的房屋。桥梁公路工程指挥从那时起,就像我们后来看到的那样,爱上了直线的几何美;他们非常仔细地避免沿着现存线路,现存线路若有一点弯曲,他们宁肯穿过无数不动产,也不愿绕一个小弯。在这种情况下被破坏或毁掉的财产总是迟迟得不到赔偿,赔偿费由政府随意规定,而且经常是分文不赔。

下诺曼底省议会从总督手中接管政府时,发现20年来政府为修路而没收的所有土地的价钱尚未偿还。国家这样欠而未还的债务,在法国的这个小小角落,竟达25万里弗尔。受侵害的大所有者为数有限;但是由于土地已经非常分散,受损害的小所有者人数众多。每个所有者都从切身经历中学会,当公共利益要求人们破坏个人权利时,个人权利是微不足道的。他们牢记这一理论,并把它应用于他人，为自己谋利。

从前在许许多多教区设有慈善基金会，按创立者的意图，基金会的目的是按遗嘱指定的场合及方式救济居民。在君主制末期，由于御前会议的一纸判决，即由于政府的纯粹专断，这些基金会大部分或是被破坏，或是改变了最初宗旨。通常，发给村子的这种基金被用来资助邻近的济贫院。而济贫院呢，在这同一时期，它们的财产也被改造得与创始者的目的相违连，他们无疑是不会采纳的。1780年的一道敕令授权所有这些机构变卖不同时期人们遗赠——条件是他们可以终身享用——的财产，准许他们将价值上交国家，国家应当支付年金。据说，这是更好地利用祖先没有充分利用的施舍。人们忘记了，教唆人们破坏活人的个人权利的最好方法，就是丝毫不顾死人的意志。旧制度政府对这些死人表现出的蔑视是后继的任何一个政府望尘莫及的。尤其是它对此一向掉以轻心，英国人却为此给每个公民以全社会的力量，帮助他维持死前最后意愿的效力，这就使英国人对死人比对活人更为尊重。

征集制、食品强制出售、最高限价，这些是旧制度下有过先例的政府措施。我看到，在饥荒时期，政府官员预先对农民供应市场的食品确定价格；由于农民怕受约束，不到市场来，政府官员便下达命令，强迫他们前往，否则处以罚金。

但是最有害的教育莫过于刑事法庭在涉及人民时所依据的某些形式。穷人在抵御比他更有钱有势的公民的侵害方面，远比人们想象的更有保障，但是当穷人和国家打交道时，正如我在别处已指出的那样，他们就只能找到特别法庭、有偏见的法官、仓促而虚假的诉讼程序和不得上诉的假执行判决。"委派骑警队队长及其

第六章 政府如何完成人民的革命教育

副官了解缺粮时节可能爆发的骚乱和聚众闹事；命令他们妥善处理诉讼案件，审判为既无上诉权又无特赦权的终审；国王陛下禁止所有法庭过问此案。"这项御前会议判决在整个18世纪期间都有效力。从骑警队笔录中可以看到，在这种形势下，人们连夜包围可疑的村庄，乘天亮前闯入民宅，不需任何凭证，便逮捕了被指定的农民。遭这样逮捕的人常常长期被监禁而不送审；但是敕令却命令所有被告须在24小时内受审。和我们今天一样，这项规定既不正规，也不被遵循。

一个温和稳固的政府就是这样每天教给人民那种最适应于革命时代、最适合于专制暴政的刑事诉讼法。它一直开办这类学校。旧制度始终给予下层阶级这种冒险的教育。蒂尔戈在这一点上也忠实效法他的前任。1775年，当他的关于谷物的新立法激起高等法院的反抗和农村的骚乱时，他在国王的许可下发布法令，剥夺法院审理权，并将叛乱者移交重罪法庭。法令道："重罪法庭主要用来镇压民间动乱，迅速处理，以儆效尤。"况且，凡远离本教区的农民，未持有本堂神甫和行会理事签署的证明者，均当受到追缉和逮捕，像流浪汉一样受审判，无上诉权，也无特赦权。

诚然，18世纪的君主制统治下，刑罚虽然形式骇人，几乎总是温和的。人们宁愿使人畏惧，不愿使人受罪；或不如说，人们由于习惯和冷漠而专横强暴，由于气质而温和。但是对这种速决司法的爱好只会增长。刑罚越轻，越容易忘记宣布刑罚的方式。温和的判决掩盖着诉讼程序的恐怖。

我掌握事实，所以敢说，革命政府使用的大量诉讼程序，在君主制最后两个世纪中所采取的针对下层人民的措施里，均可找到先例和榜样。旧制度给大革命提供了它的许多形式,大革命只不过又加进了它的独特的残忍而已。

第 七 章

何以一次巨大的行政革命成为政治革命的先导,其结果如何

政府形式尚未改变,规定个人地位和政府事务的那些附属法律却已经废除或修改。

行会理事会的破坏和部分的、不完全的恢复深刻地改变了工人和雇主的旧关系。这些关系不仅不同以往,而且不确定、不自然。教会权威遭到毁灭;国家监护尚不稳定,手工业者在政府与老板之间,处于一种为难的不明确地位,不知道二者当中谁能保护自己或谁应该容纳自己。整个城市下层阶级骤然间落入这种茫然的无政府状态,一旦人民在政治舞台上开始重新出现,这种形势就产生了严重后果。

大革命前一年,国王敕令在司法秩序的所有各部门造成了混乱;若干新的法庭设立了,其他法庭大批被废除,管辖权的一切规定均被更改。然而在法国,恰如我在别处已经谈到的,负责审判、执行法官判决的人数量庞大。说真的,整个资产阶级都或近或远地与法庭有关系。法律的效果因此便突然间打乱了千家万户的处境和财产,给予他们新的不可靠的地位。敕令也给申诉人带来不

便,在这场司法革命中,他们很难重新找到他们可以应用的法律和应该审判他们的法庭。

但是,严格意义上的政府在1787年所经受的彻底改革在公共事务中尤其引起了混乱,后来又触及每个公民,直到他们的私生活。

我说过,在各财政区,即在法国四分之三左右地区,整个财政区政府都交托给一个人,即总督,他的所作所为不仅不受控制,而且独断专行。

1787年,人们在这位总督身边设置了省议会,总督成为真正的地方行政官员。每个村子里,经选举产生的镇政府同样取代了旧教区议会,在大多数情况下,还取代了行会理事。

与原先立法截然对立的立法不仅彻底改变了事物的秩序,而且彻底改变了人们的相对地位,它必须在各地同时实施,而且在各地以近乎同一方式推行,丝毫不考虑以前的惯例和各省的特殊情况;这个行将被大革命推翻的旧政府,当时已经具备大革命的中央集权的很多特性。

可以清楚地看到,习俗在政治机构中所起的作用:人们应用长期以来沿用的模糊复杂的法律,比利用新鲜的更简化的法律要顺手得多。

旧制度下,法国存在着依各省情况而变化无穷的各种权力,没有哪一种权力具有确定的众所周知的界限,各权力的工作范围总是与许多其他权力相混。然而人们终归在事务中确立了正规的相当方便的秩序;而为数更少的新权力,虽经仔细限定,彼此间仍然相似,在更大的混乱中互相抵触混杂,常常相互抵消,软弱无力。

第七章 何以行政革命成为政治革命的先导

此外,新法律包含一个严重的缺陷,仅仅这一缺陷,尤其在开始时,就足以使法律难以执行:它创设的所有权力都是集体权力。

在旧君主制下,人们从来只知道两种治理方式:如果行政被委托给一个人,那么,他的一举一动无需任何议会协助;如果存在着议会,例如在三级会议省或在城市里,那么,执行权力不委托给任何个人;议会不仅统治和监督行政部门,而且亲自治理或通过它任命的各临时委员会治理。

由于人们只知道这两种理事方法,所以当他们抛弃这一种,就得采纳另一种。奇怪的是,在一个如此开明、长期以来政府已经发挥如此巨大作用的社会内,人们竟从未想到将两种制度结合为一,从未想到区分而不是拆开执行权与监督和解除权。这种思想看上去简单,却从未有人想到过;只有在本世纪它才被人发现。可以说,这是在政府问题上我们自己的唯一大发现。我们将看到反其道而行之的后果,当人们把行政习俗搬进政治、在憎恨旧制度传统的同时却遵奉这一传统时,人们在国民公会里竟实行三级会议省和城市小市政府曾遵循的制度;我们还将看到,从那以前仅仅使事务陷入窘境的局势里,如何突然间出现了恐怖统治。

这样,在大多数总督一直自行其是的情况下,1787年的省议会取得了自治权;它在中央政府的权力之下,负责制订军役税和监督征收军役税,决定哪些公共工程应当兴办并加以实施。省议会直接统辖公路与桥梁工程局全体官员,从监察直到工程监工。议会要给他们规定它认为可行的事项,向大臣汇报部下的成绩,并提议大臣向他们颁发应得奖赏。村社的监护几乎完全交与省议会;绝大多数诉讼案件的初审必须由议会来审判,而在这以前是由总督审理,等等:上述职权中,有许多不适宜于一个集体的、不负责任的政权,况且即将行使职权的又是一些首次执政的人。

人们把总督贬低到无权无势地位的同时,却让他继续存在,终于使一切陷入混乱。人们在剥夺了总督统揽一切的专制权利后,强加给他帮助和监督议会工作的权利;仿佛一个被免职的官员有朝一日竟能理解剥夺他官职的立法精神,并且协助它的实施!

人们对付总督的做法,也用来对付总督代理。在他的旁边,在他原来占据的位置上,安放了一个区议会,区议会须在省议会领导下根据同样原则行事。

从1787年创立的省议会的法令和会议记录中所了解到的一切,说明议会刚一诞生,就陷入了同总督的暗中的而且常常是公开的战争,总督老谋深算,使继任者手足无措。在一处,议会抱怨它费了很大力气才从总督手中夺回那些最必需的文件。在另一处,总督指控议会成员要篡夺据他说是诏书授予他的职权。他向大臣申诉,大臣则常常不置可否或表示怀疑;因为对他和对所有人一样,这都是新鲜而模糊的问题。有时,议会经讨论认为总督治理不善,他经手修建的道路线路不好或维修很糟;他任凭那些受他监护的村社毁灭而不闻不问。这些议会常常在一项不熟悉的立法中摸黑,犹豫不决;它们四下互相征询意见,不断地收集各种见解。欧什省总督声称他能阻止省议会的意志,省议会曾经批准公社自行征税;省议会则断言,在这个问题上,总督今后只能提供意见,不能下达命令,同时它征求法兰西岛省议会的意见。

处在这些尖刻的批评和会商当中,政府的进程常常缓慢,有时还停滞下来:公共生活这时候似乎中断了。洛林省议会的话是其他许多省议会的回响:"事务全面停滞。所有善良公民均为此感到悲伤。"

在另一些情况下,这些新政府由于过分活跃和自信而犯错误;它们全都充满一股不安及骚乱的热情,希图一举变革旧的方法,一下子匡正积年沉疴。借口今后将由它们实行城市监护,它们着手亲自经营公共事务;总之,它们本想改善一切,到头来却弄得一团糟。

假如人们今天愿意冷静思考长期以来政府在法国占据的重要位置,政府每天接触的众多的利益,依赖政府或需要政府协助的一切事情;假如人们想到正是靠政府而不是靠自己,个人才能期望在自己的事务中取得成功,才能指望他们的行业得到赞助,衣食得到保证,才能开辟和维修道路,才能维持安定,才能保障福利,若考虑到这些,人们一定会明白,政府受到损害会使无数人自身受到损伤。

但是这个新组织的弊病在村庄里尤其明显;在那里,它不仅打乱了权力秩序,还突然间改变了人们的相对地位,使各个阶级都对立冲突起来。

1775年,蒂尔戈向国王提议改革农村行政制度,当时他亲自告诉我们,他碰到的最棘手的问题,乃是捐税摊派不平等;因为,教区事务中首要的就是捐税的制订、征收和使用,怎么能使那些完全不按同一方式纳税、有些甚至完全免纳的人,在教区事务上共同行动、同堂议事呢?每个教区均包括根本不缴纳军役税的贵族和教士、部分或全部免纳的农民以及其他纳全部军役税的人。这就好比三个截然不同的教区,每一个都要求有单独的政府。困难无法解决。

实际上,农村中捐税差异之明显,是任何地方也比不上的;居民划分为不同集团,而且常常是相互敌对的集团,尤以农村为甚。要给村庄一个集体的行政和一个自由的小政府,首先必须使大家缴纳同一捐税,必须缩小各个阶级之间的距离。

1787年终于开始改革,但人们当时做的却非如此。教区内部,旧的等级分离及其主要标志捐税不平等,依然故我,可是人们却把全部行政移交给选举团。这一做法当即导致极为奇特的后果。

如果这是挑选市政官员的选举议会,本堂神甫和领主不能出席;据说他们属于贵族和教士等级;而在这里,主要是第三等级有权选举他们的代表。

市议会一旦选出,本堂神甫和领主反倒成了理所当然的成员;因为使如此显要的两类居民与堂区政府完全无关,这是不大恰当的。领主甚至主持那些他未曾参与选举的市参议员的会议;但是他不能插手他们的大部分法案。例如,当人们着手制订和摊派军役税时,本堂神甫和领主便无权投票表决。他们二者不是都免缴此税吗?从市议会来说,它与他们的人头税毫无关系;人头税继续由总督按特殊方式厘定。

市议会这位主席同他本应领导的议会彼此隔绝,人们担心他在议会中将间接发挥影响,违背他不从属的那个等级的利益,遂要求不计他的佃农的票数;在征求省议会的意见时,省议会认为这样的要求非常公正,完全符合原则。教区的其他贵族,不能进入这个平民的市议会,除非经由农民选举,而后按规章特意注明,但他们在议会中只有权代表第三等级。

领主在议会中出现只是为了完全服从他旧日的臣属,这些人突然间成了他的主人,与其说他是他们的首领,还不如说他成了他们的阶下囚。人们用这方法把这些人召集在一起,目的似乎不是要使他们彼此接近,而是使他们更清楚地看到他们彼此有何差别,他们的利益何等对立。

行会理事是否仍是毫无威信、非靠强迫不能履行其职能的政府官员,抑或他的地位和他任主要代理人的社区已经一起提高了呢?对此无人确知。我找到一封1788年某个村庄执达员的信,他对人们选他履行行会理事的职责感到气愤。他说道:"这是违反行会理事职务享有的所有特权的。"总监答复必须纠正此人的思想,"叫他明白他应把同胞们选举他视为光荣,此外还要叫他明白,新的行会理事丝毫不同于此前冠以同一名称的政府官员,他们应当从政府方面得到更多的尊重"。

另一方面,人们看到,当农民成为一种势力时,教区里重要的居民,甚至贵族,突然间与农民接近起来。巴黎附近一个村庄的有高级裁判权的领主抱怨说,国王敕令阻止他哪怕作为普通居民参加教区议会的工作。另一些人则同意让他"出于对公共利益的忠诚,履行行会理事职责"。

这已为时太晚了。随着有钱阶级的人们向着农村人民靠近,试图和他们打成一片,农村人民却退回到他们一向的孤立状态,据守不出。有些教区的市议会拒绝接纳领主参加;另一些市议会则十分挑剔,不愿接受已致富的平民。下诺曼底省议会说道:"我们获悉,许多市议会拒绝接纳未在本地居住的教区的平民地产主,尽管这些人毫无疑问有参加议会的权利。另一些议会甚至拒绝接纳那些在当地没有财产的佃农。"

因此，甚至还在人们改动那些规定国家政府的主要法律之前，次要法律中已经充满新奇、模糊和冲突。原来存在的东西动摇了，可以说，再没有一项规章制度不被中央政府宣布废除或即将修改。

这场在法国先于政治革命而进行的对一切行政规则和一切行政习惯的突然的大规模革新，人们今天已不大提及，然而在当时，它已经是一个伟大民族的历史上亘古未有的最大的动荡之一。这第一次革命对第二次革命起着异常巨大的影响，使得第二次革命不同于到那时为止世界上发生的所有同类事件，或从那时以来发生的同类事件。

英国爆发的第一次革命[①]震撼了这个国家的整个政治结构，直至废除了君主制，但它只是非常表面地触动次要法律，几乎丝毫未改变习俗和惯例。司法和行政保留原来的形式，照旧沿袭着昔日的习惯做法。据说在内战最激烈的时候，英国的12位法官仍在继续进行一年两次的巡回刑事法庭。因此，一切并未同时激荡。革命的效果受到局限，英国社会尽管在顶层动摇，基础却岿然不动。

自1789年以来，我们在法国亲眼看到了许多彻底改革整个政府结构的革命。大部分是依靠暴力完成的非常突然的革命，它公开破坏现存法律。然而，革命所产生的混乱从来既不长久也不普遍；民族的绝大部分几乎感觉不到，有时几乎没有察觉。

---

① 指1642—1649年英国资产阶级革命。——译者

第七章　何以行政革命成为政治革命的先导

自1789年以来，行政结构在政治结构的废墟中始终存在。人们改变了君主的人身或中央政权的形式；但是事务的日常进程既未中断也未被打乱；每个人继续在与个人相关的细小事务中，遵循他熟悉的准则和惯例；他依赖他一直习惯与之交往的次级政府，而且往往与同一些官员打交道；因为，如果说在每次革命中，政府被砍掉了脑袋，它的躯体依旧完好无损地活着；同样的职能由同样的行政官员执行；他们通过各种各样的政治法规转达他们的精神和他们的经验。他们以国王的名义，随后以共和国的名义，最后以皇帝的名义审判和执政。然后，命运推动同一轮回，他们重又开始为国王、为共和国以及为皇帝审判和执政，永远是同一些人，永远用同一方式；因为，主子叫什么名字与他们何干？他们的工作不在于做公民，而在于做优秀行政官和优秀法官。一旦初次震动平息，国内似乎也就再无什么变动。

大革命爆发之际，政府的这个尽管是从属的、但每日每时为每个公民所感到并以最持久最有效的方式影响着他们的福利的部分刚刚被彻底推翻：国家政府突然间更换了所有官员，更新了所有准则。国家起初好像并未从这场大规模改革中受到大震动，但是所有法国人感受到了一种微小的特殊波动。每个人的地位都动摇了，每个人的习惯都被打乱，每个人的职业都受到妨害。某种正规秩序继续支配着那些最重要最普遍的事务，但已经无人知道该听命于谁，办事该找谁，无人知道在那些构成每日社会生活的更细小的私人事务中该如何行动。

既然国家的各个部分没有一处保持平衡，最后一击便使它整个动摇起来，造成了前所未有的最大的动荡和最可怕的混乱。

第 八 章

大革命如何从以往事物中自动产生

在结束本书时,我想将我分别描绘的若干特征加以归纳,再来看看大革命是如何从我刚为之画像的那个旧制度中仿佛自动产生的。

如果人们考虑到,正是在法国,封建制度虽然没有改去自身中那些会伤害或刺痛人的东西,却最完全地丢掉了能对封建制度起保护作用或为它服务的一切,人们就不会惊讶这场后来猛烈摧毁欧洲古老政体的革命是在法国而不在别国爆发的。

如果人们注意到,贵族在丧失其古老的政治权利后,已不再治理和领导居民——这种现象为任何欧洲封建国家所未见,然而他们却不仅保留而且还大大增加贵族成员个人所享有的金钱上的豁免权和利益;他们已经变成一个从属阶级,但同时仍旧是个享有特权的封闭阶级。正如我在别处说过的,他们越来越不像贵族,越来越像种姓:他们的特权显得如此不可理解,如此令法国人厌恶,无怪乎法国人一看见他们心中便燃起民主的愿望,并且至今不衰。

最后,如果人们想到,这个贵族阶级从内部排除中产阶级并与之分离,对人民漠不关心,因而脱离人民,在民族中完全陷于孤立,

第八章 大革命如何从以往事物中自动产生

表面上是一军统帅,其实是光杆司令,人们就会明白,贵族存在千年之后,怎么会在一夜之间就被推翻。

我已阐明国王政府如何在废除各省的自由之后,在法国四分之三的地区取代了所有地方权利,从而将一切事务无论巨细,都系于一身;另一方面我已说明,由于必然结果,巴黎以前只不过是首都,这时已成为国家主宰,简直可以说就是整个国家。法国这两个特殊事实足以解释为什么一次骚乱就能彻底摧毁君主制,而君主制在几个世纪中曾经受住那样猛烈的冲击,在倾覆前夕,它在那些行将推翻它的人眼中似乎还是坚不可摧的呢。

法国是很久很久以来政治生活完全消失的欧洲国家之一,在法国,个人完全丧失了处理事务的能力、审时度势的习惯和人民运动的经验,而且几乎丧失了人民这一概念,因此,很容易想象全体法国人怎么会一下子就落入一场他们根本看不见的可怕的革命,而那些受到革命最大威胁的人却走在最前列,开辟和扩展通向革命的道路。

由于不再存在自由制度,因而不再存在政治阶级,不再存在活跃的政治团体,不再存在有组织、有领导的政党,由于没有所有这些正规的力量,当公众舆论复活时,它的领导便单独落在哲学家手中,所以人们应当预见到大革命不是由某些具体事件引导的,而是由抽象原则和非常普遍的理论引导的;人们能够预测,不是坏法律分别受到攻击,而是一切法律都受到攻击,作家设想的崭新政府体系将取代法国的古老政体。

教会自然与所有要废除的古老制度结为一体,毫无疑问,这场革命必当在推翻世俗政权的同时动摇宗教;从那时起,无法说出革新者一旦摆脱了宗教、习俗和法律对人们想象力所加的一切束缚，他们的精神会被哪些闻所未闻的鲁莽轻率所左右。

但是，认真研究过国家状况的人本不难预见到，在法国，没有哪种闻所未闻的鲁莽行为不会被尝试，没有哪种暴力不会被容忍。

"什么！"伯克在一本雄辩的小册子①里叫道，"人们竟找不到一个人能替最小的区抗辩；而且，看不到一个人能替他人担保。每个人都在家里束手就擒，无论是由于倾向王权主义、温和主义，还是所有别的什么东西。"伯克不了解他为之惋惜的那个君主制，曾在哪些条件下把我们抛给我们的新主人。旧制度政府事先就剥夺了法国人互相援助的可能性和愿望。当大革命突然来临时，要想在法国最广大地区找到十个惯于以正规方式共同行动、进行自卫的人，都是徒然；中央政权独当此任，以致这个中央政权从国王政府之手落入不负责任但有主权的议会之手，从温厚而变为可怕，中央政府在它面前找不到什么东西可以片刻阻止或延缓它。曾使君主制如此轻易垮台的同一原因，使一切在君主制倾覆之后都变得可能。

宗教宽容，领导温和，人道甚至仁慈，从来没比18世纪更受到鼓吹，看来也更被人接受；作为暴力最后栖息之所的战争权，本身已被缩小，变得缓和。然而，从如此温和的风尚中，即将产生最不人道的革命！不过，风尚的日趋温和，并不都是假象；因为，自大革命的怒火减弱以来，人们看到，这同一种温和立即普及到所有法律，并渗透到所有政治习惯当中。

理论的和善与行为的强暴形成对比，这是法国革命最奇怪的特

---

① 即《法国革命思考》(1790)。——译者

征之一,如果人们注意到这场革命是由民族中最有教养的阶级准备,由最没有教养、最粗野的阶级进行的,就不会为此感到惊奇。第一种阶级的人相互之间没有丝毫先存的联系,没有互相理解的习惯,从未控制人民,因此,当旧政权一旦被摧毁,人民几乎立即变成了领导权力。人民不能亲自统治的地方,至少把他们的精神赋予政府;另一方面,假如我们考虑到人民在旧制度下的生活方式,就不难想象人民即将成为什么样子。

处境的独特赋予人民许多罕见的品德。人民很早就获得自由,很久以来就拥有部分土地,彼此孤立而不依赖,因而他们显得有节制和自负;他们熟悉劳动,对种种生活享受漠然处之,忍受最大的痛苦,临危难而坚定。这个单纯刚毅的种族,即将构成强大的军队,威慑欧洲。但是同一原因也使人民变为危险的主人。由于几个世纪以来,人民几乎独自承受种种流弊的全部重负,过着隔离的生活,默默地沉溺于偏见、嫉妒和仇恨中,因而他们被命运的严峻弄得冷酷无情,变得既能忍受一切,又能使一切人受苦。

正是在这种情况下,人民攫取了政府,试图自己来完成大革命的业绩。书籍已经提供了理论,人民负责实践,使作家们的思想适应于自己的狂暴行动。

那些仔细研究过18世纪法国的人,从书本中,已能看出人民内部产生和发展了两种主要的激情,它们不是同时代的产物,而且从未指向同一目标。

有一种激情渊源更远更深,这就是对不平等的猛烈而无法遏制的仇恨。这种仇恨的产生和滋长的原因是存在不平等,很久以来,它就以一种持续而无法抵御的力量促使法国人去彻底摧毁中世纪遗留的一切制度,扫清场地后,去建立一个人道所允许的人人彼此相像、地位平等的社会。

另一种激情出现较晚,根基较浅,它促使法国人不仅要生活平等,而且要自由。

临近旧制度末期,这两种激情都同样真诚强烈。大革命开始了,两种激情碰到一起;它们混合起来,暂时融为一体,在接触中互相砥砺,而且最终点燃了整个法兰西的心。这就是1789年,无疑它是个无经验的时代,但它却襟怀开阔,热情洋溢,充满雄劲和宏伟:一个永世难忘的时代,当目睹这个时代的那些人和我们自己消失以后,人类一定会长久地以赞美崇敬的目光仰望这个时代。那时,法国人对他们的事业和他们自身感到自豪,相信他们能在自由中平等地生活。在民主制度中,他们便处处设立了自由制度。他们不仅粉碎了将人们分割为种姓、行会、阶级、使他们的权利比他们的地位更加不平等的那种陈腐立法,而且一举打碎了那些由王权制定的其他较新的法律,因为它们剥夺了民族自身享受的自由,并在每个法国人身旁设立政府,充当他们的导师、监护人,必要时还充当压迫者。中央集权制和专制政府一起垮台了。

但是,当发动大革命的精力旺盛的一代人被摧毁或丧失锐气时——这种情况通常发生在进行类似事业的整代人身上,当对自由的热爱按照这类事件的自然规律,在无政府状态和人民专政中被挫伤而软弱无力时,当慌乱的民族摸索着寻找他的主人时,专制政府便有了重新建立的极好机会,而这些机会是那位天才[①]轻而易举地

---

① 指拿破仑。——译者

第八章 大革命如何从以往事物中自动产生

发现的,他后来既是大革命的继续者,又是大革命的摧毁者。

实际上,旧制度已拥有晚近时代的整套规章制度,它们丝毫不敌视平等,在新社会中很容易就能确立,然而却为专制制度提供特殊方便。人们在所有其他制度的废墟中寻找它们,并且找到了它们。这些制度以前曾造成那些使人们分化屈服的习惯、情欲和思想;人们将它们复苏,并求助于它们。人们在废墟中抓回中央集权制并将它恢复;在它重新建立的同时,过去限制它的一切障碍并未复苏,因此,从刚刚推翻王权的民族的腹部深处,突然产生出一个比我们列王所执掌的政权更庞大、更完备、更专制的政权。这番事业显得出奇地鲁莽,它的成功世所未闻,因为人们只想正在眼前的事物,而忘了曾经看到的事物。统治者垮台了,但是他的事业中最本质的东西仍然未倒;他的政府死亡了,他的行政机构却继续活着,从那以后人们多少次想打倒专制政府,但都仅仅限于将自由的头颅安放在一个受奴役的躯体上。

从大革命开始直至今日,人们多次看到对自由的酷爱时隐时现,再隐再现;这样它将反复多次,永远缺乏经验,处理不当,轻易便会沮丧,被吓倒,被打败,肤浅而易逝。在这同一时期中,对平等的酷爱始终占据着人们的内心深处,它是最先征服人心的;它与我们最珍贵的感情连在一起;前一种激情随着事件的变化,不断改变面貌、缩小、增大、加强、衰弱,而后一种激情却始终如一,永远以执著的、往往盲目的热忱专注于同一个目标,乐于为使它能得到满足的人牺牲一切,乐于为支持和讨好它的政府提供专制制度统治所需要的习惯、思想和法律。

法国革命对于那些只愿观察革命本身的人将是一片黑暗,只有在大革命以前的各个时代才能找到照亮大革命的灯火。对旧社会，对它的法律、它的弊病、它的偏见、它的苦难、它的伟大，若无清晰的透视，就绝对不能理解旧社会衰亡以来60年间法国人的所作所为；但是人们若不深入到我们民族的性格中去，这种透视还不足以解决问题。

当我考虑这个民族本身时，我发现这次革命比它历史上的任何事件更加惊人。它在行动中如此充满对立，如此爱走极端，不是由原则指导，而是任感情摆布；它总是比人们预料的更坏或更好，时而在人类的一般水准之下，时而又大大超过一般水准；这个民族的主要本性经久不变，以致在两三千年前人们为它勾画的肖像中，就可辨出它现在的模样；同时，它的日常思想和好恶又是那样多变，以致最后变成连自己也料想不到的样子，而且，对它刚做过的事情，它常常像陌生人一样吃惊；当人们放手任其独处时，它最喜欢深居简出，最爱因循守旧，一旦有人硬把它从家中和习惯中拉出来，它就准备走到地角天涯，无所畏惧；它的性情桀骜不驯，有时却适应君主的专横甚至强暴的统治权，而不适应主要公民的正规自由的政府；今天它坚决反对逆来顺受，明天它又俯首帖耳，使那些最长于受人奴役的民族都望尘莫及；只要无人反抗，一根纱线就能牵着它走，一旦什么地方出现反抗的榜样，它就再也无法控制；总是使它的主人上当，主人不是过于怕它，就是怕它不够；它从未自由到决不会被奴役，也从未奴化到再无力量砸碎桎梏；它适宜于做一切事物，但最出色的是战争；它崇尚机遇、力量、成功、光彩和喧闹，胜过真正的光荣；它长于英雄行为，而非德行，长于天才，而非常识，它适于设想庞大的规划，而不适于圆满完成伟大的事业；它是欧洲各民族中最光辉、最危险的民族，天生就最适于变化，时而令人赞美，时而令人仇恨，时而使人怜悯，时而令人恐怖，但绝不会令人无动于衷，请问世界上有过这样一个民族吗？

只有它才能造就一场如此突然、如此彻底、如此迅猛，然而又如此充满反复、矛盾和对立的革命。没有我所陈述的那些原因，法国人绝不会进行大革命；但是必须承认，所有这些原因加在一起，也不足以解释法国以外类似的革命。

至此，我已抵达这场值得纪念的革命的门槛；这次我并不想走进去：也许不久我能这样做。那时，我将不再研究这场革命的原因，我将考察革命本身，最后，我将大胆评判大革命所产生的社会。

注　释

第55页，第9行。罗马法在德国的威力。——它取代日耳曼法的方式。

中世纪末期，罗马法成为德意志法学家主要的而且几乎是唯一的研究对象；在那个时期，他们当中大多数人甚至不在德国而在意大利各大学受教育。这些法学家虽然不是政治社会的领导者，却担负着解释和运用法律的责任，即使他们无法废除日耳曼法，至少也要改变其形态，尽力使之纳入罗马法的范围。他们将罗马法运用到日耳曼制度中一切看起来与查士丁尼①立法略微相似的地方；他们由此而在民族立法中引进了新精神、新惯例；民族立法逐渐改造，变得无法辨认，以致到17世纪，人们简直再也认不出来了。它被一种我也无以名之的名为日耳曼的实为罗马的立法所取代。

我有理由认为，在法学家的这一工作中，日耳曼旧社会许多阶层的处境大为恶化，尤其是农民的处境；他们当中许多人在此之前，一直保有全部或部分自由，全部或部分财产，这时，却都失去了，这是由于学者们把他们的地位比作史载的罗马奴隶或罗马长期租赁契约中的承租人。

民族法逐渐改造，人们百般反对也无济于事，这种现象在符腾堡的历史上十分明显。

自1250年符腾堡伯爵领地问世，到1495年符腾堡公国创立，立法完全是土生土长的；它由习惯法、城市或领主法庭所制订的地方法、三级会议所颁布的法规构成；唯有教会事务是由一种外来法——教会法解决。

---

① 查士丁尼，东罗马帝国皇帝(527—565年在位)，由于政治经济文化的成就，他的统治被誉为"查士丁尼时代"。其法典对近代法律产生巨大影响。——译者

注　释

　　自 1495 年起，立法性质发生变化：罗马法开始渗入；那些在外国学校里研究法学、人们称之为博士的人进入政府，占据了高等法院的领导职务。在整个 15 世纪初期，直到 15 世纪中期，政治社会都在支持这场反对法学家的斗争，与英国同期发生的斗争①相同，但斗争的成果却完全另一样，在 1514 年蒂宾根议会中，以及在随后历届议会中，封建制度的代表和城市议员提出各种各样的抗议，反对所发生的变化；他们攻击法学家，因为法学家闯入了所有法院，改变了所有习惯法和所有法律的精神或文字。优势最初似乎在他们一方；他们得到政府的许诺，今后在高等法院定要安插从贵族和公爵领地中挑选的有名望有教养的人，而不要安插博士，由政府官员和三级会议代表组成的委员会将起草一个通行全国的规章式法典。白费气力！罗马法不久终于从大部分立法中彻底清除民族法，甚至在允许民族法存在的土地上扎根。

　　外来法战胜了土生法，许多德国历史学家把这种胜利归之于两个原因：1. 将人们的精神引向古代语言与文学的运动，以及由此产生的对民族天才的知识产物的蔑视；2. 在整个中世纪一直流行于德意志、表现在这个时代的立法中的思想，即神圣罗马帝国是罗马帝国的继续，罗马帝国的立法是继承神圣罗马帝国的立法。

　　但是这些原因并不足以说明为什么这同一罗马法，在同一时期，同时传遍整个欧洲大陆。我认为，这是由于在同一时期，君主专制政权在各地稳固确立，欧洲的古老自由化为灰烬，而罗马法这种奴役法，最切合君主们的心意。

　　罗马法曾处处使公民社会臻于完善，又到处力求毁坏政治社会，因为罗马法主要是一个非常文明然而非常奴化的民族的作品。国王们热衷于采用它，在他们取得统治权的地方处处确立它。罗马法的解说者们在整个欧洲成为国王的大臣或主要官员。在必要时，法学家们为他们提供法律的支持，以对抗法律。此后他们常常如此办理，当君主破坏了法律，必有一位法学家出来断言这是最合法不过的了，并且引经据典地证明，这种破坏行为是正当的，过错在被压迫者一方。

---

　　① 指英国约克家族与兰加斯特家族为争夺王位进行的红白玫瑰战争，结果后者取胜，建立了都铎王朝。——译者

第 56 页，第 24 行。从封建君主制向民主君主制过渡。

既然所有的君主制在同一时期都变成了专制君主制，那么，政体的这一变化不大可能与在各国在同一时刻的偶然的特殊情况有关。应当认为，这些彼此相似的同期事件，势必来自同时在各地起作用的一种普遍原因。

这普遍原因就是一种社会状态向另一种社会状态的转变，从封建不平等向民主平等的转变。贵族已被打垮，人民尚未受到教育，一方太低，另一方不够高，无法约束权力的运动。君主的黄金时代有 150 年，在此期间，他们的统治既稳定又强盛，而这二者通常是互相排斥的；他们像封建君主制那些世袭首领一样神圣，像民主社会的主宰一样专制。

第 57 页，第 16 行。德意志自由城市的衰落。——帝国城市（Reichsstädte）。

根据德国历史家的说法，这些城市最光辉的时期是 14 世纪和 15 世纪。那时，它们是财富、艺术、知识之乡，控制着欧洲商业，成为最强盛的文明中心。尤其在德国北方和南方，它们终于与相邻的贵族形成独立同盟，正如在瑞士，城市曾与农民结成同盟。

到 16 世纪，它们还保持繁荣；但是衰落时期已经到来。三十年战争终于加速了它们的灭亡；几乎没有一座城市在这个时期免于破坏或毁灭。

然而威斯特伐里亚条约却积极地提到它们，保持它们的直接国家资格，就是说它们直属皇帝；但是一方面是与之相邻的君主，另一方面是皇帝本人——自三十年战争以来，皇帝的权力只能施行于帝国的那些小诸侯——君主与皇帝每天都把城市主权限制在极其狭窄的范围之内。到 18 世纪，总共还有 51 座城市；它们在议会中占有两席，并拥有一个独特的呼声；但实际上，它们再也不能左右普通事务。

在内部，它们负债累累；这些债务一部分是由于人们继续按旧时城市鼎盛期的状况征收帝国税，一部分是由于城市治理不善。值得注意的是，这种治理不善似乎源于一种所有城市共有的神秘疾病，不论它们政体形式如何；贵族政体也好，民主政体也好，都生民怨，怨艾即使各不相同，至少都同样激烈：人们说道，在贵族政体下，政府变成了少数家族的小集团：恩惠、私利左右一切；在民主政体下，阴谋诡计、卖官鬻爵比比皆是。在这种情况下，人们抱怨政府不够刚直无私。皇帝不得不经常干预城市事务,试图重新确立秩序。城市居民减少,处境悲惨。它们不再是日耳曼文明的中心,艺术离开了这里而在新兴城市中焕发光辉,这些新兴城市是诸侯们的创造,代表着新世界。商业离开了帝国城市;它们昔日的精力和强烈的爱国热忱消失了;大致说来,唯有汉堡依旧是财富和知识的一大中心,但这是出于一些特殊的原因。

第 66 页,第 11 行。弗里德里希二世法典。

在弗里德里希二世的各项业绩中,甚至在他的国家内,最不为人知、最不显赫的就是依照他的命令起草并由他的继位者颁布的法典。然而我却不知道还有哪部法典更能说明弗里德里希二世本人以及他的时代,更能充分显示二者之间的相互影响。

就人们赋予宪法一词的含义而言,这部法典堪称真正的宪法;它不仅旨在规定公民之间的相互关系,而且还规定了公民与国家间的关系:它既是一部民法典,又是一部刑法典,还是一部宪章。

它是基于——或不如说仿佛是基于——若干以极富哲理、极其抽象的形式表述的普遍原则,这些普遍原则在很多方面与1791年宪法中的《人权宣言》所包含的原则相似。

法典宣布,国家和居民的幸福是社会的目的所在,是法律的限界;法律不能限制公民自由和权利,除非出于共同一致的目的;国家的每个成员均应根据其地位和财产为公益而工作,个人权利应当服从公益。

法典只字未提君王、王室的继承权问题,甚至连有别于国家权利的个人权利也未提及。国家这个名词已成为人们用来特指王权的唯一名词。

相反,法典讲到普遍人权:普遍人权建立在谋求自身利益而不损害他人权利的天赋自由之上。一切未被自然法或国家的人为法所禁止的行为都是允许的。每个国家居民有权要求国家保卫其人身和财产,假如国家不进行援助,他有权以武力自卫。

在陈述了这些重大原则之后,立法者没有像1791年宪法中那样,从中引出人民主权的信条,引出自由社会中人民政府的组织,而是突然一转,得出另一同样民主、但却没有自由的结果;他认为国王乃国家的唯一代表,并赋予国王以刚刚承认的社会拥有的一切权利。在这部法典中,君王不再是上帝的代表,他只不过是社会的代表、社会的代理人、社会的公仆,弗里德里希在其著作中清清楚楚地这样写着;但是唯有君主代表社会,他独自行使一切权力。法典序言中写道,为整个社会谋利——社会的唯一目的——的义务属于国家元首,他被授权为此目标指挥和调整一切单个人的行动。

在这位全能的社会代理人的主要义务中,我发现下述几种义务:在国内,维护公共和平与安全,保障每一个人不受暴力侵犯。在国外,他有权缔结和约和战争;唯有他才有权颁布法律,制定普遍的警察规章制度;唯有他拥有权利赦免和撤销刑事诉讼。

国内现存的一切联合体、一切公共设施均服务于全民的和平与安全,受君主监督领导。为使国家元首能够履行这些职责,必须使他拥有一定收入和实权,因而国家元首有权根据私人财产,根据他们的人身、职业、商业、产品或消费,制订捐税。公职官员在他们的职权范围内,以国家元首名义发布的命令,应该被遵从执行,同元首本人的命令一样。

在这颗完全现代的头颅下,我们现在即将看到一具完全哥特式的躯体;弗里德里希只不过从他身上去掉了可能妨碍他自己的权力运转的东西,而这整个身体即将形成一庞然大物,仿佛是一种创造物向另一种创造物过渡。在这奇怪的造物中,腓特烈表现出对逻辑的轻蔑,同样也表现出对权力的关切,他不愿攻击尚有自卫能力的东西,以免给自己造成无谓的困难。

农村居民除了某些地区和某些地方外,尚处于世袭奴役之下,世袭奴役不仅限于与占有一定土地俱来的劳役和服役,而且还扩展到占有者的人身。

法典重新认可土地所有者的大部分特权;人们甚至可以说,这些特权是违背法典的:因为法典明文规定,在地方惯例与新立法有分歧的情况下,应以新立法为准。法典庄严宣告,国家不得废除任何这类特权,除非通过赎购和履行司法手续。

的确,法典保证废除真正意义上的奴役(Leibeigenschaft),因为它确立人身奴役;但是代之而起的世袭隶属(Erbunterthänigkeit),正如人们读法典本文时所断定的那样,仍旧是一种奴役。

在这同一法典中,资产者与农民被精心地划分开;在资产阶级和贵族阶级之间,可以辨认出一种中间阶级,它是由非贵族高级官员、教士、专门学校、中学和大学教师组成。

这些资产者与其他资产阶级有区别,也不与贵族相混同;相反,和贵族相比,他们处在低下地位。一般来说,他们不能购买骑士地产,也不能在民政部门中获得最高职位。他们也无陛见资格,这就是说,极少数情况外,他们不能去宫廷,家庭成员绝不能随同前往。像在法国一样,随着这个阶级一天天更有教养、影响更大,这种低下的地位便更伤害人心,资产阶级出身的国家官员即使不占据最显赫职位,也已占据了那些最繁重最有作为的职位。对贵族特权的怒火在法国曾大大促进大革命,在德国则酿成了最初对法国大革命的赞赏。法典的首要编纂者固然是个资产者,不过他无疑在遵循其主公的命令。

在德国的这部分,欧洲古老政体尚未充分毁灭,所以弗里德里希认为,尽管这个政体激起他的蔑视,要使那些残余消失,尚需时日。一般来说,他只限于剥夺贵族作为团体而集会和治理的权利,而让贵族个人保留其特权;他只对某些权利加以限制,规定其使用。结果呢,这部在法国哲学家的弟子的命令下拟订、在法国大革命爆发之后付诸实施的法典,成为最真实、最新的立法文件,为行将被法国革命从全欧洲废除的封建不平等奠定了法律的基础。

法典宣布贵族阶级是国家的主要团体,并明文规定,贵族中有能力者应被优先提名担任所有荣誉职位。唯有贵族才能拥有贵族财产,才能创立代理继承,才能享有贵族财产固有的狩猎和司法权,以及赞助教堂权;唯有贵族才能以所占土地为自己命名。因特别例外而被批准占有贵族财产的资产者,只能在许可的严格范围内,享受占有相同财产所赋予的权利和荣誉。资产者即使成为贵族财产占有者,也不能将贵族财产留给资产者继承人,除非继承人属第一亲等。在没有这类继承人或其他贵族继承人的情况下,死后财产必须拍卖。

弗里德里希法典最有特色的部分,是其中附加的有关政治方面的刑法。

弗里德里希的继位者弗里德里希-纪尧姆二世[①]不管立法中包括我刚概述的封建专制部分,仍旧认为他叔父的这件作品有革命倾向,因此直到1794年才予以发表,据说他之所以放心是由于他想那些出色的刑法条文可

---

① 1786—1797年普鲁士国王,加入反法联盟,干涉法国大革命。——译者

以纠正这部法典所包含的有害原则。确实，人们从来没有，从那以来也没有，见过比这更全面的类似刑法。不仅起义与密谋遭到最严厉处罚，就连对政府法令不尊敬的批评也在严厉镇压之列。严禁购买、散发危险读物：印刷、出版、发行者要对作者的行为负责。舞会、化装舞会和其他娱乐活动被宣布为公开集会，必须得到警方批准，在公共场合聚餐亦然。出版言论自由受严密专横的监督。禁止携带火器。

最后，这部一半取自中世纪的法典还包括一些规定，其中央集权制的极端精神与社会主义相接近。例如法典宣布，凡无力维持生活、无权取得领主赈济和公社赈济者，其衣食、雇佣、工资均由国家负责解决：必须保证这些人有力所能及的工作。国家必须成立拯救公民贫困的设施。此外，国家有权取消那些鼓励好吃懒做的基金，亲手把这些设施所拥有的钱散发给穷人。

理论上大胆创新，实践上谨小慎微，是弗里德里希二世法典处处可见的特点。它一方面宣布，现代社会一大原则就是人人必须平等纳税；另一方面却允许那些提倡免除捐税的各省法律继续存在。法典规定，臣民与君主之间的争讼须按处理所有其他诉讼的形式和规定进行裁决；而实际上，当此规定违背国王的利益或感情时，它从未被执行。人们大张旗鼓地炫耀桑苏西堡①的风车，却在其他许多场合，不声不响地破坏法律。

普鲁士民族似乎对法典的公布毫无察觉，这证明法典虽然外表上革新很多，实际上很少革新，因而要想了解18世纪末德国这部分地区的社会真实状况，研究这部法典才是怪事。当时只有法学家才研究它，今天，不少开明人士也没有读过它。

第87页，第19行。

18世纪市政方面的一个最突出特征，不是废除一切代议制和一切公众干预，而是市政所遵循的规章制度的极端不稳定，法律朝令夕改，不断变化，时而重新使用，时而弃之不用，时而增，时而减。法律的这种不断变动最能说明地方自由被贬低到何种程度，对这点似乎无人注意。光是这种变动性就足

---

① 弗里德里希二世1745年仿凡尔赛城堡在波茨坦附近所建的一座小宫殿。——译者

以预先摧毁对政治机构的所有特殊观念,所有思古幽情,所有地方爱国心,而政治机构是最宜于保持这些思想感情的。这样,人们为大革命行将进行的对历史的大破坏做了准备。

第89页,第11行。

路易十四破坏城市市政自由的借口是城市财政管理不善。但是自路易十四改革以来,财政管理不善继续存在,并且更加恶化,蒂尔戈以充分理由指出这一点。他还补充说:大部分城市今天负债累累,部分是由于它们曾借钱给政府,部分是由于市政官员糜费铺张,他们花着别人的钱,却不向居民报告账目,也不用听取居民的忠告,他们变本加厉,以示显赫,有时还从中渔利。

第99页,第9行。正是在加拿大,人们才能最好地评价旧制度的行政中央集权制。

正是在殖民地,人们才能够最好地评价宗主国政府的面貌,因为正是在那些地方,通常政府的所有特征被放大,并且更明显。当我想评价路易十四政府的精神和弊病时,我应当去加拿大。于是我就像用显微镜一样,发现物体的变态。

在加拿大,不存在那些由旧现象或旧的社会状况构成的大量障碍与自治精神的自由发展作公开或暗中的对抗。这里几乎没有什么贵族阶级,或者至少他们在这里已失去了根基;教会不再占统治地位;封建传统已经丧失或已经模糊不清;司法权力不再扎根于古老制度和古老习俗。没有什么东西阻碍中央权力尽量发展,按它内在的精神制定一切法律。因而在加拿大,根本不存在城市或省级政治制度,不存在经授权的集体权力和被允许的个人立法创议权。总督的地位比在法国优越得多;管辖事务比在宗主国多得多,尽管与巴黎相隔1800法里,竟欲从巴黎统辖一切;政府从未采取重大方针使殖民地民丰物阜,相反却千方百计强行增加和散布人口;强制种植,所有源于转让土地的诉讼不交法庭而由政府独自审理;必须用某种方式种植,强制人们在某些地点定居而不得在其他地点定居,等等,这些事情发生在路易十四时代;敕令由科尔贝尔副署。人们已经感到处于现代中央集权制下,就像在阿尔及利亚。实际上，加拿大就是阿尔及利亚一向存在状况的忠实写照。在这两个地方人们都能看到同人口几乎同样众多的政府，它压倒一切，积极活跃，制定规章，强制人民执行，它要预见一切，负责一切，总是比被治理者本人更了解被治理者的利益，它不停地活动，却毫无收获。

相反在美国，英国人的地方分权制度发扬光大：市镇变成几乎独立的市政府，成为某种民主共和国。构成英国政体和风尚的基础的共和成分畅行无阻并在发展。真正意义上的政府在英国管事不多，个人却大有作为；在美国，政府可以说不再介入任何事务，个人联合起来，一切都干。由于没有上层阶级，加拿大居民比同时期的法国居民更加服从政府，而英属各州的居民却变得越来越独立于政权之外。

这两个殖民地最终建立了完全民主的社会；但是在这里，起码在加拿大尚属法国这个时期，平等与专制政府混合在一起；在英属各州，平等与自由结为一体。至于两种殖民方式的物质后果如何，人们知道，1763年，即征服时期，加拿大人口为6万人，英属各州则为300万人。

第127页，第11行。共同讨论事务所起的反种姓作用。

从18世纪农业协会为数不多的文件中可以看出，共同讨论共同利益起了反种姓作用。这些会议是在大革命之前30年，在旧制度的盛期召开的，并且只涉及理论问题，只有通过理论问题，人们才辩论不同阶级感兴趣并能一起讨论的各种问题。虽然如此，人们立即从中感到人与人互相接近，互相融合，看到合乎理性的改革思想占领了非特权者的心，也占领了特权者的心，然而讨论涉及的不过是管理和农业而已。

我相信，没有一个政府像旧制度的政府那样，从来只在它自身寻求力量，总是使人们分化。大革命之际，法国存在的荒谬可笑的不平等现象只有在这种政府下方能维持；最轻微地接触一下自治，这个政府就得发生深刻变化，迅速改造，否则就被摧毁。

第127页，第12行。

各省自由是古老的，同人们的习惯、风俗、回忆融合为一，而专制制度是新出现的，这时，没有全民族自由，各省自由也能存在若干时日；但是若认为取消了普遍自由,仍能任意创造甚至长期维持地方自由,这种观点是荒谬的。

第128页,第13行。

在一封呈递国王的奏折中,蒂尔戈以那种我觉得极为精确的方式,概括了贵族捐税特权的真正范围:

"1.特权者如拥有一块面积四犁地①的农场,能免纳人头税。这样的农场在巴黎附近通常应纳税2000法郎。

"2.这些特权者绝对不必为树林、牧场、葡萄园、池塘以及城堡周围的或大或小的土地交付费用。有些地区的主要出产是在牧场或葡萄园,那么支配这些土地的贵族便免缴全部捐税,这些捐税都落在交军役税者头上;这第二种好处可谓大矣。"

第139页,第7行。

在《阿瑟·扬1789年游记》中,可以找到一帧绘制精美、框架纤巧的关于两种社会状况的小幅图画,在这里我禁不住要将它摆出来。

阿瑟·扬游历法国时恰值导致攻占巴士底狱的第一次动乱之际,他由于头上没戴帽徽,在一个村子里被一群老百姓抓住,要将他扭送监狱。为摆脱困境,他设法跟他们谈了如下这一小段话:

"先生们,"他说道,"有人刚才说,捐税必须像从前一样缴纳。捐税肯定必须缴纳,但并不是像从前那样。必须像在英国那样缴纳捐税。我们有许多你们所没有的捐税;但是第三等级——人民不纳捐税;捐税只由富人承担。在英国,每个窗户都要纳税;但是房子只有六个窗户的人家不用纳税。领主缴纳二十分之一税和军役税;但是一个花园的小所有者不纳分文。富人要为他的车马、仆人纳税,甚至为他有打山鹬的自由而纳税;小所有者与所有这些捐税一概无关。不仅如此!在英国,我们有一项捐税由富人缴纳,用来救济穷人。因此,如果必须继续缴纳捐税,那就应该用另一种方式缴纳。英国的方法是再好不过的了。"

---

① 旧时土地面积单位,1犁相当于90至120阿尔邦,1阿尔邦相当于20至50公亩。——译者

"由于我的蹩脚法语和他们的方言无甚出入,他们完全听懂了我的意思;我讲话中的每个字都博得他们的欢呼,他们想我一定是位好人,而我也证实了这一点,我高呼:第三等级万岁!他们当即用一片欢呼声放我通行。"

第151页,第12行。1789年贵族阶级陈情书分析。

我认为,法国革命是唯一这样的一场革命,在它开始时,不同阶级能分别真实地表达他们的思想,表白他们的感情,而这是在他们的思想感情还未被革命歪曲或改变之前。众所周知,这一真实的表达记录在1789年三个等级起草的陈情书中。这些陈情书或奏折是与之相关的每一个等级在充分自由、面向最广大人民群众的条件下拟定的;它经过有关方面长时间的讨论和起草人的反复思考;因此那个时代的政府,当它对国民讲话时,并不同时既负责提问又负责回答。在起草陈情书的时期,有人将陈情书的主要部分汇编并印成三卷,现在所有图书馆均可看到。陈情书原件现存国家档案馆,起草陈情书会议记录也存放在一起,同一时期内克先生和他的代理人就这些会议而互通的信函有一部分也在那里。文献汇集起来能印成一部对开本的多卷本丛书。这是旧法兰西留给我们的最珍贵的文献,凡想知道我们先辈在大革命爆发之际的精神状态的人,必须不断查阅这些文献。

我原先想,上文所提的印作三卷的摘要也许只是一部分作品,不能精确地再现这次大规模调查的特点;但是作过一番比较以后,我发现在大幅绘画与缩小了的复制品之间,有极大的相似之处。

我这里列出贵族阶级陈情书摘要,以便使人们了解贵族阶级绝大多数的真实感情。人们从中可以清楚看到贵族阶级的绝大多数人顽固地要保持哪些旧特权,情愿让出哪些特权,并主动提出牺牲哪些特权。人们从中尤其可以发现当时在有关政治自由问题上激励整个贵族阶级的全部精神。一幅何等怪异凄惨的图画!

个人权利。贵族首先要求起草一份有关一切人的权利的明确宣言,该宣言要确认人们的自由,确保人们的安全。

人身自由。贵族希望在尚存封建领地奴役制的地方,废除奴役制,并设法取消黑奴贸易;每个人均可到自己想去的地方自由旅行或定居,不论是在王国内外,而不被横加逮捕;改革警察规章的流弊,今后警察即使在骚乱时期,也由法官控制;个人只能由本来的法官逮捕和审判;因此,国家监狱和其他非法拘押所均应拆除。有些贵族要求拆毁巴士底狱。巴黎贵族尤其坚持这一点。

必须禁止所有密札或国王密札。——如果国家危急,必须逮捕公民而不将其立即送交普通法庭,那就必须采取措施防止滥施刑罚,或是将拘留一事通知国务会议,或是用其他方法。

贵族阶级要求废除所有特别委员会,所有权利分配或特别法庭,所有辩护、延期判决等等特权,应对那些下达或推行专横命令者施行最重刑罚;在普通法庭这唯一应保留的法庭中,要采取必要措施保障个人自由,尤其在刑事犯的问题上;必须免费受理裁判,无益的法庭必须撤销。"行政官员乃为人民而设,而不是广大人民为行政官而设,"一份陈情书中说道。人们甚至要求在大法官辖区为穷人设立一委员会和免费的辩护人,预审必须公开,必须给诉讼人进行辩护的自由;在刑事犯罪问题上,必须为被告提供一名顾问,在诉讼程序的一切行为中,法官必须由与被告人属同一等级的一定数量的公民辅助,他们负责根据犯人的犯罪事实或不法行为宣布判决;在这方面,人们援引英国宪法;刑罚轻重须依不法行为大小而定,刑罚对一切人平等;死刑判处更加稀少,所有体罚肉刑、刑讯拷问等等,均须取消;最后,囚犯的处境必须改善,刑事被告的处境尤其必须改善。

依照陈情书,人们必须设法使个人自由在陆海军征兵中受到尊重。必须允许将服兵役义务转换为金钱给付,唯有三个等级都派出代表列席,才能进行征兵抽签,从而使纪律和军事服从的义务与公民和自由人的权利相结合。用刀面抽打必须取消。

财产自由与不可侵犯。陈情书要求财产不可侵犯,除了必不可少的公益原因外,财产不受任何损害。在因公益而侵犯财产的情况下,政府必须给与高价补偿,不得拖延。必须取消没收充公。

商业、劳动和工业自由。必须保障工业和商业自由。因此,必须取消授予某些公司的控制和其他特权;必须将关税线移至边境。

宗教自由。天主教在法国是唯一占统治地位的宗教;但是必须给与每一个人信仰自由,恢复非天主教徒的公民地位和财产。

出版自由、邮政保密不受侵犯。必须保障出版自由,法律须预先规定出于普遍利益的各项限制。除涉及教义的书籍外，任何人不受教会审查；其他书籍只需采取必要的预防措施，以便知道作者和印刷者。许多人要求出版罪只能交由陪审员审判。

所有的陈情书都坚持，必须尊重邮政保密，它不受侵犯，从而使信件不至成为控告的理由和手段。陈情书直截了当地说道，拆读他人信件是最可恶的间谍行为，因为它侵犯了公众信仰。

教学、教育。贵族阶级的陈情书只谈到要求积极关心赞助教育，把教育扩大到城市和农村，依照符合孩子们的预期目的的各项原则领导教育；特别要给孩子们进行国民教育，教会他们公民的权利与义务。陈情书甚至要人们为孩子们撰写教义问答，将宪法的要点用孩子们能够理解的浅显形式编写。尽管如此，陈情书并没有指明为了便利推广教育，应使用哪些方法；只限于呼吁为贫困贵族子弟建造教育设施。

必须关心人民。大量陈情书坚持要求对人民给予更多关心。许多陈情书申明反对警察规章中的滥用职权，它们说道，大量手工业者和有用公民往往不经正式审判就被任意投入监狱、国家监狱等处，其原因往往是由于犯了错误，甚至单单是受怀疑，这种做法损害了天赋自由。所有陈情书均要求彻底废除劳役制。多数大法官辖区要求允许赎买使用领主磨坊、面包烘炉等税，允许赎买通行税。大量陈情书要求减轻许多封建捐税，废除世袭领地税。一份陈情书说道，方便土地买卖对政府有利。这理由恰恰是人们为一举废除一切领主权利和出售不可转让的法人财产而即将提出的理由。许多陈情书要求减轻鸽舍权对农业的损害。至于专供保存国王猎物的设施，即当时名为王室狩猎总管管区，陈情书要求立即予以废除，因为它们侵犯了财产权。陈情书要求以人民负担较轻的捐税取代现行捐税。

贵族阶级要求在农村设法普及富裕和福利；在农村建立粗布纺织厂，以便农闲季节雇用农村的人；每个大法官辖区均应在省政府监督下，创设公共粮仓，以防备饥荒，将食品价格维持在一定比率上；设法使农业完善，改善农村的境遇；增加公共工程，尤其是要致力排干沼泽，防备洪涝，等等；最后，要在所有各省鼓励商业和农业。

陈情书要求将济贫院分为设在各区的小型收容所，取消那些乞丐拘留所，代之以慈善工场；在省三级会议领导下，设立救济金库，为了免费为穷人治病,由各省出资,将外科医生、医师、助产士分散到各区去;法庭对人民应永远免费;最后应为盲人、聋哑人、弃婴等等创建各种设施。

尽管如此,在所有这些问题上,贵族阶级一般来说,只限于表述他们的改革愿望,不涉及如何执行的重大细节问题。贵族阶级不像下层教士那样长期生活在下层阶级当中,不像下层教士那样接触民间疾苦,故而他们很少考虑如何医治这些苦难。

关于录用贵族担任公职、贵族地位的等级制和荣誉特权问题。尤其是,或者说仅仅是在贵族等级制和社会地位的差异问题上,贵族阶级背离了要求改革的普遍精神,他们作出了若干重要让步,但却固执于旧制度的种种原则。他们感觉到他们在这里正在为自身的生存而战斗。贵族阶级陈情书坚决地要求维持教士和贵族特殊等级的地位。陈情书甚至要求多方设法保持贵族等级的完全纯粹;因而禁止以金钱为代价获取贵族头衔,在某些场合不许再授予,唯有长期为国家立功效力,方可荣膺。陈情书希望对假贵族进行追查和起诉。所有陈情书最后都坚持要求维护贵族的全部荣誉。有一些陈情书要求给贵族颁发一种从外表即可认出的特殊标记。

再也想象不出比这样的要求更典型、更能证明已经存在于贵族与平民间的完全相似了,虽说社会地位还有差异。总的说来,在这些陈情书里,贵族虽然对许多权益表现极其随和,却拼死固执于他们的荣誉特权。他们要保持他们所享有的一切特权,他们还想发明那些他们没有的特权,他们已经感到自己被卷入了民主浪涛,他们惧怕葬身其中。多么稀奇古怪的事!他们凭本能感到这种危险,却对此没有认识。

至于职务的分派,贵族要求取消捐纳法官职位;当事关这类职务时,所有公民都能由国民推荐给国王,国王依其年龄能力一视同仁地加以任命。至于军阶问题,多数陈情书认为不应排斥第三等级,所有军人只要有功于国,均有权晋升,直至最高官位。"贵族等级不赞成任何将第三等级关在军职大门外的法律",几份陈情书这样写道。贵族要求保留直接担任军官无须经由低级军阶的贵族特权。而且几乎所有陈情书都要求确立固定的适用于一切人的军阶分配规章,不得将军衔全部留作恩典,除高级军官外,其他各军阶可凭年资取得。

至于教士职务问题,陈情书要求恢复有俸圣职选举制,或者至少由国王创设一委员会,在有俸圣职分派问题上向国王提出意见。

陈情书最后说道,从今以后,分发年金时必须更有识别力,不再集中在某些家庭,任何公民不得同时有一份以上年金,不得同时领取超过一个职位的官俸;必须废除职位继承人的指定权。

教会与教士。当问题不再涉及贵族阶级的权利和特殊结构而涉及教会的特权和组织时,贵族阶级就不再那样仔细斟酌;他们圆睁双目,盯住弊端。

贵族阶级要求教士不得享有免税特权,必须偿付债务,不得转嫁给国民,修道会必须深入改革。多数陈情书宣布,这些修会背离教会精神。

多数大法官辖区要求减轻什一税对农业的危害;甚至有大量陈情书要求废除什一税。一份陈情书说道:"什一税的最大部分是由那些本堂神甫征收来的,这些人却最少用它来为人民谋得精神上的佑护。"可见第二等级在其话语中,不大宽容第一等级,对于教会也不再彬彬有礼。许多大法官辖区正式承认三级会议有权取消某些宗教等级,将教会财产另作他用。17个大法官辖区宣布,三级会议有权制订教规。许多大法官辖区说道,宗教庆典节日太多,损害农业,助长游手好闲,必须大量废除,将它们推迟到礼拜天。

政治权利。关于政治权利,陈情书承认,所有法国人均有权直接或间接参与政府,这就是说有选举和被选举权,但须保持地位等级制;因而个人只能在本等级内进行提名和被提名。这一原则确定以后,代议制度的建立就必须确保国家的所有等级皆可认真参加国家事务的领导。

关于三级会议议会内的表决方式意见不一:大多数人要求按等级分开投票;一些人认为捐税表决应属例外;另一些人最后要求这样的表决方式应成为定例。他们说道:"必须依人头不依等级计算选票,这乃是唯一合理的形式,唯一能够摆脱和消灭团体利己主义这一万恶之源的形式;它能使人们和衷共济,将人们引向国民有权希望议会达到的结果,即它是一个既爱国,又具有伟大品德,并由知识武装起来的议会。"不过,由于这项革新如操之过急,在目前的精神状况下可能有危险,所以许多人认为,采用时必须谨慎,必须由议会来判断是否最好将实行依人头表决这件事推迟至下几届三级会议。在一切情况下,贵族阶级要求每一等级都有权保持一切法国人所应有的尊严;因此,必须废除在旧制度下第三等级被迫服从的那些侮辱形式,例如下跪:"一个人在另一个人面前下跪有损人的尊严,这种景象在天生平等的人与人之间,显出一种与人的基本权利不相容的卑下感",一份陈情书写道。

关于政府形式应采布的制度和宪法原则。关于政府形式,贵族阶级要求维持君主政体,保护国王本人的立法、司法、行政权,但同时要确立根本法,以保障国民执行权力的各项权利。

因此,陈情书全都宣布,国民有权召集三级会议,三级会议成员的人数要足以保证议会独立性。陈情书要求,三级会议今后要定期召开,每次新国王继位时也应召开,不必发放召开会议通知书。许多大法官辖区甚至希望这种议会为常设议会。如果三级会议不能按法律指定期限如期召开,人们有权拒纳捐税。少数陈情书要求在两届三级会议间隔期间,必须建立一个中间委员会,负责监督王国政府,但是大多数陈情书明确反对建立中间委员会,宣称这样的委员会完全违反宪法。理由很奇怪:他们担心与政府并存的这个小议会会被政府的挑唆所诱惑。

贵族阶级要求取消大臣解散议会的权力,大臣们若用阴谋诡计破坏议会秩序,将依法受到制裁;任何政府官员,任何与政府有某种依附关系的个人,均不得成为议员;议员人身不受侵犯,陈情书说道,不得因发表政见而对议员起诉;最后,议会会议应公开,为了逐步邀请国民参与议会讨论,将通过印刷渠道传播讨论情况。

贵族阶级一致要求各项制约国家政府的原则均应实施于不同部分的领土的治理上;因此,各省、区、教区,必须建立由自由选出、定期任职的成员组成的议会。

许多陈情书认为,总督与总收税员的职位必须取消;所有陈情书都认为,今后唯有省议会负责摊派捐税,监督省里的特殊利益。陈情书认为区议会和教区议会也同样如此,它们今后只依附于省三级会议。

权力区分。立法权。关于国王和聚集在一起议事的国民之间的权力区分,贵族阶级要求,法律只有经三级会议和国王同意,并在负责维持其执行的法院注册,才能生效;唯有三级会议有权设立和确定捐税数额;只在一次三级会议召开到下次三级会议召开这段时间,才能同意给予津贴;所有未经三级会议同意而征收或设立的捐税均被宣布为非法,凡下令征收这种捐税的大臣和征税员将作为贪污犯被提起诉讼。

没有三级会议同意,同样不准任何借款;唯有三级会议决定的贷款可以

开放,政府要在战争和重大灾害情况下使用这笔贷款,除非在最短期限内召开三级会议;

所有国库均置于三级会议监督之下;三级会议确定各部门的支出,必须采取最可靠措施确保经过表决的收入不被超支。

大部分陈情书要求取消那些使人恼火的捐税:以登记税、百分之一得尼埃税①、批准税等名目,汇总在国王领地税务局名下。"单是税务局这个名义就足以伤害国民,因为它宣布本属公民财产的真实部分的那些物品归国王所有,"一份陈情书说道;所有未经让与的领地均由省三级会议管理,任何有关财政问题的法令、敕令,未经国民的三个等级同意,不得颁布。

贵族阶级的思想显然是要将全部财政管理权通过三级会议和省议会授予人民,不论是借款和捐税的规章制度,或是捐税的征收。

司法权。同样,在司法组织上,贵族阶级倾向于使法官的权力至少在很大部分上从属于聚会议事的国民。许多陈情书就是这样宣布的。

"法官必须以其职守对聚会议事的国民负责";法官未经三级会议同意不得被免职;未经三级会议同意,不得以任何借口扰乱法庭执行其职能;最高法庭的渎职以及高等法院的渎职须由三级会议审判。依照多数陈情书的意见,只有根据人民的推荐,国王才能任命法官。

行政权。至于行政权,则概归国王所有;但也规定必要的限制,以防专权。

例如,关于行政管理,陈情书要求,不同部门的账目须印刷出来予以公布,大臣须对聚会议事的国民负责;同样,国王在使用部队对外防御之前,必须将其意图准确告知三级会议。在国内,这些军队只有经三级会议征调才能用来对付公民。部队的人数必须加以限制,平时仅留三分之二于第二兵员。至于政府雇佣的外国军队,必须离开王国中心,派往边境。

读贵族阶级陈情书时,最使人感到惊奇、而任何摘录都无法再现的事实,是这些贵族浸透他们时代的程度;他们具有时代精神,他们极其流畅地使用

---

① 除了直系继承或婚姻契约赠与外,财产和享有不动产的一切转移,均须纳税百分之一。此税1703年制订,以充作登记费用,在旧制度末期已达近850万里弗尔。1得尼埃等于十二分之一苏。——译者

时代语言。他们谈论不可剥夺的人权、社会公约固有原则。当涉及个人时，他们通常关心个人权利，当涉及社会时，他们通常关心社会义务。政治原则在他们看来，同道德原则一样绝对，二者均以理性为共同基础。当他们提到废除农奴制残余时，他们认为：问题在于消除人类堕落的最后痕迹。他们有时称路易十六为公民国王，并多次谈到危害国民罪，而这条罪状后来被经常认为是他们发明的。他们同其他人一样认为，应不遗余力地发展公共教育，领导公共教育的是国家。一份陈情书说道，三级会议关心通过儿童教育中的变革，灌输一种国民性格。和同时代其他的人一样，他们对立法的统一表现强烈持久的爱好，然而触及等级存在问题时看法就不同了。他们和第三等级一样，要求行政统一，度量衡统一，等等；他们提到各种改革，并希望改革彻底。按照他们的想法，所有捐税，一无例外，均须废除或改造；所有司法制度均须变革，领主司法除外，领主司法只需完善。对于他们像对所有其他法国人一样，法兰西是一块政治试验田，有一种政治模范农场，在这里，一切均当翻转过来，一切均当加以尝试，除了生长着他们个人特权的小天地；还必须替他们说句公道话，就连这块小场地，他们也没有放过。总之，读贵族阶级陈情书时，人们能够肯定，如果这些贵族是平民的话，他们就能发动这场大革命。

第181页，第15行。

有人说，18世纪哲学的特点是对人类理性的崇拜，是无限信赖理性的威力，凭此就可以随意改造法律、规章制度和风尚。应该确切地解释一下：真正说来，这些哲学家中有一些人并不崇拜人类理性，而是崇拜他们自己的理性。从未有人像他们那样对共同智慧缺乏信心。我可以举出许多人，他们几乎像蔑视仁慈的上帝一样蔑视民众。他们对上帝表现出一种竞争对手的傲慢，对民众则表现出一种暴发户的骄傲。真正恭敬地服从多数人的意志同服从神的意志一样，对他们来说都是格格不入的。几乎所有革命家后来都显示出这一双重性格。这与英国人和美国人对其公民多数人的感情所表现的那种尊重相去万里。在他们国家，理性对自身充满自豪和信心，但从不蛮横无理；因此理性导致了自由，而我们的理性，只不过发明了一些新的奴役形式。

第 193 页, 第 19 行。

弗里德里希二世在他的回忆录中写道:"丰特内尔①和伏尔泰、霍布斯②、科林斯③、沙夫茨伯里④、博林布鲁克之辈,这些伟人给宗教以致命打击。这些人开始检查他们一向愚蠢地崇拜的东西;理性打垮迷信;人们对自己一向相信的神话嗤之以鼻。自然神论造就了大量宗派信徒。假如说伊壁鸠鲁主义严重地损害了异教徒的偶像崇拜,那么自然神论今天也同样严重地损害了我们祖先所接受的犹太教观念。思想自由盛行英国,对哲学的进步贡献很大。"

从上面这段话可看出,弗里德里希二世在写这几行字之际,亦即在 18 世纪中期,还是把当时的英国当作非宗教信条的发源地。在这里,还可看到一件更惊人的事:一位最精通人文科学和国务科学的君主,看起来并不怀疑宗教的政治效用;他的老师们的精神错误,改变了他的精神的固有品质。

第 213 页, 第 11 行。

18 世纪末期法国出现的这种进步精神,在同一时期也出现在整个德意志,而且到处都同样伴随着改革政治制度的愿望,请看一看一位德国历史学家对当时德国正在发生的事件所作的描述:

"18 世纪下半叶,"他说道,"新的时代精神逐渐引入教会领地本身。人们在那里开始改革。技艺和宽容到处深入传播;在一些大国已经居统治地位的开明专制,在德意志已见端倪。应该说,在 18 世纪任何一个时期,在这些教会领地上,从没见过像法国革命前最后几十年中那样杰出、那样值得敬重

---

① 丰特内尔(1657—1757),法国哲学家、诗人,著有《宇宙万象解说》、《神灵显迹的历史》,提倡科学、进步、理性,否定传统和宗教信仰,为 18 世纪启蒙哲学的先驱。——译者

② 霍布斯(1588—1679),英国哲学家,机械唯物主义代表人物,主张君主制,著有《利维坦》等。——译者

③ 科林斯(1721—1759),英国诗人,弃绝教会,从事诗歌创作。他的抒情诗在 18 世纪占有独特位置。——译者

④ 沙夫茨伯里(1674—1713),英国哲学家,受柏拉图主义影响,发展出一种感情伦理学,对人的善与美的天赋感觉持乐观思想。——译者

的一些君王。"

必须注意人们描绘的这幅图画多么像法国当时呈现的图景:改良与进步的运动在同一时期兴起,最有资格进行统治的人物在大革命行将吞噬一切的时刻出现。

还应该承认,德意志的整个这一部分多么明显地被卷入法兰西的文明与政治运动。

第 214 页,第 17 行。英国人的司法立法证明,政治制度尽管有许多附带的毛病,但不妨碍人们达到建立这些制度时既定的首要目标。

有些国家尽管政治体制的附属部分不完善,但如果这些体制所遵循的总原则即精神富有生命力时,这些国家便具有繁荣昌盛的能力。这种现象再没有比研究上世纪英国司法体制时更加清楚可见了。布莱克斯通向我们证明了这点。

首先,人们在英国发现两大引人注目的多样性:

1.法律的多样性;

2.执行法律的法庭的多样性。

一、法律的多样性。1.英格兰本土、苏格兰、爱尔兰、大不列颠的各欧洲附属地,诸如马恩岛、诺曼底群岛等等,以及各殖民地,法律都彼此不同。

2.在英格兰本土有四种法律:习惯法、成文法、罗马法、衡平法。习惯法本身分为通行全王国的普通习惯法;行于某些领地、某些城市,有时仅仅行于某些阶级的特殊习惯法,例如商人习惯法。这些习惯法有时彼此大相径庭,例如那些与英国法律的普遍倾向相对立的习惯法,规定所有的子女平均分享遗产(gavelkind),而更奇特的是,给与最年幼的子女以长子继承权。

二、法庭的多样性。布莱克斯通说道,法律设置了不同的法庭,呈现出惊人的多样化;请看以下的大略分析。

1.首先有英格兰以外建立的法庭,如苏格兰和爱尔兰法庭,它们并非总是从属于英国最高法庭,尽管它们最后都须通往英国贵族法庭,我想。

2.至于英格兰本土,假如我没忘记的话,那么布莱克斯通的分类中计有:

(1)11 种根据普通法而存在的法庭,其中 4 种真正说来,似乎已经废弃不用；

(2) 三种裁判管辖区扩及全国，但只用于某些方面的法庭；

(3) 10 种带有特殊性的法庭。其中之一由地方法庭组成，地方法庭由最高法院的不同法令创设，或根据传统而存在，或是在伦敦，或是在各郡的市镇。这类法庭为数众多，其结构和规则五花八门，作者也无法细述。

因此，若参照布莱克斯通之说，仅仅在英格兰本土，在他进行写作的那个时代，即 18 世纪下半叶，便存在 24 种法庭，其中有许多又细分为大量各具特色的法庭。假如撇开自那时起几近消失的几种法庭，剩下的还有 18 种或 20 种。

现在，如考察一下这个司法制度，便不难看到它含有各种不完善性。

尽管法庭繁多，却常常缺少离诉讼人很近、花费很少、能就地审判小案件的第一审小法庭，这就使司法阻塞，并且昂贵。同样的案件隶属许多法庭管辖，因此第一审开始就不明不白。几乎所有上诉法庭在某些情况下都进行初审审判，有些时候普通法法庭，另一些时候衡平法法庭，进行初审审判。上诉法庭花样繁多。唯一中心点为英国贵族上院。行政诉讼与普通诉讼并不分开；这在大多数法国法学家看来是一大畸形。最后，所有这些法庭都要在四部不同的立法中汲取裁决理由，其中一部只是由先例确立，另一部衡平法的确立根据不明，因为其目的最经常的是抵御习惯法或成文法，通过法官强行修正成文法或习惯法中过时或过于苛刻的东西。

英国司法的缺陷确实不少；将英国司法的这架庞大古老的机器同法国司法制度之现代化工厂相比，将英国司法中明显的复杂、不一致与法国司法制度的简单、一致、连贯相比，英国司法的缺陷一定会显得更为突出。然而，自布莱克斯通那个时代以来，世界上没有一个国家像英国那样彻底达到司法的伟大目的，这就是说，在英国，不管一个人的地位如何，不管他控诉个人或是国王，他都更有把握使世人听到他的控诉，而且在英国所有的法庭都可找到维护他的财产、自由与生命的最好保障。

这并不是说，英国司法制度的缺陷有助于实现我这里所说的司法的伟大目的；这只是证明，在一切司法组织中，都有次要的缺陷，它们对司法的这一目的仅有轻微的危害；在一切司法组织中，还有其他一些主要的缺陷，不仅危害司法的这一目的，而且会将它毁坏，尽管它们带有许多次要的完美性。第一种缺陷最容易被发觉,通常最先惊动民众精神的就是这些。正像人们所说,它们一目了然。另一种缺陷常常更为隐蔽,发现或指出这些缺陷的并不总是法学家或其他操此职业者。

此外请注意,同样的品质可以是次要的或是主要的,依时间和社会政治组织而定。在贵族制时代,在不平等时代,试图在法庭面前减少某些个人特权,为归法院管辖的弱者提供保障,以对付归法院管辖的强者,试图使国家行为居统治地位,这一切,当只涉及两个臣民之间的诉讼时,自然是公允的,并且变为主要的品质,但是,随着社会状况和政治体制转向民主制时,它的重要性便减少了。

如果根据这些原则研究英国司法制度,就会发现,尽管存在所有那些使我们邻邦的司法变得模糊、阻塞、迟缓、昂贵和不便的缺点,但是人们采取了无数预防措施,使强者绝不能以牺牲弱者而得益,使国家绝不能以牺牲个人而得利;人们越是深入这种立法的细节,就越会看到,英国司法制度为每个公民提供了一切自卫武器,这里的各种安排都是为了给每个人提供最大的保障,以对付不公正、对付法官的卖官鬻爵,在民主时代,这类卖官鬻爵更为平常,尤其危险,它是从法庭对国家力量的屈从中产生的。

基于所有这些观点,英国司法制度尽管现在仍存在大量次要的缺点,我却觉得它胜过法国的司法制度。当然,法国司法制度几乎没沾染英国司法制度的缺陷,但也无法提供同样程度的英国司法制度的主要品质;它为每个公民进行私人间的争辩提供出色的保障,但在个人对付国家的保障上软弱无力;而在法国这样的民主社会中,这是必须永远加强的一个方面。

第233页,第2行。

大革命并不是因为这种繁荣而发生的;但是那种必然产生大革命的精神,那种积极活跃、不安现状、机智灵敏、锐意革新、雄心勃勃的精神,那种新社会的民主精神,正在开始推动一切事物,在瞬息间颠覆社会之前,它已足以促进社会动摇和发展。

附　录　一

论三级会议各省，尤其朗格多克

我并不是想在这里详细研究大革命时期尚存的各个三级会议省的情况。

我只想指出三级会议省的数量，使人们了解在哪些三级会议省地方生活依然活跃，说明它们与国王政府处于何种关系，它们在哪个方面脱离我前面陈述的共同规章，又从何处回到这些规章，最后，通过它们当中的一个例证，使人们管中窥豹，举一反三。

法国大多数省份一直存在三级会议，就是说，每个省均在国王政府之下，如当时人们所说的，由三个等级的人治理，这就是说是由教士、贵族和资产阶级的代表组成的议会治理。同中世纪其他政治制度一样，这种省政体几乎在欧洲所有文明国家都可以找到，且具有同样的特征，至少在渗透了日耳曼风尚和思想的地方是如此。在德意志的很多邦里，三级会议一直存在到法国大革命时期；有些地方三级会议被废除，那也只是到了17和18世纪期间才消失。两个世纪以来，君主们处处对它们发动战争，时而是暗中的，时而是公开的，但从未间断。他们从来不设法按照时代的发展来改善这体制，只是一有机会，别无他策时，便试图摧毁它或使它变形。

1789年，在法国只有五个幅员较大的省份和几个微不足道的小区还有三级会议。真正说来，只有两个省——布列塔尼和朗格多克还存在省内自由；其他各省，三级会议机构已完全丧失活力，徒有虚名而已。

我要单独论述朗格多克，把它作为特殊考察的对象。

在所有三级会议省中朗格多克面积最大，人口最多；它拥有2000个村社，或像当时人所说，2000个共同体，居民近200万。此外，正如它最大，它也是所有三级会议省中治理得最好、最繁荣的省份。因而我挑选朗格多克是很合适的，它可以说明旧制度下省内自由的情况，以及在省内自由最发达的那些地方，这种自由在何种程度上从属于国王政权。

在朗格多克，三级会议只有经国王特别命令，由国王每年将召开会议通知书个别发给所有三级会议成员，才能举行；一位讥评时政的人因而说道："构成三级会议的三个团体，其中之一——教士，系由国王指定，因为国王提名主教职位和有俸圣职，其他两个团体亦然，因为王室有权下令禁止三级会议任何一位成员参加会议，而并不需要将他流放或提交诉讼。只要不通知他开会便足够了。"

三级会议不仅必须按国王指定的日期召开，也须按他的指定日期散会。会议的时间，按御前会议的规定通常为40天。国王派代表出席会议，他们随时可以参加会议，并负责在会议上陈述政府的意愿。此外，三级会议处于严密监督之下。它们无权做出重大决策，无权决定任何财政措施，除非它们的决议得到御前会议的判决批准；哪怕是一项捐税、一笔贷款、一桩讼案，都得经国王特别批准。三级会议的所有普通规章,甚至有关会议召开事宜,均须得到批准才能生效。它们的收支,用今天的说法叫预算,每年也要受同样的控制。

此外,在朗格多克,中央政权还执行它在其他所有地方得到承认的同样的政治权利;中央政权颁布的法律,它不断制定的普通规章,它采取的一般措施,在朗格多克亦如在各财政区一样适用。同样,中央政权在这里执行政府的一切天然职能;它在这里有同样的警察和同样的官员;它在这里如在各地一样,不时创设大量新官员,朗格多克省必须高价购买这些官职。

像其他省一样,朗格多克也由总督统辖。这位总督在各区都有总督代理,总督代理与共同体首领通信往来,并领导他们。总督像在财政区完全一样,执行政府监护制。远在塞文山脉峡谷的最小的村庄,除非得到来自巴黎的御前会议的判决,无权花费哪怕一文钱。今天被称作行政诉讼的这一部分司法权,在朗格多克亦如在法国各地一样广泛推行,甚至还更甚。总督初审决定所有路政问题;他判决有关道路问题的所有诉讼案件;一般来说,所有涉及政府或被认为与之有关的案件,均由总督宣判。和别处一样,政府也袒护所有官员,免受被其欺压的公民的贸然起诉。

那么,朗格多克区别于其他省份并受人羡慕的特殊之处是什么?有三件事足以使朗格多克完全不同于法国其他地方:

1.它有一个由重要人物组成的议会,受到居民的信任和王权的尊重,任何中央政府官员,或按当时话说,任何国王官员,均不得参加会议,人们每年在议会中自由而严肃地讨论本省的特殊问题。只要把王国政府置于这个光明之源的左右,它就会以完全不同的方式行使其特权,尽管其官员和本能并无变化,它却会处处与过去情况迥异。

2.朗格多克有很多由国王或其代理人出资兴办的公共工程;还有其他一些工程,中央政府提供部分资金,并领导大部分施工;但是,为数最大的工程却是朗格多克省单独出资施工的。一旦国王批准这些工程的规划和费用,便由三级会议选定的官员负责施工,由三级会议内部聘用的专员负责督察。

3.最后,朗格多克省有权按照自己选择的方法,自行征收部分王家捐税以及获准设立的供自己需要的全部捐税。

现在我们来考察一下朗格多克从这些特权中能得到的好处。为此值得下功夫仔细观察。

在各财政区,最令人惊奇的是几乎完全没有地方捐税;普通捐税常带压迫性,但省里却几乎未为自己花分文。相反,在朗格多克,每年用于省内公共工程的金额巨大:1780年,每年超出200万里弗尔。

中央政府有时对如此庞大的开支感到吃惊;它担心朗格多克省因耗费过大,财力枯竭,无法完纳应缴中央政府的那部分捐税;它指责三级会议毫无节制。我读过一份三级会议答复这类批评的报告。我打算逐字逐句摘录它的内容,这比我的全部口舌都将更好地描绘出这个小小政府所依据的精神。

在报告中可以看出,朗格多克省确实已兴办并继续兴办着巨大工程;但是,人们并未为此请求谅解,而是宣布,如果国王不反对,朗格多克省将日益走这条道路。它已经改善或修复穿越全省的主要河道,并致力于延长路易十四时开凿但现已不够用的朗格多克运河，它穿越下朗格多克，经由塞特和阿热，直抵罗讷河。它已使塞特港变为商用，并以重金加以维修。人们特别指明，所有这些开支不仅具有全省意义，而且更具有全国意义，然而朗格多克由于获益比其他省多，所以负担这些开支。它同样正在排干埃格—莫尔特沼泽，使之成为可耕地。但是它主要一心致力于道路：它已开通穿越全省以达王国各地的所有道路，且维护良好；甚至那些只沟通省内城市和乡镇的道路也已修好。即使是冬季，所有这些道路也极为出色，与邻近大多数省份，如多菲内、凯尔西、波尔多财政区（点明财政区）那些坚硬崎岖、保养恶劣的道路，形成鲜明对照。在这点上自有商业和旅行家的公论；它没有错，因为十年后游历此地的阿瑟·扬在游记中写道："朗格多克，三级会议省！优等道路，修筑不用劳役。"

报告继续写道，如果国王恩准，三个等级的计划还不止于此；它们将着手改善共同体的道路（乡间小道），这种道路和其他道路同样有益。人们指出："因为，如果粮食不能走出所有者的粮仓而来到市场，它们怎么可能运往远方？"报告进一步说道，"在公共工程问题上，三级会议的信条一贯是，应该注重的不是工程的宏伟，而是工程的用途。"河流、运河、道路给与土地和工业产品以价值，随时可以将这些产品廉价运往所需要的各个地方，藉此，商业才能深入全省，尽管工程少不了开销，但朗格多克却因此富裕起来。此外，由于全省各地同时有节制地、几乎平衡地兴办此类工程，各处的工资价格稳定，贫民得到救济。朗格多克省在结束报告时，有几分骄傲地说道："国王无须花钱在朗格多克创建慈善工场，像他在法国其他地方所做的那样，我们不要求这份恩典；我们每年自己举办的有用工程可以取而代之,并给大家以生产性工作。"

我越研究这些由国王批准,但不由他倡议,而是由朗格多克省三级会议在它这部分公共行政职权范围内制订的普通规章制度,我越赞赏其中体现的睿智、公允和温厚;我越觉得地方政府的做法胜过我刚刚在国王独自管理的地方看到的一切。

朗格多克省划分为若干共同体(城市或村庄),若干称作主教区的行政区;最后,还划分为称为三个司法总管辖区。这些部分中,每一个都有独自的代表权,都有单独的小型政府,它们或是由三级会议领导,或是由国王领导。若事关公共工程,而工程和一个小政治团体利害攸关,那么只要这个小团体提出要求,就可以动工兴办。若共同体的工程对主教区也有益处,主教区便应采取某种措施予以资助。假如司法总管辖区也受益,它也应提供赞助。最后,主教区、司法总管辖区、朗格多克省,均应援助共同体,即使事情只涉及该共同体的特殊利益,只要这项工程为它所必需,而又超出它的力量;因为,三级会议不断地说道:"我们的体制的根本原则,就是朗格多克的所有各部分都是完全团结一致的,都应该不断地互相帮助"。

由省施工的工程必须长期准备,首先交与应援助工程的所有从属团体进行审查;施工必须付钱;劳役是没有的。我曾说过,在财政区内,因公征收的业主土地补偿费低廉或迟迟不予补偿,而且常常根本没有补偿费。1787年召集的省议会里怨声载道的事项中便有此项。我甚至看到这样的事:有人在估价以前,就毁坏或歪曲要占获之物,从而剥夺了业主讨还用这种方式欠下的债务的能力。在朗格多克,每一小块从业主手中征集的土地都必须在工程开始以前详加估价,并在施工第一年内偿清。

我详细摘录的三级会议有关不同公共工程的规章制度，中央政府认为十分恰当，虽然它没有模仿，但表示赞许。御前会议在批准施行此规章制度之后，将它交给王家印刷厂印刷并下令作为文件，在所有总督中传阅。

我前面就公共工程所说的完全适用于省行政的另一个同样重要的部门是税收。尤其在税收问题上，王国和省内，简直判若两个世界。

我在别处已有机会说明，朗格多克制订军役税和征收军役税所遵循的程序，有一部分就是我们今天征收捐税所遵循的程序。这里我不想再重复；我只加一句话，朗格多克省在征税问题上十分赞赏这种方法的优越性，以至每次国王设立新税，三级会议都毫不犹豫地以重金买下征税权，通过自己的方式，完全由自己的官员征收。

尽管上面列举的各种开支，朗格多克的情况却井然有序，它的信用十分稳固，连中央政府也向它求助，并以省的名义向它借款，朗格多克向国王贷款条件之优越，胜过省内自我贷款。我发现在最后若干年里朗格多克以本省为担保借给国王7320万里弗尔。

但是政府和大臣们对这些特殊的自由大不以为然。黎世留首先损坏这些自由，然后将其废除，懦弱而不问政事的路易十三[①]什么也不欣赏，对这些自由深恶痛绝；布兰维利埃[②]说，路易十三对外省的所有特权感到恐惧，只要听到有人提起它们的名字便怒火

[①] 亨利四世之子(1610—1643年在位)，经过斗争取得政权，任用黎世留大主教为相，介入德意志三十年战争，恢复法国的国际地位。——译者
[②] 布兰维利埃(1658—1722)，法国历史学家，曾任行政官，著有《法国旧政府史》、《论贵族》，提出法兰克贵族起源论。——译者

冲天。脆弱的灵魂对迫使他们花费精力的事物非常憎恨，其强度是无法想象的。他们所剩余的男子汉气概全部都用在那里，这些灵魂在别的场合都虚弱不堪，而在这里却差不多总是显得强壮有力。幸好朗格多克的旧政体在路易十四童年时期得以恢复。路易十四把它视为自己的业绩，十分珍重。路易十五将它吊销了两年，之后，又让它复活。

设立市政官员使它冒一定的风险，虽说不是直接的，但仍不小；这项讨厌的制度不光摧毁了城市政体，而且还改变了省体制的性质。我不清楚省议会里第三等级的议员是否从来都是经过选举的，但是很久以来，他们已不再如此；城市市政官员在三级会议里是资产阶级和人民的唯一法定代表。

只要城市本身通过普选，自由地选出行政官——并且经常任期极短，那么那种没有受特殊委托仅凭一时利益而授予的权利，就不大引人注意。在三级会议内，市长、行政官或行会理事忠实地代表全体居民的意志，并以全体居民的名义讲话，仿佛他们是由全体居民特意选定的。人们懂得，这同那种花钱买来治理同胞权利的人是完全不一样的。这种人代表的只是他自己，或者至多只代表他的小集团的微小利益或细微情感。然而，这位通过竞争获得权力的行政官却保持民选行政官所具有的权利。这就立刻改变了整个制度的特征。在各省议会中，坐在贵族和教士的身旁和对面的，不是人民的代表，只是几个孤立、拘谨、毫无能力的资产者，第三等级在政府中日益处于附属地位，尽管这时第三等级在社会上日益富有强大。朗格多克的情况却不同，随着国王设置官职，朗格多克省总是特意向国王购买官职，它为此目的结下的债务，1773 年一年即高达400万里弗尔以上。

其他一些更带关键性的原因促使新的精神渗透到这些古老制度中,使得朗格多克三级会议具有超出所有其他省三级会议的无可争论的优越性。

朗格多克省和南方大部分地区一样,军役税是真实的而非因人而异的,这就是说,军役税的制订是根据财产的价值而不是根据所有主的地位的。确实,省内有些土地享有免交军役税的特权。这类土地过去曾为贵族土地;但是,由于时代和技艺的进步,这些财产中有一部分已落入平民手中;另一方面,贵族已变成许多缴纳军役税的财产的所有主。这样从人身转移到物的特权无疑更加荒谬,但是它却极少为人们所感觉,因为它不再带侮辱性,尽管它依旧使人不快。由于它不再牢牢地与阶级这一思想联结,不为其中任何一个阶级创造与其他阶级格格不入或对立的利益,它便不再反对所有阶级共同关心政府事务。在朗格多克,各阶级实际上都加入了政府,在政府中,他们的地位完全平等,这是其他任何地方望尘莫及的。

在布列塔尼,贵族有权以个人身份全部出席三级会议,这就使三级会议类似波兰议会。在朗格多克,贵族只有通过代表参加三级会议,23名贵族在三级会议中便代表了其他所有贵族。朗格多克省23名主教代表教士出席会议,而尤应指出的是城市在三级会议中的选票与头两个等级相等。

议会是单一性的,故而议事不依等级,而依人头,第三等级在议会中也就必然举足轻重;逐渐地,第三等级把自己的精神渗透到整个团体当中。况且,名为总理事的三位行政官员以三级会议的名义，负责领导日常事务，他们总是法律界人士，就是说，都是平民。贵族尽管有力量维持自己的地位，却再也无力量独自统治。而教士呢，尽管大部分是由贵族组成，却与第三等级十分融洽，热情参与第三等级的计划，共同携手工作，以促进所有公民的物质繁荣，发展他们的工商业，并经常以自己广博的人事知识和处理事务的罕有干练为第三等级服务。前往凡尔赛宫与大臣们就那些使王权与三级会议冲突的有争执的问题进行辩论的，几乎总是一位由人们选定的教士。可以说，整个18世纪期间，朗格多克是由资产者治理的；他们受贵族的控制，得到教士的帮助。

由于有了朗格多克这种特殊政体，新的时代精神才得以平稳地渗透到这古老的制度中，它什么也不破坏，就改变了一切。

其他各处本来也是可以这样办的。倘若当初那些君主不是仅仅考虑坐稳江山，他们只要把用于取消或歪曲省三级会议的一部分的顽固劲头和气力拿出来，就足以使省三级会议依照朗格多克方式臻于完善，并使之全部适合现代文明的需要。

附　录　二

1789年前后法国社会政治状况[①]

第一部分

　　法兰西对今日人类命运的影响是有益的还是有害的？这只有未来才能知道。然而没有人能怀疑这种影响确实存在过，而且至今仍很大。

　　*如果探究法国人何以能通过武力、文字或榜样引起这些重大变化，那么人们会发现在诸多原因中，下面这个应被认为是最主要的：数百年来，所有欧洲古老国家都在默默地从事摧毁国内的不平等现象。法兰西在自己国家中激发了革命，而革命在欧洲其他地区则步履艰难。法兰西第一个清晰地看准了它的意图，而其他国家只在犹豫不决的探索中感到这种要求。它随手摘取500年来流行于世的思想精粹，在欧洲大陆上一举首创这门新科学，而其邻国历尽千辛万苦，只汇集了这门科学的枝叶。法国人敢于说出别

　　[①]　这篇文章是托克维尔为《伦敦与威斯敏斯特评论》撰写的，发表于1836年，英译者是约翰·斯图尔特·密尔。——译者

　　*　托克维尔眉批：所有加上这种记号的段落在寄往英国的原稿上均经我删去了。

人还只敢想的东西；别人尚在模糊的远景中梦幻的事物，法国人却不怕今天就付诸实施。

封建欧洲长期被分割为几千个各类主权国。每国，以至每个城市，当时互相隔绝，各行其是，所采取的办法和观点各不相同，人们并非因其合理或公正而偏爱它们，只是因为对他们合适而已。

到中世纪末期，呈现一片混乱：各国互相观望，互相渗透，互相了解，互相模仿。每个民族都对自己多年形成的一套特殊制度失去信心，而在邻国又未见到更完美的东西。于是很自然地就出现一套共同制度的设想，这种制度正因为它既非本国的，也非外国的，所以能适用于无论何时何人。

正当人们思想尚在犹疑，并开始想从旧轨道的束缚中摆脱出来之时，法兰西人民一举而割断与往昔的联系，践踏旧习俗，摒弃古风尚，挣脱家庭传统，阶级偏见，乡愿精神，民族成见，信仰统治，宣布真理只有一个，不随时空而改变，真理是绝对的而决非相对的，必须在事物深处去寻找真理，不拘形式，并宣称每个人都能发现真理，而且应该实行真理。

人们往往谈论法国思想产生的影响，这是不对的。作为法国的思想，它的力量是有限的。但人们是从普遍的角度，我敢说从人的角度去掌握这些思想的。法国人之所以取得更大力量是由于他们的哲学方法，而不是由于他们的哲学，他们是第一个敢于大力使用这种方法；是由于他们努力的方式而不是努力的结果。他们的哲学只适用于他们自己，但他们的方法可以作为一种工具，所有从事于破坏的双手都可以使用。

因此，法兰西只是居于两大革命，即政治革命与哲学革命，民族革命与思想革命的领先地位，它并未制造这些革命。从这里可以看出它的鼓动力。法兰西的力量主要并不在于它在自身中发现了什么，而是在它所推动的那些人中间所发现的东西。它的行为像罗马一样：带着异邦人去征服异邦。法兰西并未在它周围散布革命种子，它只是培养存在的种子；它决非创世的上帝，而是破晓的曙光。*

50年来，几乎所有欧洲国家都或多或少受到法国人的革命影响，其中大多数虽然受到影响却不知其所以然。它们听凭一种共同力量的推动而不知动力为何。走遍法兰西邻国的观察家不难发现，在那里，许多事件、习俗、思想都是法国革命的直接或间接产物；但他们同时也觉察到就在这些地方，人们对这次革命产生的原因以及它在法国本国所引起的结果一无所知。从来没有一个国家对其邻国发生更大的影响，而又如此不为其邻国所理解。

我们认为这种情况在英国尤其明显。

这两个西方大国20年来和平相处，进行了重大的交流。许多习惯已成为两国人民所共有，许多观点互相渗透。法国人从英国法律中吸取了宪政自由的原则和法律秩序的思想。在英国见到的若干民主风尚以及在那里宣扬的公民平等的大部分理论，看来都来自法国。然而这两个民族在天然禀赋上存在如此深刻的差异，以致即使他们不再相互仇视，仍不能相互理解；即使相互模仿，仍互不了解。英国人周游法国，每日东西南北无处不到，一般都不知道在那里发生的事情。在伦敦可以读到关于东西印度发生事件的详细记载的出版物，人们大体上了解生活在我们对角地带人民的社会政治状况。但是英国人对法国各种制度只有一个肤浅的概念，他们对法国内部流行的思想、存在的偏见、发生的变化、流传的习俗一知半解。他们不知道其近邻的党派划分、居民类别和利益分歧,即使略知一二,也是道听途说。每人抱着一种比完全无知更有害的半科学,丝毫不想完全弄懂。

正因如此,这两大民族好似在阴暗处摸索,在微光下相觑,仿佛是无意中的巧遇。

这些书信①的目的绝不是详细介绍法国的现状,要是抱着这个目的,恐怕一辈子也达不到。作者向自己提出的唯一目的是阐明若干重要问题,考察了这些问题一定能顺利地引导善于思考的人们了解所有其他问题。

一些看不见的而又是几乎万能的锁链把一个世纪的思想与前一个世纪的思想,把儿辈的志趣与父辈的爱好连结在一起。不论一代人如何彻底地向前一代人宣战,但是和前一代人作战容易,要与他们截然不同很难。因此,要谈论某一时期的民族而不讲清它在半个世纪以前的情况,这是不行的。特别是涉及一个过去50年中一直处于几乎不断革命的状态中的人民时,这一点尤其必要。那些凭道听途说却未曾仔细注视法国人民所经受的连续变革的外国人,只知道在法国人民内部发生了重大变化,却根本不知道在如此漫长的变迁中,旧的状况有哪些部分已被抛弃,有哪些部分被保留下来。

这第一部分的意图是对1789年那场伟大革命以前的法国状况作一些解释,否则很难理解法国的现状。

旧君主制末期,法兰西教会呈现出在某些点上类似今天英国国教的景象。

---

① 托克维尔原想就这个题目发表若干书信,实际上只写成本文。——译者

路易十四摧毁了所有巨大的个体组织,解散或压低了所有团体,只给教士留下一种独立生活的外表。教士保留了举行年会的制度,在会上,自行制订税则;教士占有王国巨大的不动产,并千方百计渗透到政府机关中去。尽管教会依旧服从天主教的主要信条,但对罗马教廷则持坚决而且近乎敌对的态度。

路易十四所遵循的无非是在他治下全部行为中所表现的同一专制倾向,他使法国教士脱离他们的精神导师,同时让他们保留财富和势力。他觉得他将永远充当教士的主宰,由他亲自选定教会首脑,并认为教士的强大对自己有利,因为教士强大,才能够帮助他统治人民的精神,并和他一起抗拒教皇的侵犯。

路易十四统治下的法兰西教会既是一个宗教机构,又是一个政治机构。在这位君主逝世至法国大革命这段时期,信仰逐渐削弱,教士和人民逐渐彼此疏远。这个变化源于种种原因,在此不一一列举。18世纪末,法国教士仍拥有财产;他们仍介入所有国家事务;但是全体居民的思想正从各个方面摆脱教士,教会作为政治机构的作用,已远远超过宗教机构作用。

要想使当今的英国人明白法国贵族当时状况,并非易事。英国人的语言中没有一个词语可将 noblesse(贵族阶级)这一法国旧概念精确表达出来。[①] nobility(贵族)一词比 noblesse 含义略多,而 gentry(绅士)一词则不足。aristocratie(贵族)也不是一个不加注释就能使用的词。aristocratie 一词的通俗含义一般是指各上层阶级的整体。法国贵族阶级是一个贵族团体;但是如果说仅仅它

---

① 参看《旧制度与大革命》第一编第四章、第二编第九章。——译者

便构成了国家的 aristocratie（贵族），那就错了；因为在它左右还有同它一样有教养，同样富裕，而且几乎同样有影响的一些阶级。因而当时法国贵族之于今天的英国贵族，乃是种对于属的关系；它形成一个 caste（种姓），而非一个 aristocratie（贵族）。在这点上，它和大陆上所有贵族阶级相似。这并非说在法国人们不能通过捐官或国王恩准而被封为贵族；但敕封贵族虽然使一个人脱离了第三等级的地位，却不能真正将他引入 noblesse（贵族阶级）的地位。新封的 gentilhomme（贵族）可以说正停留在两个等级的界线上；比一个等级略高，比另一个等级略低。他从远处望见那唯有他的子孙才能进入的福地。事实上，出身才是贵族阶级吸取成员的唯一源泉；人们生而为贵族，却不能变为贵族。

散布在王国地域上的近 20000 个家族①构成这个巨大的团体，这些家族自称在他们之间拥有某种理论上的平等，这种平等是建立在出身的共同特权之上的。亨利四世说过："我只不过是我的王国的第一贵族。"这句话绘出了 18 世纪末法国贵族中仍盛行的精神。不过，在贵族之间仍存在种种巨大差异；有一些人还拥有大宗地产，另一些人在父亲的庄园周围几乎找不到维生之计。一些人在宫廷度过他们一生中绝大部分光阴；另一些人则在外省的深处，自豪地保持着世代相传的隐身匿迹生活。对一些人，习俗打开

---

① 根据莫欧先生和米肖蒂埃尔先生的著作和著名的拉瓦锡的著作，可以得出如下结果：1791 年，贵族与敕封贵族数量只达 83000 人，其中只有 18323 人能够佩带武器。贵族阶级当时只构成王国人口的 3%。尽管拉瓦锡的大名赋予这些计算权威性，我却难以相信它们完全精确。我以为，贵族人数应该比上述数目多。参见拉瓦锡，《论法兰西王国的领土资源》，第 10 页，1791。

了国家的显职高位的道路,而对于另一些人,当他们达到了不高的军阶以后,便心满意足,安静地回到他们的家中,再也不出来。

若要忠实地描绘贵族等级,就不得不采用繁多的分类方法;必须区分佩剑贵族与穿袍贵族,宫廷贵族与外省贵族,旧贵族与新贵族。在这个小小社会中,可以找到同全社会(小社会只是它的一部分)中几乎同样多的差异和阶级。不过,人们在这巨大团体内仍可看到有某种一致精神。它使整个团体都遵守某些固定的规则,按照某些一成不变的惯例治理,并维持某些全体成员共有的思想。

和中世纪所有其他贵族阶级一样,法国贵族从征服中诞生[①],昔日享受过和它们同样多而且可能比它们还多的巨大的特权。法国贵族内部包含了几乎全部知识和全部社会财富:它拥有土地并统治居民。

但是,18世纪末期,法国贵族只不过徒有其名而已;它既丧失了对君主的影响,也丧失了对人民的影响。国王依然从贵族中遴选政府主要官员,但是他这样做是本能地遵守旧惯例,并非承认一种既得权利。很久以来就不再存在那种能使君主为之震慑、能向君主要回一部分治理权的贵族了。

贵族对人民的影响则更小。在国王与贵族团体之间存在天然的姻亲关系,因此,他们本能地,甚至在不知不觉之间,就彼此接近。但是贵族与人民的联合却非自然而然之事,只有极大的灵活性和不懈的努力才能使之生效并维持下去。

---

① 指公元5世纪末6世纪初,法兰克人在克洛维(481—511)率领下征服高卢建立墨洛温王朝。——译者

真正说来,贵族要想保持对人民的影响,唯有两种方法:统治人民,或与人民联合起来,以便节制那些统治人民者,换言之,贵族必须继续当人民的主人,或变成人民的首领。

法国贵族远非其他阶级的首领,无法和其他阶级一起反抗王权的专横,相反,正是王权过去与人民联合,展开反对贵族专制的斗争,随后,正是王权与贵族阶级联合,迫使人民服从。

另一方面,贵族很久以来就不再参与政府的具体事务,经常是由贵族领导国家的一般事务:他们指挥军队,担任大臣,充斥宫廷;但是他们并未参与真正的行政管理,即参与同人民直接发生联系的事务。法兰西贵族在自己的城堡里闭门不出,不为君主所知,与四周的居民格格不入,社会每天都在运动,而法兰西贵族纹丝不动。在他周围,是国王的官吏,他们进行审判,制订捐税,维持秩序,为居民谋福利,并领导居民。贵族对黯淡闲散的生活感到厌倦,他们仍然有大宗财产,遂来到巴黎,在宫廷生活,这里乃是显示他们伟大之处的唯一舞台。小贵族迫不得已定居外省,过着游手好闲的生活,他们一无所为,令人厌烦。这样,在贵族中,一些人虽无权力,但凭借财富,本来能够取得对人民的某种影响,却甘愿远离人民;另一些人被迫与人民为邻,在人民眼里,他们却暴露出贵族制度——他们仿佛是唯一代表——的无用和累赘。

法国贵族将公共行政管理的细务交给别人,一心追求国家的显要官职,这就表明,法国贵族热衷于权力的表象甚于权力本身。中央政府是天高皇帝远。对外政策、一般法律对于每个公民的处境和福利的影响,只是间接的,常常是看不到的。地方政府却与他们天天见面,不断地在那些最敏感的地方触及他们;它影响所有细小利益，而这些正是人们对生活的深切关心的组成部分；它是人们敬畏的主要对象；它把人们的主要期望都吸引到自己身上；它通过无数无形的锁链将他们缚住，在不知不觉中带领他们。正是在治理村庄中，贵族奠定了后来用以领导整个国家的权力基础。

对于那些尚存的贵族来说，可庆幸的是，力图摧毁贵族的那股势力，并不比贵族本身更了解贵族权力的这一奥秘。对我来说，假如我想在我这里摧毁强大的贵族，我绝不费力去清除国王身边的贵族代表；我绝不急于进攻贵族最显赫的特权；绝不首先对贵族的立法大权提出异议；而是使贵族远离穷人的住宅，防止贵族对公民的日常利益发挥影响，宁可容许贵族参与制定国家的普遍法规，也不让贵族控制一座城市的警察；宁可把社会重大事务交给贵族处理；我让贵族保持飞黄腾达的外表，却从贵族手中夺走人民的心——权力的真正源泉。

然而法国贵族还保持一定数量的专有权利，使他们高高在上，有别于其他公民；但是人们很容易发现，在他们先辈的特权中，法国贵族只保留了那些使贵族令人憎恨的特权，并未保留那些使贵族受人爱戴或敬畏的特权。

贵族享有向军队输送军官的专有权利。无疑，贵族要是保持某种个人能力或强有力的团体精神，输送军官本是一种重要特权。

但是法国贵族既不具备前者，也不具备后者，他们在军队里和在任何地方一样，只不过是国王手中的被动工具。他们只想从国王那里得到晋升和恩宠，在战场上，像在宫廷里一样，取悦国王。我所讲的那种权利，对贵族家族有利，而对作为政治团体的贵族阶级则毫无用处。在一个基本上崇尚武功、军事荣誉历来被视为最高俸禄的国家,这一特权激起了对享有特权者猛烈的仇恨和无法平息的嫉妒。它没有使士兵听命于贵族,却使士兵成为贵族的天敌。

出身贵族的人免缴一部分捐税。而且,他们对领地居民每年还征收大量名目繁多的杂税。这些权利并未使贵族的财富增长多少,却使他们成为仇恨与嫉妒的众矢之的。

对享有特权者来说,最危险的特权是金钱特权。人们一眼就能看出这种特权的范围有多大,等看清楚时,便十分不快。金钱特权所产生的金额有多少,它所产生的仇恨就有多少。追求荣誉、渴望领导国家的人,为数不是太多,但是不想发财致富的人却少而又少。许多人对谁在统治他们可以不闻不问;但是对其私人财产的变化漠不关心的,却寥寥无几。

因此,金钱特权比起权力特权来,所给无几,却危害更大。法国贵族宁取金钱特权而舍弃其他,结果从不平等中保留下来的是些有害无益的东西。他们折磨人民,使人民贫困,而没有统治人民。他们在人民中出现,好似受君主宠幸的外国人,而非领路人和首领;他既无可赐与,便无法靠期望来维系众心;他们只能取得事先确定的、在一定程度上一成不变的数额,因而只招人憎恶,而毫不使人畏惧。

除了带来收益的权利外,法国贵族还保持有大量纯荣誉性的标志;这就是爵位、公共场所中某些确定座位、穿戴某种服装、佩带某些武器。这些特权有一部分昔日曾为贵族势力的天然附属物;另一部分则是在这种势力衰弱后作为其损失的补偿产生的;这两部分特权不仅无益,而且有害。

当权力的实在内容已被抛弃,还想保住权力的外表便是玩弄危险的把戏;生气蓬勃的外表有时能支持衰弱的躯体,但最常见的是,躯体最终被压垮。表面强大的人,只足以引人憎恨,却不足以抵抗仇恨的侵犯。正在崛起的力量和正在衰落的力量都必须谢绝荣誉权利,而不要去追求它们。只有基础稳固、力量雄厚的权威,才可以使用荣誉权利。

我对法律和惯例的论述同样适用于舆论。

现代贵族已经抛弃了他们祖先的大部分思想,但是其中有许多极其有害的思想,他们却顽固地坚持着;这些有害思想中为首的,就是禁止从事工商业的偏见。

这种偏见产生于中世纪,当时,占有土地和统治人民是同一件事务。在那些世纪里,不动产财富的概念与有权有势的概念紧密地连结在一起;相反,纯动产财富的概念意味着地位低下和软弱。尽管从那个时代以来,占有土地与进行统治再也不是一回事,其他种类的财富激增,具有崭新的重要性,然而舆论依然如故,产生偏见的那些原因已经没有了,偏见却还存在。

结果呢,贵族家庭和其他所有家庭一样,面临破产的危险,却失去了发财致富的共同手段。从整体看,贵族阶级不断贫困化;他们抛弃了通向权力的直接道路后,也离开了能通向权力的间接道路。

不仅贵族不能依靠工商业发财致富,而且习俗禁止他们通过联姻将如此得到的财富占为己有。娶富家平民之女,贵族认为降低身份。可是结成这类性质的婚姻,在他们并非罕见;因为他们的财产比他们的愿望下降得更快。这种庸俗的联姻使贵族阶级某些成员富裕起来，最后却使贵族阶级本身失去了仅存的名声威力。

在赞扬这些人超越了偏见以前，必须注意他们的动机。要对之下判断，必须立足于采取行动者自己的观点，而非立足于真理的普遍绝对的观点。如果人们认为公众舆论错误，所以反其道而行之，这肯定是件有德行的好事。但是，对于人类道德来说，因某种偏见妨碍自己而鄙弃它，这与因某种正确思想危及自己便抛弃它同样危险。贵族阶级起初认为娶平民女儿会降低身份，这是错误；继而持此信念而与平民联姻，这可能是更大的错误。

18世纪，有关替代继承财产的封建法律依然有效，但是这些法律只能给贵族财产提供微弱的保护。

我倾向于认为，这些法律的影响经常被夸大了。我想，要产生巨大效果，这些法律便需要有特殊环境，而法律无法产生这些特殊环境，这不取决于法律。

当贵族并不因热衷于发财致富日夜操心，而国民中的其他阶级也差不多满足于上帝安排给他们的命运时，替代继承权在思想风尚方面所起的作用，终于造成整个社会的麻木和停滞。平民丝毫没有比贵族更多的机会去获得财富，而贵族也没有机会失去他们的财富，因此，所有的好处都落在贵族手中；每一代人轻易地占着上一代人的位置。

但是如果除贵族外，所有的人都在设法发财致富，那么在这样的国家中，贵族阶级的财产很快就成了其他阶级力图攫取的共同猎物。每个人都会利用贵族的无知、冲动与弱点，争先恐后地拼命将贵族拥有的大量非生产性财产纳入普遍的商业活动中。不久，贵族阶级自己也会迫不及待地参与这种活动。

既然平民只有拿财富这一共同特权来反对他们的敌手所享受的五花八门的特权,他们当然会在贵族眼前炫耀所有的豪华富足。他们变成贵族模仿的对象,既要学他们的阔气,又不知钱从何来,于是很快就产生经济拮据,其收入赶不上需求。他们终于将保护他们的法律视同敌人,竭尽全力逃避法律。我绝不是说,甚至在当时,替代继承法没有延缓贵族的破产;但是我认为,替代继承无法阻止贵族的破产。法律按某一方向起经常作用,但还有一种比法律更活跃的东西,按相反方向起经常作用,这就是人类的冲动。

大革命爆发之际,法国的法律仍规定几乎全部家产归贵族的长子,贵族长子有义务将家产原封不动地传给后代。可是大量来源于封建的领地已经脱离了贵族阶级之手,其他许多领地已被瓜分。在贵族内部,不仅可以看到极富与极贫的人,这种现象与贵族的存在并不矛盾,而且还可以看到一群既不贫也不富、拥有中等财产的个人:这种形势已经与民主制相似,而不与贵族制相似。若仔细考察贵族阶级的结构,就会发现,真正说起来,贵族构成一个与其他阶级对立的具有贵族权利的民主团体。

但是,在法国威胁着贵族生存的危险更多来自贵族周围及贵族外部发生的变化,而非来自于其内部发生的变化。

随着法兰西贵族财富日蹙、权力丧失,国内另一个阶级迅速占有财产并靠近政府。贵族阶级因而在两方面都失败,他们变得绝对地和相对地虚弱。似乎要在其废墟上崛起的那个咄咄逼人的新阶级,已取名第三等级。

要让英国人懂得法国贵族是怎么回事是十分困难的,同样要向英国人说明第三等级指的是什么,也绝非易事。

人们一开始可能认为,在法国,中等阶级构成第三等级,它介于贵族和人民之间,实际并非如此。的确,第三等级包括中等阶级,但是它也包括本来与中等阶级格格不入的各种成分。最有钱的商人、最富足的银行家、最干练的工业家、作家、学者同小农场主、城市小店主以及耕种土地的农民一样,均成为第三等级的一部分。实际上,非教士、非贵族的一切人都属于第三等级:在第三等级中有富人和穷人,有目不识丁的人,也有有教养的人。就其本身而言,第三等级有自己的贵族,它已包括一个民族的所有成分,或毋宁说,它自己形成一个完整的民族;它与特权等级共同存在,但是没有特权等级它照样能独立存在;它有自己的观点、偏见、信仰、国民精神。1789年第三等级下令起草的用以指示其代表的陈情书中,非常清楚地表明这点。第三等级几乎与贵族阶级一样担心与对方混在一起;它宣布反对以金钱为代价敕封贵族,因为这会使第三等级的某些成员混进贵族行列。在三级会议召开前夕举行的选举中,原来要在第三等级中投票的著名化学家拉瓦锡,被从选举团中除名,理由是,他已购得有资格受封贵族的职位,因而丧失了与平民一起投票的权利。

这样,第三等级和贵族杂处在同一块土地上;但是它们形成两个彼此迥异的民族,尽管生活在同一法律下,彼此却形同路人。在这两个民族中,一个在不断恢复自己的力量,并获得新的力量;另一个则每日有失无得。

法兰西国民中这个新民族的产生,威胁着贵族阶级的生存;贵族生活在完全孤立中,这对于贵族来说是更大的危险源泉。

第三等级和贵族之间存在的这种彻底分裂状态不仅加速了贵

族阶级的衰亡,它还会摧毁法国的整个贵族制度。

贵族制度的产生和维持并非偶然;和所有其他事物一样,贵族制度也服从于某些也许并非不可能发现的固定规律。

无论在什么社会里,人们中间存在着一定数量独立于人们制定的法律之外的真实的或约定的财富,这种财富在其性质上,只能属于少数人所有。在这些财富中,我把出身、产业和知识置于首位;所有公民都高贵、有教养和富足的那种社会状况是不可设想的。我所说的财富彼此间是非常不同的,但有一共同特点,即只能在少数人中分配,并由于同一原因,使所有拥有财富的人具有与众不同的爱好和排他思想;这些财富因而形成同样多的贵族成分,这些成分无论是分散的或集中在同一些人手中,却始终存在于各个历史时期的所有民族内。当所有具有这类特殊优越条件的人,都同心协力从事治理工作时,就会有一个强有力而持久的贵族制度。

18世纪,法国贵族内部只拥有这些贵族制天然成分中的某些成分;若干成分存在于他们之外。

贵族自我孤立于富足和有见识的平民之外,认为自己始终忠实于他们先辈的榜样。他们没注意到,当他们模仿其先辈的作法时,他们正背离了先辈曾达到的目标。在中世纪,出身确实是全部社会权利的主要来源;但在中世纪,贵族是富有的,他还把有学问的教士召到他身边;整个社会都交给这两种人,而当时人们认为社会应当如此。

但是到了18世纪,许多有钱人不是贵族,许多贵族不再富有;在知识方面,同样可以这样说。第三等级因此组成了作为贵族阶级的一个天然部分,却与主体相分离;由于它不支持主体,不可能不使之削弱；而且对主体作战，必然把主体摧毁。

贵族的排他性不仅使第三等级的首领们脱离贵族阶级的总的事业，而且还将使所有期望有朝一日变成第三等级的人脱离。

大部分贵族阶级已经死亡，这并非因为贵族阶级在世上建立不平等，而是因为贵族阶级要永久维持不平等，使一些个人得利，使另一些个人受害。人们憎恨的是某种不平等，而非一般的不平等。

也不能认为，贵族阶级灭亡最经常是由于贵族特权的泛滥；相反，倒是这些巨大的特权，支持了贵族阶级。假如每个人都相信有一天能进入杰出人物团体，那么，这团体权利之大，一定会使它在尚未跻身其间者眼中变得无比珍贵。这样，连这个制度的弊病本身也成了它的力量；且别说，进入贵族的机会是微小的：只要目标树高，这也无关紧要。最吸引人心的，不是小小成功的可靠性，而是飞黄腾达的可能性。如果增大追求的目标，你就不怕减少得标的机会。

一个穷人并非不可能最终掌权的国家，比起那些穷人没有希望掌权的国家来，更易于将穷人永远排除在政府之外；以为有朝一日能被召掌权，这种臆想中的高升的念头，不断地使穷人看不见他的真实苦难。这是一种完全凭运气的赌博，可能的赢头之大吸引着他的灵魂，全然不顾输的可能。他爱贵族就像爱买彩票一样。

法国存在的不同贵族成分间的这种分裂，在贵族内部布置下某种内战局面，从中获利者唯有民主力量。第三等级主要成员受到贵族阶级的排挤，因此，为了对贵族阶级作战，不得不依靠一些用得着的时候有用、其效力本身却很危险的原则。第三等级本是贵族阶级的一部分，它反抗贵族阶级的另一部分，被迫宣扬平等的普遍思想，以便同与之敌对的不平等的特殊思想斗争。

甚至在贵族阶级内部，不平等也每天遭受攻击，即使不是在原则上，至少也是在它的某些不同运用上。佩剑贵族傲慢地斥责穿袍贵族，穿袍贵族则抱怨佩剑贵族享受的优势地位。宫廷贵族喜欢嘲笑乡村贵族的微小领主权利，而乡村贵族则对廷臣享受的恩宠感到愤怒。出身古老贵族世家的贵族看不起敕封贵族，敕封贵族则嫉羡前者的尊荣。不同种类特权者之间的所有这些非难指责，都损害着特权的总利益。人民对其头领们的辩论冷眼旁观，只从他们的言词中取出对己有用的东西。在国民中逐渐传播唯有平等才符合事物的自然秩序的思想；组织一个治理良好的社会应根据包含于平等之中的简单普遍的思想。这些理论一直深入到贵族的头脑中，他们虽然还享受着特权，却也开始把拥有特权视为一种福分，而不视为体面的权利。

一般来说，习俗比法律跟随思想更紧。贵族制的原则在政治社会中还占上风，风尚却已经变成民主的，在被立法分割开的人们之间，建立起无数各种各样的联系。

对促进公民社会的这种混合格外有利的是作家每日每时所争得的地位。

在财富是贵族制的唯一基础或仅仅主要基础的国家里，金钱除了能给所有社会都带来享乐之外，还能带来权力。有了这两种好处，金钱便将人的全部想象力都吸引过来，而且可以说，金钱最终变为人们追求的唯一荣耀。在这类国家里，文学一般不大发展，因之文艺才能并不吸引公众的注意。

在血统贵族统治的民族中,人们看不到为获取财富而迸发的这种普遍冲动。人类心灵不会受同一欲望单方面的推动,而是欢迎人类爱好的天然多样性。假如这些民族文明开化,其中必有大量公民珍惜精神享受,并推崇制造精神产品的人们。许多雄心勃勃的人蔑视金钱,由于出身平民不爱经商,遂避而研究文学,文学研究成了他们的归宿,他们追求文艺荣誉,这是他们可以得到的唯一荣誉。这样,他们在政界之外,为自己创造了一个无可争议的显赫地位。

在有钱就有权的那些国家里,人的重要性或多或少与他拥有的财富有关,而财富每时每刻都会丧失和取得,因此贵族成员终日都在提心吊胆,生怕丧失自己占有的社会地位,生怕其他公民瓜分贵族特权。政界盛行的这种经常变动性,使贵族成员的灵魂处于永久不安的状态。他们只能忐忑不安地享受其财富,急急忙忙地抓住财产带来的福利。他们不断用不安的眼光打量自己,看看到底丢失了什么。他们向所有其他的人投射充满疑惧与嫉妒的视线,以便发现他们周围是否发生了什么变化。某个地方发生的一切,都会引起他们不安。

唯独建立于出身之上的贵族阶级,看到在它之外闪光的东西不太经心,因为贵族阶级拥有一种优势,依其性质,既不能被瓜分,也不会丧失。人可变富,但必须生来就贵。

法国贵族历来向作家伸手,乐于与作家接近。18世纪尤其是这样:这是个闲散的时代,贵族阶级几乎和平民一样,被免去了治国职责,而知识正在传播,给大家带来了文学娱乐的高尚情趣。

路易十四统治下,贵族尊重和保护作家;但真正说起来,贵族并未与作家掺合在一起。他们分别形成两个阶级，彼此间经常接触，但却从不混同。到 18 世纪末，形势改观。并不是说作家已被允许分享贵族的特权，也不是说作家在政界已获得公认的地位。贵族阶级并没有召唤作家加入贵族行列，而许多贵族却置身于作家的行列。文学因此变成一个中立地带，平等便栖身于此。文人和大领主在这儿相会，并不互相寻衅，也不互相害怕，在这世外桃源，盛行着一种想象的民主，在这里每个人都回复其天然优势。

这种形势虽对科学和文学的飞速发展十分有利，却远不能满足致力于科学和文学的人们。确实，他们占有显赫的地位，但这种地位并未明确，总是引起争议。他们分享大领主的喜悦，但大领主的权利始终没有他们的份儿。贵族和他们相当靠近，使他们能具体看到出身所赋予的所有好处，但贵族还和他们保持相当的距离，以致他们无法分享或品尝这些好处。在作家的眼前仿佛放着一个平等的幻影，当他们靠近想抓住它，平等即行消失。这样，贵族阶级如此宠爱的作家们组成第三等级中最焦急不安的那一部分，他们竟然在特权者的宫殿里诽谤种种特权。

这一民主倾向不仅出现在经常与贵族交往的作家身上，而且出现在已变成作家的贵族身上。大多数成为作家的贵族高谈阔论那些在作家中间被普遍接受的政治学说；他们丝毫未将贵族精神引进文学，反而将可以称为文学精神的东西输入贵族阶级。

当上层阶级逐渐衰落，中间阶级逐步上升，一种无形的运动一天天使他们接近的时候，地产分配发生了变化，其性质格外有利于民主制的建立和统治。

几乎所有外国人都想象，在法国，地产划分只是从有关继承的法律发生变化的年代,从大多数隶属贵族的领地被没收的时期才开始的,但是,这种看法是错误的。革命爆发之际,大多数省份内,土地已被大量瓜分。法国革命只不过使个别地区的现象扩大到整个法国领土而已。

将地产聚集在某些人手中的倾向有多方面的原因,其中第一个是物质力量。征服者夺取被征服者的土地,并在少数同伙中瓜分。通过这种方式,原所有者的权利被剥夺了。但是还有其他方式,假如有人自愿出让权利。

我设想这样一个民族,其中工商企业众多,出产极其丰富,这个民族很有知识,每个人不费吹灰之力,就可以发现工商业提供的所有发财机会。我假定,通过法律、风尚、旧思想的结合,地产在这一民族之中仍是尊重与权力的主要源泉。发财致富的捷径是出卖土地,以便投资商业。相反,享受既得财产的最好方式是把钱从商业中抽回去购置土地;土地遂变为奢侈与雄心追求的目标而非贪财的对象。获取土地时,人们渴望得到的乃是荣誉与权力,绝不是收获。这样一来,小片领地依旧出售,但人们只买大片领地。因为卖主和买主的目的和地位不同。前者相形之下,是一个追求富裕的穷人;后者是有钱人,要将大量多余钱财用于享乐。

假如在这些普遍原因之上,再加上立法的特殊作用,——因为立法在有利于动产转移的同时,却使获得土地变得既费钱又困难,以致唯独嗜好拥有土地的富人,才有办法获得土地,——你便很容易明白,在这样的民族中,小片地产必将不断趋于消失,融入数量不多的大片地产中。

随着工业手段的完善和增多,知识的传播又使穷人发现了这些新工具,我刚才描述的运动必将变得更加迅速。工商业的繁荣将更有力地促使小所有者出卖土地,这同一原因将不断创造庞大的动产,而庞大动产拥有者随后将获得大片领地。这样,地产的过度聚集现象将存在于文明的两端:当人们尚处在半野蛮状态,只珍惜,而且可以说,只认识地产时;当人类已经变得非常文明开化,并发现了无数其他方式发财致富时。

我上面绘制的图画丝毫未曾适用于法国。在法国,野蛮人征服时代①,土地从未普遍、系统地在征服者之间划分,与诺曼底人侵入英国②后发生的情况不同。法兰克人不如诺曼底人那样开化文明,控制暴力的技术不如诺曼底人高明。况且,法兰克人征服的年代更加久远,其影响衰退得更早。因此在法国,许多领地似乎从来就没有受封建法律支配,服从封建法律的领地似乎比其他许多欧洲国家面积要小。故而土地从未被聚集,或者至少很久以来便已停止聚集。

我们已看到,大革命以前很久,地产便不再是敬重和权力的主要源泉。同一时期,工商业的发展不太迅速,人民虽已有足够的教养来设想和追求比目前更好的处境,但他们远未获得能使他们发现成功捷径的知识。土地对于有钱人来说不再是奢侈品,与此同时,它对穷人来说反倒成为谋生之道,可以说是唯一谋生之道。有钱人出卖土地是为了方便和增加自己的享乐,穷人购买土地是为增加其富庶。地产就这样悄悄地脱离贵族之手,开始在人民手中

---

① 即公元 430—450 年法兰克人的入侵。——译者
② 诺曼底人于 1066 年侵入英国。——译者

瓜分。

随着旧的土地所有者财产的丧失,大量平民逐渐获得了财产。但是,他们花了九牛二虎之力才达到目的,而且凭借极不完善的手段。大地产因此逐日减少,却没有积聚起大宗流动财富;在大领地的原址,通过节衣缩食,惨淡经营,兴起了许多小领地。

土地分割方面的这些变化大大促进了不久即将爆发的政治大革命。

有些人认为无需在公民社会中引入某种平等,就能在政治领域中永久确立彻底平等,我看这些人犯了一个危险的错误。我想,谁也不能不受惩罚地使人们时而极强,时而极弱,让人们在一点上达到极端的平等,在其他点上却忍受极端不平等,这样一来,不用很久人们肯定会渴望全面强大或者变得全面软弱。但是一切不平等中最危险的,是由于不分地而产生的不平等。

拥有土地赋予人们以某些特殊的思想和习惯,认识这些极为重要,而拥有动产是不会或很少产生这些思想和习惯的。

大地产以某种方式使财富的影响限于某个地方,使它在某些地点,对某些人发挥特殊作用,影响更大、更持久。动产的不均使一些个人富有;不动产的不均使一些家族富足,它使有钱人彼此联系,把几代人之间也联合起来,并在国家中建立一个单独的小民族,他们在自己所在的大民族中,总能获得某种凌驾于大民族之上的权力。对民主制政府最为有害的恰恰是这些东西。

相反,对民主制统治最为有利的,莫过于将土地划分为小块产业。

拥有少量动产的人几乎永远或多或少地仰赖于他人的情绪。

他必须或者屈从于某一联合会的规章,或者屈从于某个人的意愿。他要服从于国家工商业命运的最细微变迁。他的生活不断被富裕与穷困的无常变化所打乱,这些支配他命运的动荡,很少不引起他思想的混乱,不经常改变他的爱好。小土地所有者则相反,只听命于自身的动力;他的范围狭窄,但他在其间活动自由。他的财富增长缓慢,但却丝毫不受意外风险的影响。他的精神与他的命运一样平稳,他的爱好与他的劳作一样有条不紊;正因为不依靠任何人,所以他将独立精神置于贫穷之中。

人们不会怀疑,大量公民心中的这种精神安定、这种安静和这种单纯的欲望,这种习惯和这种对独立的爱好,大大有利于民主制度的建立和维持。对我来说,当我看到,在社会地位存在极端不平等的人民中建立起民主制度时,我将这些制度看作是暂时事件。我相信,有产者与无产者处在危险之中。有产者冒着猛然丧失财产的危险,无产者则面临猛然丧失其独立的危险。

欲达到民主制政府的民族所期望的是,不仅他们内部不存在财富的极大的不平等,而且尤其重要的是,不动产在这种财富中并不居支配地位。

18世纪末,在法国,权利与地位的不平等原则仍专制地支配着政治社会。法国人不仅有一个贵族制,而且有一个贵族阶级,这就是说,在以不平等为基础的所有政府制度中,法国保留了最专制的,而且我敢说,最顽固的政府制度。要为国家服务,必须是贵族。没有贵族身份,人们便很难接近国王,繁文缛节禁止平民接触国王。

各种制度的具体规定与这种原则是一致的。替代继承、长子继承权、佃租、行会师傅身份,所有旧封建社会的残余依然存在。法国有国教,国教的神父不仅像某些贵族制国家一样是特权者,而且是排他性的统治者。像在中世纪一样,教会是一部分领土的所有者,干预政府。

然而在法国,很久以来,一切都已朝着民主迈进。不愿停留于表面现象的人,一定愿意回想一下教士在道义上的无能状态,贵族的贫困和衰落,第三等级的财富和知识,地产独特划分的既成事实,大量的中等财产,少量的大产业;回想起那个时代那些公开宣扬的理论,那些心照不宣但几乎公认的原则;我认为,如果有人把所有这些多种多样的事实归纳概括,必定能得出这样的结论:当时这个有着贵族、国教、贵族制法律和惯例的法国,总的来看,已经是欧洲真正最民主的国家;而18世纪末的法国人,由于他们的社会状况、公民组织、思想风尚,已远远超过了当今最明显地趋向民主的那些民族。

第二部分

18世纪的法国和当今的法国相去不远,并不仅仅是由于不平等状态。其他许多我们认为是崭新的民族面貌特征,当时已经隐约可见。

可以一般地说,没有比贵族制更有利于地方行政制度的建立和维持久远了。

在贵族阶级占有的领土的各个地点上,每一处总可以找到一个或若干个贵族,他们由于出身与财富,天然地高人一等,取得或接受治理权。在一个地位平等的社会里,公民间大致平等,他们自然要将行政细务即政府本身,委托给高出于群众之上、引人注意的那个人。即使他们不准备把这项责任委托给他,他们也常常由于个人的软弱和难于和睦相处,而不得不容忍他掌权。

的确,当一个民族一旦接受了人民主权原则,当知识在那里已经普及,当治国科学已臻完善,在人们已经尝到过集权的政府的苦头时,就会经常看到居住外省和城市的公民们如何在他们中间努力创建某种集体政权,来处理他们的自身事务。有时,最高权力在特权的重压下,试图使公共行政地方化,采取多少有点奥妙的手段,企图在领土的不同地点人为地建立某种选举贵族制。实行民主制的国家,人民凭本能就被推向中央集权制。他们只有凭深思熟虑才能走到地方自治制度。但是这样建立起来的地方自治总要冒极大风险。在贵族制的国家,不管中央政权如何,地方政府却经常存在,无需中央政府介入便能生存。在民主制的国家,地方政府常常是中央政权创造的,中央政权允许人们夺去它的某些特权,或者它自愿放弃某些特权。

民主的民族中这种中央集权的自然倾向,主要出现并明显增长在斗争与过渡时期,在这时期中,两种原则争夺事务领导权。

当人民开始成为一种力量,并且发现贵族领导着所有地方事务时,便攻击地方政府,不仅作为地方政府,而且特别作为贵族政府加以攻击。地方权力一旦从贵族阶级手中夺过来,应该交给谁便成了问题。

在法国,独揽地方权力的不仅有中央政府,而且有国王。其原因值得探讨一下。

我认为,社会的民主部分有一种中央集权的自然愿望;但我绝不认为人民的志趣会把行政权自然而然地集中于国王一人之手。这要依形势而定。当人民有选择自由时,它永远宁愿将行政权力委托给一个集体或民选的行政官,而不愿将它委托给一个人民无法控制的国王。但是,人民却经常缺乏这种自由。

当社会的民主部分开始感觉到自己的力量并要崛起之际,它仅仅由众多的个人组成,他们同样软弱、同样无力,孤立地与贵族阶级的强大个体进行斗争。它具有那种不要任何治理工具而进行统治的本能欲望。这批为数众多的个人,由于极其分散,又极不善于联合,本能地感到需要在他们自身和贵族阶级之外的某个地方,找到一种已经组成的力量,他们无须共同协商,就能在这个力量周围齐心合力,依靠全体联合,便能获得他们每一个人所缺乏的那种力量。

不过,民主制远未在法律上组织起来,在贵族阶级之外,人民能够利用的已经组成的唯一权力就是国王。国王与贵族之间无疑存在着天然的类似之处,但并非完全一致。如果他们的爱好相似,他们的利益却经常对立。因此转向民主制的民族通常从增加王权的权限开始。国王激起的嫉妒和惧怕比贵族要小;何况,在革命时代,使权力易手已算是了不起的事了,哪怕只不过是剥夺一个敌人的权力,为把它转交给另一个敌人。

英国贵族的杰作是使社会各民主阶级长期地相信共同敌人是国王,因而使贵族终于变成了各民主阶级的代表,而不再是他们的主要对手。

一般来说,只有在依靠国王、彻底摧毁贵族阶级之后,民主的人民才向国王讨还他们让国王占用的权力,并努力使国王依附自己,或将授予国王的权力转为依附权力。

但是即使当社会的民主阶级终于将行政权置于他们真正的代表手中之后，要划分行政权的行使时，他们也往往非常难于办到：或是因为难于从当权者手中夺取权力，或是因为难以知晓委托谁来使用权力。

民主阶级在自己内部，总能找到大量有教养和精明强干的人才，足以组成一个政治议会或中央政府，但是却可能找不到足够的人才组织省政府；外省人民可能并不愿听任贵族阶级统治，而人民尚无能力实行自治。在等待这一时机到来时，人们不能不将行政权的行使委托给中央政权。

况且，刚刚摆脱贵族控制的人民要花很长时间，才感到有必要习惯于中央集权。

在长期屈从于贵族制的国家里，每个属于下层阶级的个人，自幼便养成一种习惯，要在周围寻找一个最引起他羡慕或畏惧的人。同时，他将中央政府看作他与当地压迫者之间的当然仲裁者，并且往往赋予中央政权以超凡的神明与智慧。

产生这两种现象的那些原因已经消失后，现象本身继续存在。

贵族制被摧毁后很久，公民们仍怀着某种本能的畏惧，注视着在他们身旁发生的一切；他们很难相信身旁就有明智与公允的司法，以及备受尊重的法律。过去他们嫉妒高踞于他们之上的人，现在则嫉妒他们的左邻右舍与他们平起平坐。最后他们仿佛彼此害怕起来，他们不再认为中央政府能保护他们免受贵族的暴虐，于是又把贵族视为防止他们自己越轨行动的保护人。

由此可见，实行民主制社会的民族，开始几乎总是集中权力于国王一人；后来当他们具有必要的力量和毅力时，他们便打碎这个工具,并把这些权力转到一个依附于他们自己的当局之手。

由于他们更加强大,更有组织,更有教养,他们便更进一步从他们的一般代表那里收回部分行政权,委托给次一级代理人。看来这就是那些按其社会状况、思想风尚,而被推向民主制的社会所走的道路,这是出于本能的,也可以说是必由之路。

在法国,王权扩及公共行政的一切对象,是与民主阶级的诞生和逐渐发展相关联的。随着社会地位更趋平等,国王也就更加深入更加经常地插手地方政府;城市和各省失去了它们的特权,或逐渐忘掉使用特权。

人民和第三等级竭尽全力促进这些变革,他们往往自动让出自己偶然拥有的权利,目的是与贵族的权利同归于尽。这样,省级政府和贵族权力以同一方式同一时间被削弱。

法国历代国王在这种趋势中,大大得力于法学家在几个世纪内给与他们的支持。在法国这样的国家,存在着特权等级——贵族与教士,他们集中了部分知识和几乎所有国家财富,民主制的天然首领便是法学家。在法国法学家要求以人民的名义亲自统治以前,他们一直积极地从事毁贵族以利王权的工作;他们表现出出奇的灵巧和无穷的技艺,屈从于国王的专制愿望。而且,这种现象并非法国所独有;可以相信,法国法学家在为王权服务时,既遵循着他们固有的本领,同时也照顾到他们偶然成为其首领的那个阶级的利益。

居维叶[①]说道,有机体的所有各部分之间存在必然的联系,以

---

① 居维叶(1769—1832),法国动物学家和古生物学家,著有《解剖学教程》等。——译者

致人们只要接触到从其中之一分解出来的一个部分,便能恢复整体。同样的分析可以用来了解支配所有事物的大部分普遍规律。

如果人们仔细研究人类有史以来世界上发生的一切,就不难发现,在所有文明国家发号施令的专制君主旁边,几乎总有一位法学家,他使君主那些专横而前后矛盾的意志合法化并加以协调。法学家们把国王对权力的普遍和无限热衷,与法学家天赋的讲究治理的条理与知识结合起来。国王能迫使人们暂时服从;法学家则有本领使人们几乎心甘情愿地长期俯首听从。前者提供强力;后者提供法律。前者靠专横跋扈掌握统治权;后者则靠法制掌握统治权。在他们会合的焦点上,建立起使人们透不过气来的专制制度;只知有君主而不知有法学家的人,只了解专制暴政的一个部分。必须同时考虑到这两部分,才能设想出整体。

除我刚讲过的一般原因外,还存在其他若干偶然性的次要原因,它们加速所有权力向国王手里集中。

巴黎很早便取得了王国内压倒一切的独特地位。法国有一些重要的城市;但人们只看到一座大城市,即巴黎。自中世纪以来,巴黎就开始变为知识、财富和王国政权的中心。权力集中于巴黎,使这个城市的重要性不断增加,而巴黎与日俱增的强盛又反过来有利于权力的集中。国王将国家事务吸引到巴黎,而巴黎把国家事务引向国王。

法国从前是由通过条约获得或通过武力征服的一些省份组成的,长期以来这些省份彼此仍处于民族与民族间的关系。随着中央政权终于使国土的不同部分服从于同一行政制度,它们之间的明显差异逐渐消失;而随着这些差异的消失,中央政权发现更便于将它的活动范围扩展到整个国家。因而国家统一有利于政府统一,而政府统一有助于国家统一。

18世纪末,法国仍划分为32个省。13个最高法院在各省自作主张,以不同的方式解释法律。各省的政治体制五花八门。有些省保持着某种国民代议制,另一些省则始终没有实行国民代议制。有些省采用封建法;有些省采用罗马法。所有这些差异都是表面的,也可以说是外在的。真正说来,整个法国已达到只有一个灵魂的水平。从王国的这一端到另一端,流行着同样思想。同样的习俗在各地生效,同样的意见在发表;人类精神处处受到同样的培养,走向同一方向。一句话,法国人虽然有这许多省、这许多最高法院、五花八门的民法、千奇百怪的习俗,他们无疑在当时的欧洲已成为内部联系最密、必要时最能团结一致共同活动的民族。

这个由各种协调一致的成分组成的伟大国家的中心是王权,它在掌握了重大事务的领导权之后,已向最细小事务的管理权伸手。

所有强大政权都试图实行中央集权;但是,它们的成功程度取决于其固有性质。

当议会拥有压倒一切的权力时,中央集权制成为有名无实。因为只有靠法律才能实行集权。而法律无法预料一切;即使预料到一切,实行起来只有靠官员和不断的监督,而立法权对此是无能为力的。议会集中政府,却不集中行政。

在英国,议会有权插手几乎社会上所有大小事务,却没有听说行政权的集中,国家权力终究给个人意志留下很大的独立性。我想,这并非因为这个大团体天性好节制。它爱惜地方自由并非因为它尊重地方自由,而是因为身为立法权,它找不到得心应手的制服地方自由的有效手段。

反之,当行政权具有压倒一切的力量、居统治地位的人也有能力使其全部意志顺利贯彻执行时,这个中央政权便能逐渐将其影响扩及一切事物,或者至少在它自己的政体中不受任何限制。假如这个政权被置于一个一切都自然趋向中央的民族中,在这里每个公民都无法单个进行反抗,而几个人又不知如何合法地联合反抗,同时所有的人几乎都有着同一习惯和同一风尚,安然屈从于同一法规,那么人们便无从知道专制暴政的界限在哪里,无法明白专制政府在处理了国家重大事务以后,为什么不能进一步支配家庭事务。

1789年以前,法兰西呈现的便是这样一幅图画。王权已直接或间接地夺得一切事务的领导权,真正可以为所欲为了。在大多数城市和省份,王权已干净利落地取消了地方政府;在其他地方,王权也未留下更多东西。法国人则形成了欧洲民族中最统一的民族,行政程序也最为完善,后来称为中央集权的制度达到登峰造极的地步。

我刚才已阐明,在法国,政体正继续趋向专制,然而出现一个奇怪的对照:习惯和思想日益变得更加自由。自由从政治制度中消失了,但在风尚中依然保存。自由的保障愈少,它对于个人就愈珍贵,仿佛他们每个人都继承从国家各大团体那里夺得的种种特权。

推翻主要敌手之后,王权便自动止步;王权的胜利使它变得温和,似乎进行争斗是为了夺取特权,不是为了使用特权。

如果认为在法国自由精神是与1789年大革命一起诞生的,这是人们常犯的严重错误。自由精神在任何时代一直是法兰西民族的突出特征；但是这种精神每隔一段时间显示出来，可以说是断断续续出现的。与其说经深思熟虑，不如说出于本能，来去无常，既猛烈又软弱。

从来没有任何贵族比封建时代的法国贵族在见解和行动上更高傲，更有独立性。民主自由精神从没有比在中世纪法国公社中和直至17世纪初（1614年）不同时期召开的历届三级会议中，表现出更有劲，我几乎要说更粗野了。

即使当王权继承了所有其他权力时，人们服从它，但不卑躬屈节。

必须将服从这一事实与其原因区别开来。有些民族屈从于国王的专横，因为他们相信国王有进行统治的绝对权力。另一些民族则将国王看作祖国的唯一代表，或上帝在世间的形象。还有些民族崇拜继贵族专制寡头政治而出现的王权，怀着某种夹杂着欢乐与感激的宁静心理去服从王权。在这些不同种类的服从中，无疑可以遇到一些偏见；它们表明知识不足，精神谬误，却并不表明心灵卑下。

17世纪法国人与其说是服从国王，不如说是服从王权；他们服从国王不仅因为他们认为国王强大，而且因为他们相信国王仁慈合法。假如我可以这样说的话，他们对服从有一种自由的爱好。因此他们在服从中掺入了某种独立、坚定、微妙、任性和易怒的成分，这些成分足以说明，他们在接受一个主人时，仍保持自由精神。尽管这位国王能任意支配国家的财富，但他在约束人们最细微的行动或压迫最微不足道的舆论上，却常常会显得无能为力；一旦出现反抗，臣民得到风尚的庇护，比自由国家的公民常常得到的法律保障更有效。

但是,过去一贯自由的民族,或后来变成自由的民族,是不能理解这些感情和思想的。前者从未体味;后者久已遗忘:二者在服从专横权力中,只看到可耻的卑躬屈节。在那些尝到过自由而后又丧失自由的民族中,服从确实永远具有这一特征。但是,在从未获得自由的民族的服从中,常常贯穿着一种必须承认的道德观念。

18世纪末,法国人始终引为特点的独立精神格外发扬光大,其性质完全改变。法国人的自由概念在18世纪经历了一番改造。

自由实际上能够以两种形式在人类精神中产生。它可以是共同权利的使用或特权的享受。人们想在行动中或某些行动中自由,并非是因为所有的人均有独立的普遍权利,而是因为每个人本身拥有保持独立的特殊权利,这便是中世纪人们所指的自由,在贵族制社会,人们也几乎总是这样理解自由。在贵族社会,社会地位极不平等,人类精神一旦习惯于特权,便将尘世所有财富的使用权列入特权范围。

既然这种自由概念只与设想出这一概念的人,或至多与他所属的阶级有关,它便能在缺乏普遍自由的国家里存在。有时甚至发生这样的情况,众人所得到的对自由的必要保障越少,某些人对自由的珍爱反而更强烈。物以稀为贵。

在接受这种贵族式的自由概念的人口中,产生了对个人价值的狂热感情和对独立的强烈爱好。它赋予利己主义以某种能量,某种出奇的力量。这种概念虽由个别人设想出来的,但它常使人们作出最卓越的行动;当它被全民所采纳时,便创造了前所未有的最伟大的民族。

罗马人认为,在人类中间,只有他们才应享有独立;他们相信这个自由权绝非来自天性,而是来自罗马。

按照现代概念,即民主概念,而且我敢说按对自由的准确概念,每个人既然从自然得到了处世为人的必备知识,那他生来便有平等而不可剥夺的权利,在只涉及他本人的一切事务上,独立于他人之外,并有权任意支配自己的命运。

自从这种自由概念深入人心并牢牢扎根时起,独裁专横政权只不过是一种物质现象或暂时偶然现象罢了。因为每个人既然对自己拥有绝对权利,那么,最高意志只能来自全体意志的联合。从此,服从也失去了它的道义性,在公民那雄壮自豪的美德与奴隶那卑下自得之间,再也没有中间道路。

随着人民中地位平等化,这种自由概念必然要占上风。

然而,法国久已脱离中世纪,思想风尚久已朝民主方向转变,但封建贵族的自由概念仍被普遍接受。每个人在保护个人独立不受政权约束时,着眼于保卫个人的特殊权利而非承认普遍权利;在斗争中,他们依靠的不是原则,而是事实。15世纪某些思想冒进的人曾窥见自由的民主概念,但它几乎立刻消失了。只有在18世纪,才能说发生了变化。

每个个人,推而广之,每个民族,均有支配自身行为的权利;这个仍很模糊、定义不全面、表达欠妥的观念,逐渐被引入所有人的思想。它以一种理论的形式凝固在有教养的阶级中;它仿佛像一种本能流传到民间。其结果是出现了奔向自由的更强大的新冲动:法国人对独立的一贯喜爱遂变为有根有据的系统主张,这种主张逐步推广,终于把王权也拉向自己一方。王权在理论上永远倾向专制,但它开始在行动上心照不宣地承认,权力莫大于公众感情。路易十五说道:"任命大臣的是我,但将他们免职的是国民。"路易十六在狱中追述他最后的也是最隐秘的思想,在谈起他的臣民时,仍称他们为我的同胞们。①

人们在 18 世纪才第一次听到谈论普遍的人类权利,人人能把它们作为合法的、不可改变的遗产要求平等享受;听人谈到普遍的自然权利,每个公民都应加以利用。

大革命前 20 年,1770 年,当马尔泽尔布②代表王国主要法庭之一讲话时,他对国王说道:

"陛下,您的王冠只得自上帝;但是,您没有理由不欣然相信,您的权力也来自于臣民的自愿服从。在法国存在着某些属于国民的不可侵犯的权利;您的大臣们焉敢对您否认这一事实;倘若必须证明这一点,我们只有提出陛下本人提供的证据。不,陛下,人们尽管费尽气力,也未能使您信服法兰西国民与被奴役人民之间,无任何差别。"

他后来又说道:

"既然所有中间团体均软弱无力或已被摧毁,那就请询问国民自己吧,因为唯有国民才能聆听尊旨。"③

此外,这种热爱自由的感情是通过著作,不是通过法令,是通

---

① 参见路易十六临死前夕所写遗嘱。
② 马尔泽尔布(1721—1794),法国政治家,在政府中任要职,主管出版和新闻时保护启蒙哲学家,出版《百科全书》,被选为法兰西学院院士。1794 年恐怖时期,因替国王申辩被处死。——译者
③ 参见《审理间接税案件的最高法院谏书》,1770 年。

过个人努力,不是通过集体业绩,往往是通过幼稚的、无理性的反对,而不是通过严肃系统的反抗表现出来的。

舆论的力量就连那些常常压制它的人也不得不承认,但这种力量强弱无常,大起大落:头一天强大无比,第二天几乎难以捉摸;它永远毫无节制,变化多端,难以确定:它是没有器官的躯体;它是人民主权的影子,而非人民主权本身。

我想,在所有爱好和向往自由但还未能建立自由制度的民族中,情况都将是这样。

我并不是认为在不存在这类政治制度的国家,人们无法享受某种独立。习惯与舆论便足以办到。但是人们绝不能保证永远自由,因为他们绝不能保证永远要求自由。有些时候,即使最热爱独立的民族也甘愿将独立视为他们努力的次要目标。自由制度的最大用途在于,当人类精神不关心自由时,继续当自由的后盾,并给与自由它固有的某种植物性生命,以便人类精神到时候能回到它那里来。这些制度的形式保证人们即使一时厌恶自由,也不会丧失自由。我认为这是自由制度的主要优点。当人民执意要当奴隶时,谁也无法阻止他们成为奴隶;但我认为,自由制度能使他们在独立中支持一段时间,而无须他们自助。

18世纪末法兰西的面貌呈现下列最主要的特征:这个民族比起世界上当时存在的任何民族来,包含更少的穷人,更少的富人,更少的强者,更少的弱者;不管政治状况如何,平等这一理论已在人民的思想中扎根,对平等的爱好已掌握人心;比起任何国家来,这个国家所有各个部分联合得更为紧密,它服从一个更加集中、更加精明、更加强大的政权;在这里,自由精神永远生机勃勃,近期以来，它具有更普遍、更系统、更民主、更不安现状的特点。

假如现在我们合上历史书，让时光流逝50年，再来考察这段时间产生的一切，我们便会注意到已经发生了巨大变革。但是，在所有这些新的陌生事物中，我们很容易认出半个世纪前给我们强烈印象的那些同样特征。人们通常夸大法国革命产生的后果。

毫无疑问，从未有过比法国革命更强劲、更迅猛、更具破坏性、更有创造性的革命。尽管如此，若认为从这场革命中产生出一个全新的法国民族，若认为法国革命建起一座大厦，而它的基础在革命前并不存在，那就大错特错了。法国革命创造了大量派生的、次要的事物，但它只不过使主要事物的萌芽进一步发展；这些萌芽在革命以前便已存在。革命对一个重大动机产生的结果加以整理、协调和法制化，但它不是这个动机本身。

在法国，社会地位已比任何国家更加平等；大革命加强了平等，并把平等的学说载入法律。法兰西民族早于所有其他民族并比它们更加彻底地抛弃了中世纪的分裂与封建个性；革命终于将国家的不同部分统一起来，形成一个单一整体。

在法国，中央政权已比世界上任何国家更严密地控制地方行政。大革命使中央政权更加灵活，更加强大，更有所作为。

法国人比其他人更早、更清晰地构想出自由的民主思想；革命给与国民本身即使还不是主权的全部实际，至少也是主权的全部外表。

假使这些是新事物，那只是就形式，就发展而言，而不是就原则，就本质而言。

即使没有这场革命，革命所作的一切也会产生，对此，我深信不疑；革命只不过是一个暴烈迅猛的过程，借此人们使政治状况适应社会状况，使事实适应思想，使法律适应风尚。①

法国人从旧国家中保留了哪一部分？构成教士、第三等级、贵族的那些成分，后来变成了什么？哪些新的划分取代了旧君主制的那些划分？贵族的和民主的利益采用了哪些新的形式？土地财产发生了哪些变化，这些变化的原因产生了哪些后果？国民的整个思想、习惯、风俗、精神，发生了何种变革？

这些问题乃是以下书信将论及的主要题目。

---

① 在人们刚读完的本文手稿的最后一页上，可以看到托克维尔用铅笔写的下面几行，像是他向伦敦杂志许诺的但从未完成的第二部分的草稿。

译名对照表

A

Agde 阿热
Aigues-Mortes 埃格—莫尔特
Anjou 安茹
Argenson, d' 达尔让松
Arnouville, Machault d' 马肖尔·达尔努维尔
Auch 欧什
Auguste 奥古斯都
Auvergne 奥弗涅
Azincourt 阿赞古尔

B

Bastille 巴士底
Bayonne 巴约讷
Beaumarchais 博马舍
Beauvaisis 博韦西
Berry 贝里
Blackstone 布莱克斯通
Blanc, Louis 路易·勃朗
Bodeau 博多
Bolingbroke 博林布鲁克
Bonaparte, Louis 路易·波拿巴
Bordeaux 波尔多
Boulainvilliers 布兰维利埃
Bourges 布尔日
Bourgogne 勃艮第
Bretagne 布列塔尼
Burke 伯克

C

Calais 加来
Cette 塞特
Cévennes 塞文山脉
Champagne 香槟
Charles 查理
Châtelet 夏特莱
Choiseul 舒瓦瑟尔
Colbert 科尔贝尔
Collins 科林斯
Commines 科米内
Cuvier 居维叶

D

Dauphiné 多菲内
Descartes 笛卡儿
Diderot 狄德罗
Dominique 多米尼克

F

Fénelon 费奈龙
Flèche 箭城

Fontenelle 丰特内尔	Languedoc 朗格多克
Fourbonnais 福尔勃奈	Lavoisier 拉瓦锡
France-Comté 费里斯－孔泰	Law, John 约翰·劳
Frédéric II 弗里德里希二世	Letronne 勒特罗纳
Fréminville, Edme de 艾德姆·德·弗雷曼维尔	Liancourt 利昂古尔
	Limousin 利穆赞
	Liverpool 利物浦
	Loire 卢瓦尔河

G

	Lorraine 洛林
Gallicie 加里西亚	Louis 路易
Goethe 歌德	Luther 路德
Grandmaison 格朗梅松	
Guise 吉斯	
Guyenne 吉耶纳	

M

	Machault, de 德·马肖尔
	Maine 曼恩

H

	Maistre 梅斯特尔
Hambourg 汉堡	Malesherbes 马尔泽尔布
Haver, Le 勒阿弗尔	Manuel 马尼埃尔
Helvétius 爱尔维修	Marie-Thérèse 玛丽亚－特雷萨
Hindoustan 印度斯坦	Mazarin 马扎然
Hobbes 霍布斯	Michelet 米什勒
Holbach 霍尔巴赫	Michodière 米肖蒂埃尔
Hume, David 大卫·休谟	Mignet 米涅
	Mill, John Stuart 约翰·斯图尔特·密尔

I

Ile-de-France 法兰西岛	Mirabeau 米拉波
	Moheau 莫欧

J

	Molière 莫里哀
Jeanne d'Arc 贞德	Mollien 莫里安
Justinien 查士丁尼	Montesqieu 孟德斯鸠
	Morellet 莫尔莱
	Morelly 摩莱里

L

N

Lamartine 拉马丁	
Lamberville 朗贝尔维尔	Nantes 南特
Lancastre 兰加斯特	Navarre 纳瓦尔

Necker　内克
Nimègue　奈梅亨
Nord　诺尔
Normandie　诺曼底

O

Orléans　奥尔良
Orry, Philibert　菲利贝尔·奥里

P

Péréfixe　佩雷费克斯
Perronet　佩罗奈
Pillnitz　匹尔尼茨
Pitt　皮特
Poitiers　普瓦提埃
Poitou　普瓦图
Pompadour　蓬巴杜
Provence　普罗旺斯

Q

Quercy　凯尔西
Quesnay　魁奈
Quinet　基内

R

Reims　兰斯
Rhône　罗讷河
Rhin　莱茵河
Richelieu　黎世留
Rivière, Mercier de la　梅西埃·德·拉·里维埃
Rousseau　卢梭

S

Saint-Antoine　圣安托万
Salente　萨朗特

Savoie　萨瓦
Schiller　席勒
Shaftesbury　沙夫茨伯里
Staël(Mme de)　斯塔尔夫人
Suard　絮亚尔
Suffolk　萨福克
Sully　絮里

T

Temple　唐普尔
Thiers　梯也尔
Tocqueville, Alexis de　亚历克西·德·托克维尔
Toulouse　图卢兹
Tours　图尔
Troyes　特鲁瓦
Trudaine　特律代纳
Tubingue　蒂宾根
Tudor　都铎
Turgot　蒂尔戈

V

Vauban　沃邦
Vendée　旺代
Versailles　凡尔赛
Villefranche　维勒弗朗什
Voltaire　伏尔泰

W

Westminster　威斯敏斯特
Westphalie　威斯特伐里亚
Wurtemberg　符腾堡

Y

York　约克
Young, Arthur　阿瑟·扬

图书在版编目(CIP)数据

旧制度与大革命/(法)托克维尔(Tocqueville,A.D.)著；冯棠译.—北京:商务印书馆,1992.9(2025.7重印)
ISBN 978-7-100-01444-1

Ⅰ.①旧… Ⅱ.①托…②冯… Ⅲ.①法国大革命(1789~1794)—研究②史评—法国—近代 Ⅳ.①K565.41

中国版本图书馆 CIP 数据核字(2009)第 239248 号

权利保留，侵权必究。

汉译世界学术名著丛书
旧制度与大革命
〔法〕托克维尔 著
冯 棠 译
桂裕芳 张芝联 校

商 务 印 书 馆 出 版
(北京王府井大街36号 邮政编码100710)
商 务 印 书 馆 发 行
北京中科印刷有限公司印刷
ISBN 978-7-100-01444-1

1992年9月第1版　　开本 850×1168 1/32
2025年7月北京第24次印刷　印张 10½
定价：36.00 元